本书得到天津工业大学"引进教师科研启动经费"资助

社区矫正前沿问题研究

SHEQU JIAOZHENG QIANYAN WENTI YANJIU

崔会如◎著

中国政法大学出版社

2019·北京

目　录
CONTENTS

社区矫正的基础理论探析

社区矫正作为我国犯罪治理现代化的探索、宽严相济刑事政策的具体落实，在经过十余年的探索之后，已作为一种刑罚执行的常态从试点、全面试行进入到全面展开阶段。本章将对我国社区矫正的概念、价值、运行机制等基础理论进行研究，以便为我国社区矫正制度的完善有所裨益。

第一节　社区矫正的概念

"社区矫正"对于我国来说，属于一个外来术语，它是从英文"community corrections"或者"community-based corrections"翻译过来的。在国外，关于"社区矫正"的概念，存在许多争议。以至美国刑事司法领域著名学者杜菲指出，社区矫正的概念如此含混，恰如盲人摸象，未能一窥全貌。[1]下文将在对国际、国内有关理论、实践进行梳理的基础上，对我国社区矫正概念进行界定。

一、社区矫正的概念述评

（一）国外社区矫正的概念

在英国，"社区刑"是指由下列命令构成或者包含下列命令的判刑：(a)（第177条界定的）社区令，或者（b）多项青少年社区令。[2]

在美国，社区矫正的基本概念是指对于刑事犯罪人采取了不同的制裁和非监禁的矫正项目。这些制裁和项目包括：对于被控告的罪犯从刑事司法执

---

〔1〕　参见周国强：《社区矫正制度研究》，中国检察出版社 2006 年版，第 7 页。

〔2〕　参见孙长永等译：《英国 2003 年〈刑事审判法〉及其释义》，法律出版社 2005 年版，第125 页。

法体系和公诉前的看守所中转换出来的项目；将被证实的罪犯保留在社区的判决和强制性限制的项目；为使监狱的犯人从监禁到自由的平稳过渡而设计的项目。[1]

在加拿大，社区矫正的一般概念，包括所有针对犯人发生在社区环境的刑罚前介入和刑罚后介入。[2]

在澳大利亚使用的教科书中，"社区矫正"这一条目指代的范围极广，涉及自18世纪末期缓刑适用以来，经过逐步发展后形成的各种意义深远的对犯罪分子的管理办法。社区矫正项目的运作可以被用来替代监禁刑，或者允许被判处监禁的罪犯在社区完成一定比例时间的监禁刑（假释）。[3]

大陆法系国家尽管在19世纪末20世纪初就普遍采用了缓刑与假释制度，但社区矫正的概念未在法律上体现，而普遍在理论著述中被称为"社会内处遇措施"或"社区内矫正制度"，具体是指以假释、保护观察和更生保护为中心，使犯罪者在现实社会内，在过着自律生活的同时，接受以改善更生为目的之措施。[4]

从国外有关社区矫正的概念可以看出，尽管社区矫正在英国、美国、加拿大、澳大利亚以及法国、德国等发达国家历史悠久，适用广泛，但不同的国家对社区矫正有着不同的定位。在英国，社区矫正是刑罚体系的重要组成部分，是由多个单独的社区矫正令与特殊的刑罚方法组成的复合刑。在美国，社区矫正的法律属性基本上是刑事执法活动。而在加拿大和澳大利亚，社区矫正的内涵更加丰富，外延更加广阔。在大陆法系国家，社区矫正作为"社会内处遇措施"，其性质较普遍地被认同为保安处分。可见在不同语境下，对社区矫正本身的描述各有千秋，在内涵与外延上各具特色。

（二）我国社区矫正的概念

1. 制度层面

虽然我国从2003年7月开始社区矫正试点，但从刑事立法层面来看，

---

[1] 参见刘强主编：《社区矫正制度研究》，法律出版社2007年版，第5页。

[2] 参见王珏、王平、[加]杨诚主编：《中加社区矫正概览》，法律出版社2008年版，第213页。

[3] 参见司法部基层工作指导司编：《社区矫正试点工作资料汇编（四）》，2005年12月，第97页。

[4] 参见赵秉志主编：《外国刑法原理（大陆法系）》，中国人民大学出版社2000年版，第318页。

"社区矫正"制度无疑是缺失的。1997年修订的《中华人民共和国刑法》（以下简称《刑法》）中没有"社区矫正"这一称谓，只是对其适用的具体类型即管制、剥夺政治权利、缓刑、假释有所规定。1996年修订的《中华人民共和国刑事诉讼法》（以下简称《刑事诉讼法》）第4编，具体规定了管制、剥夺政治权利、缓刑和假释的执行机关与程序，与此同时就暂予监外执行制度的适用范围、适用条件、执行机关、具体程序进行了规范。可见，根据当时刑事基本法律的规定，虽然存在"社区矫正"的具体类型，但并无社区矫正之名，也就谈不上对于社区矫正基本问题的阐释了。事实上，在十余年的社区矫正探索中，社区矫正的概念、性质等基本问题是由最高人民法院、最高人民检察院、公安部、司法部联合发布的社区矫正法律文件界定的。

2003年7月最高人民法院、最高人民检察院、公安部和司法部（以下简称"两院""两部"）联合发布的《关于开展社区矫正试点工作的通知》中规定，"社区矫正是与监禁矫正相对的行刑方式，是指将符合社区矫正条件的罪犯置于社区内，由专门的国家机关在相关社会团体和民间组织以及社会志愿者的协助下，在判决、裁定或决定确定的期限内，矫正其犯罪心理和行为恶习，并促进其顺利回归社会的非监禁刑罚执行活动。"[1]从以上表述可以看出，官方对社区矫正的性质、目的等基本问题的立场。第一，社区矫正的性质是一种非监禁刑罚执行活动；第二，社区矫正的行刑场所是"社区"；第三，社区矫正的主体是专门的国家机关，但其需要相关社会团体和民间组织以及社会志愿者的协助；第四，社区矫正有一定的期限；第五，社区矫正的目的是通过矫正罪犯的犯罪心理和行为恶习，促进其顺利回归社会。2005年1月，两院、两部《关于扩大社区矫正试点范围的通知》、2009年9月《关于在全国试行社区矫正工作的意见》中对社区矫正的表述，虽然在具体措辞上有细微差别，但社区矫正是"非监禁刑罚执行活动"这一属性得到进一步肯定与确认。可以说，这一对社区矫正的"官方定义"影响非常深远。虽然《中华人民共和国刑法修正案（八）》（以下简称《刑法修正案（八）》）确立了社区矫正的合法身份，但并未明确其法律定位。实践中的社区矫正，正是以"非监禁刑罚执行活动"这一核心属性为指引展开具体运作的。

---

[1]　最高人民法院、最高人民检察院、公安部、司法部《关于开展社区矫正试点工作的通知》，发布时间：2003年7月10日。

2. 理论层面

从上面的分析可以看出，虽然刑事基本法律对社区矫正的性质未曾明确，但从社区矫正法律文件来看，社区矫正是作为"非监禁刑罚执行活动"而存在的。这一"官方"定位，对社区矫正理论研究产生了较大影响，很多学者据此对社区矫正概念进行解读。但与此同时，也不乏学者基于种种考虑，力图对我国社区矫正概念重新进行构建。所以，在理论界我国的社区矫正概念呈现出一种多元化的态势。典型表述如下：

（1）社区矫正是在"正常社会环境下充分利用社区资源教育改造罪犯，通过各种强制性手段和方法，使罪犯接受并参与有关的管理、教育、公益劳动等活动，矫正犯罪心理和行为恶习，促进其尽快回归社会的非监禁刑罚执行活动。"[1]

（2）我国社区矫正是"刑种、量刑与行刑制度相结合，但是偏重于执行的一种综合性措施、方法或者制度。"[2]

（3）社区矫正具有刑事法和特殊行政法的两栖性，现行刑事法或特殊行政法机制中针对确有犯罪或严重违法行为的人实施的非犯罪化、非刑罚化和非监禁化的措施大抵可归入社区矫正范围。社区矫正的对象具体包括：假释或监外执行的罪犯；管制或缓刑的罪犯；除毒瘾强戒对象（属社会康复范围）以外的受教养人；暂不起诉人。[3]

（4）社区矫正是将罪犯放在社区里进行矫正教育，在社会团体和民间组织以及社会志愿者的协助下，有效地利用社会资源开展对罪犯矫正教育工作的新型矫正方式。[4]

（三）社区矫正概念评析

从以上表述可以看出，在国外，社区矫正性质多维，概念表述各异。从我国来看，无论在制度层面、还是理论层面，社区矫正作为"非监禁刑罚"执行活动都得到了较为广泛的认同。但是，由于我国刑事立法对"非监禁刑

---

〔1〕 范燕宁："社区矫正的基本理念和适用意义"，载《中国青年研究》2004年第11期。

〔2〕 郭建安、郑霞泽主编：《社区矫正通论》，法律出版社2004年版，第68页。

〔3〕 参见王利荣："推进社区矫正制度化的若干重要问题"，载《甘肃政法学院学报》2006年第4期。

〔4〕 参见程应需："社区矫正的概念及其性质新论"，载《郑州大学学报（哲学社会科学版）》2006年第4期。

罚"缺乏明确界定，理论界对"非监禁刑罚"内涵与外延的理解莫衷一是，存在较大争议，由此产生对于社区矫正官方定义的质疑。并在"监禁刑"与"非监禁刑"的对比中否定了社区矫正官方定义的表述。严格地讲，监禁刑和非监禁刑是对刑法所规定的自由刑是否采取监禁的形式执行而进行的一种刑罚种类上的划分。在此意义上，管制是我国刑法所规定的唯一的一种非监禁刑。如果将非监禁刑的概念作广义的理解，可以把它理解为监禁刑以外的刑罚种类，包括罚金、剥夺政治权利、没收财产等附加刑。但无论如何，非监禁刑的概念也不可能将缓刑、假释、监外执行等刑罚裁量制度、刑罚执行制度、刑罚执行方式都包括进去。[1]于是，为了在法理上更为确切，有的学者认为社区矫正是一种"综合性措施、方法或者制度。"[2]还有的学者认为我国当前的社区矫正外延狭窄，难以承载社区矫正的多重价值蕴涵，而主张突破传统犯罪与刑罚的范畴，将一些实施了"前犯罪形态"的行为，而具有犯罪危险的人也纳入社区矫正的范围。[3]更有学者认为，"从目前社区矫正的适用对象的情况和对矫正对象所采取的矫正措施来看，都无外乎对犯罪人的保护管束或保护观察，其本质是限制人身自由的保安处分的执行。"[4]从这些观点来看，其与官方定义的区别在于社区矫正内涵得到丰富，外延得以拓展，更加符合社区矫正的国际潮流与发展方向。

虽然在国际上，社区矫正性质复杂、外延宽泛，但从我国社区矫正开展的背景来看，官方对社区矫正"非监禁刑罚执行活动"的界定存在着可理解之处。

1. 社区矫正属于"刑罚"范畴具有逻辑上的自洽

尽管社区矫正的适用以特殊预防为目的，适用依据主要是犯罪人的人身危险性，并且强调对适用对象的教育保护，与保安处分具有形态上的相似性。但社区矫正很难和保安处分划等号。因为随着对刑罚理解的深化，人们已逐渐认识到单纯的报应与预防都不足以成为刑罚的根据，当前居于通说地位的

---

〔1〕 参见程应需："社区矫正的概念及其性质新论"，载《郑州大学学报（哲学社会科学版）》2006年第4期。

〔2〕 郭建安、郑霞泽主编：《社区矫正通论》，法律出版社2004年版，第68页。

〔3〕 参见王利荣："推进社区矫正制度化的若干重要问题"，载《甘肃政法学院学报》2006年第4期。

〔4〕 程应需：《社区矫正的概念及其性质新论》，载《郑州大学学报（哲学社会科学版）》2006年第4期。

是刑罚目的综合论。其基本立论在于：报应与预防都是刑罚赖以生存的根据。刑罚既回顾已然的犯罪，也前瞻未然的犯罪。报应与预防，如车之两轮、鸟之双翼，永远是刑罚不可或缺的两个方面。但在刑事活动的不同阶段，两者又有所侧重。在刑罚创制阶段，强调的是一般预防；在刑罚裁量阶段强调的是报应；而行刑阶段则意味着刑罚"进入采取最合适的方式来阻止其将来再犯罪的阶段"，因此它应该"着重发挥刑罚的特殊预防功能"。[1]可见，特殊预防并不是保安处分独有的目的，社区矫正对特殊预防的追求，并不影响其刑罚执行的属性。而且，社区矫正适用中关注犯罪人的人身危险性，也有其正当性。因为按照我国《刑法》第5条的规定："刑罚的轻重，应当与犯罪分子所犯罪行和承担的刑事责任相适应。"这一规定实际上是要求刑罚的轻重必须与罪行的轻重以及犯罪人的再犯罪可能性相适应。[2]所以，社区矫正对犯罪人的人身危险性的关照，具有合理性。另外，尽管社区矫正强调对适用对象的教育保护，但刑事制裁性是其首要特征。虽然与监狱矫正的罪犯相比，社区服刑人员人身自由度相对较高，但其依然要在执行机关的监督下生活，活动范围、社会交往受到一定限制，因而彰显社区矫正的惩罚性。

2. "非监禁刑罚"概念应具有一定的前瞻性

笔者认为，将"缓刑""假释""暂予监外执行"解读为"非监禁刑"，存在着一定的理论空间。从理论上进行分析，我国的非监禁刑概念可以从三个维度进行理解。从狭义的角度来看，非监禁刑是刑罚种类。从广义的角度来看，非监禁刑除了刑罚种类外，还应当包括刑罚执行制度和执行方式。最广义的非监禁刑概念，是在监狱外对犯罪人适用的刑事制裁方法的总称，包括避免审前拘留的非拘禁措施；审判时的非监禁刑；审判后适用的非拘禁措施。从我国国情看，非监禁刑的研究不能仅仅局限于狭隘的刑法领域，而应扩展到犯罪学、刑事政策学的视野中，但又不能超越"刑"的本质范围，"刑"与"措施"不分，所以，广义的非监禁刑概念既具有合理的概念界限机能，也具有先进性、前瞻性。[3]从这个角度分析，将缓刑、假释、暂予监外执行，与传统的非监禁刑——管制，并列为社区矫正这样一种"非监禁刑

---

〔1〕 参见［意］杜里奥·帕多瓦尼著，陈忠林译：《意大利刑法学原理》，法律出版社1998年版，第346~349页。

〔2〕 参见张明楷：《刑法学（上）》，法律出版社2016年版，第544页。

〔3〕 参见王耀忠：《非监禁刑研究》，法律出版社2016年版，第25~27页。

罚"执行活动的适用对象，存在着合理的解释空间。

3. 社区矫正的适用范围应谨慎扩张

我国社区矫正是以试点的方式展开的，对于这一实践过程，理论界与实务界都抱有很高的期待。"社区矫正在中国的实行，实为中国刑事司法领域的板块性变革。与刑罚演变史一脉相承，它也是从刑罚执行环节、从行刑的角度'反向逆转式'影响刑罚的制定和适用。经过试点正式推广实行的中国社区矫正，将对刑罚执行方式、刑罚内容、刑罚种类甚至整个刑罚体系的科学与完善产生重大影响。"〔1〕可见，我国社区矫正试点承担着重大的历史使命。但是，社区矫正制度的完善，需要在不断尝试、不断探索的实践过程中达成。所以，应谨慎开放社区矫正的适用空间，避免仓促地将社区矫正溢出刑罚执行的范围。因为"一是广义的社区矫正必须在法治水平较高、司法资源丰富、程序保障有力的国家适用，而我国在这几方面还有很大差距。二是将取保候审者、犯罪危险者都纳入社区矫正的体系，必须要有相当的矫正实践和矫正经验作为前提，因为这时的社区矫正不是单一的刑罚执行问题，且是与刑事政策、社会政策以及刑事司法制度相关的一整套制度，需要有良好的经济基础、社会基础和制度基础，而就我国的现状而言，还很难达到这样的要求。"〔2〕三是社区矫正在运行过程中虽然纳入了社会工作的元素，但刑事制裁性仍然是其首要特征，如果当前过分强调其社会工作的属性，则容易淡化刑罚属性而导致工作重心的偏差。四是从西方发达国家的经验来看，其社区矫正的范围虽然经历了一个由单一到多样化的过程，但刑罚及刑罚制度的执行方式仍然是其核心。

综上，笔者认为，社区矫正的官方定义基本是可取的，但同时也存在一些不足。首先，实践中，社区矫正担负着监督管理、教育矫正、社会适应性帮扶三大任务，但官方定义只是对"教育矫正"进行了格外强调。对社区矫正的基本内涵揭示不够。其次，这一定义的表述有些繁琐，不够简洁。基于此，笔者将社区矫正的概念表述为：专门国家机关在社会力量的协助下，在社区中依法对特定的刑事犯罪人进行监督管理、教育矫正和社会适应性帮扶，以促进其回归社会的非监禁刑罚执行活动。

---

〔1〕　张绍彦："社区矫正在中国——基础分析、前景与困境"，载《环球法律评论》2006年第3期。

〔2〕　但未丽：《社区矫正：立论基础与制度构建》，中国人民公安大学出版社2008年版，第22页。

二、社区矫正的特征分析

(一) 社区矫正的执行主体是专门国家机关

社区矫正运行过程中，涉及众多的国家机关。如司法行政机关、公安机关、法院、检察院，以及民政、劳动和社会保障等众多的政府部门。但在这众多的机构和人员中，司法行政机关发挥着核心和纽带的作用，负责社区矫正各项工作的具体实施，并在社区矫正法律文件中得到确认和强调。如《社区矫正实施办法》规定："县级司法行政机关社区矫正机构对社区矫正人员进行监督管理和教育帮助。司法所承担社区矫正日常工作。"[1]明确了司法行政机关在社区矫正过程中的执行主体地位，并在相关条款中细化了其工作职责。虽然由于种种原因，"司法行政机关"作为社区矫正执行主体的身份尚未得到刑事基本法律的确认，但从社区矫正实践以及社区矫正的发展方向看，司法行政机关作为社区矫正的执行机构基本上是众望所归。

(二) 社会力量在社区矫正运行中承担着重要角色

社区矫正的推行，体现了我国犯罪治理立场的转变，是国家和社会双本位犯罪预防模式的实践。所以，在社区矫正的具体运行中，社会力量的作用不可忽视。因为从一般的意义上来讲，社区矫正的良好效果有赖于公众的认同和社区的合作。而从特殊的意义上讲，几乎所有的犯人最终都要回到原来的社区，因为"把犯人带出正常社会并置于异常社会中去，并以此希望他们（在释放后）能适应社会，这既不可能，也不合逻辑。"那么他们应该在处理这个问题上早日得到帮助，所有的社会力量都应该团结起来。帮助他们恢复家庭关系，获得职业和受教育的机会，找到自己在社会中的合适位置。[2]这要求社区矫正机构在执行非监禁刑罚的过程中，一方面要依托于社区开放的环境，避免服刑生涯对罪犯的消极影响；另一方面要充分运用社区的现有人力、物力资源，并积极挖掘其他社会资源，促进社区服刑人员的心态向良性

---

〔1〕 最高人民法院、最高人民检察院、公安部、司法部《社区矫正实施办法》第3条，发布时间：2012年1月10日。

〔2〕 参见〔美〕克莱门斯·巴特勒斯著，孙晓雳等译：《矫正导论》，中国人民公安大学出版社1991年版，第82页。

转化，以适应正常的社会生活，成为守法公民。

（三）社区矫正的对象是特定的刑事犯罪人

在社区矫正试点初期，按照两院、两部联合发布的社区矫正法律文件的规定，社区矫正的适用对象包括以下五种类型的罪犯：被判处管制的；被宣告缓刑的；被暂予监外执行的；被裁定假释的；被剥夺政治权利，并在社会上服刑的。[1]不过，随着《刑法修正案（八）》的出台，以及 2012 年修订的《刑事诉讼法》的规定，被剥夺政治权利，并在社会上服刑的罪犯不再作为社区矫正的对象。所以目前我国社区矫正的对象被严格限定在被判处管制的、被宣告缓刑的、被暂予监外执行的、被裁定假释的四种类型的罪犯中。可见，社区矫正作为非监禁刑罚执行活动，其适用对象具有法定性，是基于人民法院的判决和裁定所确定的特定刑事犯罪人。

（四）社区矫正的基本任务是对社区服刑人员进行监督管理、教育矫正和社会适应性帮扶

按照我国现行《刑法》的规定，管制、缓刑、假释、暂予监外执行的内容限于监督管理方面。但是，自从 2003 年 7 月我国开展社区矫正试点工作以来，根据一系列社区矫正法律文件的规定，社区矫正的实际内容已在《刑法》固有规定的基础上有所扩张。在《关于开展社区矫正试点工作的通知》中，社区矫正的具体内容由单纯的监管管理扩展到"监管""教育""帮助"三个方面。具体表述为："1. 按照我国《刑法》、《刑事诉讼法》等有关法律、法规和规章的规定，加强对社区服刑人员的管理和监督，确保刑罚的顺利实施。2. 通过多种形式，加强对社区服刑人员的思想教育、法制教育、社会公德教育，矫正其不良心理和行为，使他们悔过自新，弃恶从善，成为守法公民。3. 帮助社区服刑人员解决在就业、生活、法律、心理等方面遇到的困难和问题，以利于他们顺利适应社会生活。"[2]

2009 年 9 月，两院、两部联合发布了《关于在全国试行社区矫正工作的意见》将社区矫正的任务进一步精练为"监督管理""教育矫正""帮困扶助"

---

〔1〕 参见最高人民法院、最高人民检察院、公安部、司法部《关于开展社区矫正试点工作的通知》，发布时间：2003 年 7 月 10 日。

〔2〕 最高人民法院、最高人民检察院、公安部、司法部《关于开展社区矫正试点工作的通知》，发布时间：2003 年 7 月 10 日。

三个方面，并就其具体内容和操作路径进行了规范。具体表述为：（1）进一步加强对社区服刑人员的教育矫正。完善教育矫正措施和方法，加强对社区服刑人员的思想教育、法制教育、社会公德教育，组织有劳动能力的社区服刑人员参加公益劳动，增强其认罪悔罪意识，提高社会责任感。加强心理矫正工作，采取多种形式对社区服刑人员进行心理健康教育，提供心理咨询和心理矫正，促使其顺利回归和融入社会。探索建立社区矫正评估体系，增强教育矫正的针对性和实效性。（2）进一步加强对社区服刑人员的监督管理。根据社区服刑人员的不同犯罪类型和风险等级，探索分类矫正方法，依法执行社区服刑人员报到、会客、请销假、迁居、政治权利行使限制等管控措施，避免发生脱管、漏管，防止其重新违法犯罪。健全完善社区服刑人员考核奖惩制度，探索建立日常考核与司法奖惩的衔接机制，探索运用信息通讯等技术手段，创新对社区服刑人员的监督管理方法，提高矫正工作的科技含量。（3）进一步加强对社区服刑人员的帮困扶助。积极协调民政、人力资源和社会保障等有关部门，将符合最低生活保障条件的社区服刑人员纳入最低生活保障范围，为符合条件的农村籍社区服刑人员落实责任田。整合社会资源和力量，为社区服刑人员提供免费技能培训和就业指导，提高就业谋生能力，帮助其解决基本生活保障等方面的困难和问题。[1]

2014年8月，两院、两部在《关于全面推进社区矫正工作的意见》中进一步指出，"严格执行刑罚，加强监督管理、教育矫正和社会适应性帮扶，是社区矫正的基本任务，也是全面推进社区矫正工作的前提和条件。"[2]这一表述基本延续了社区矫正试点以来，从监管、矫正、帮扶三大方面对社区矫正任务的界定，但也存在着细微的差别。即将"帮困扶助"以"社会适应性"进行修饰，从而将对社区服刑人员帮扶的目的及其限度进行了规范，为社区矫正工作提供了更加明确的指引。

从上述对社区矫正任务表述的变化可以看出，社区矫正作为以试点方式发展起来的一项探索性实践活动，不仅是刑罚执行方式的一个革新过程，而且其自身的内涵不断充实和完善，从而彰显社区矫正制度设计的初衷，实现

〔1〕参见最高人民法院、最高人民检察院、公安部、司法部《关于在全国试行社区矫正工作的意见》，发布时间：2009年9月2日。

〔2〕最高人民法院、最高人民检察院、公安部、司法部《关于全面推进社区矫正工作的意见》，发布时间：2014年8月27日。

与社区矫正价值理念的深度契合。

（五）社区矫正运行具有严格的操作规程

社区矫正作为一项刑罚执行活动，关系到被矫正人员的重大权益，须严格遵循操作规程。按照社区矫正法律文件的规定，实践中社区矫正的运作过程是：社区矫正组织根据人民法院[1]作出的有效判决、裁定或者决定，在特定的时限内与人民法院、监狱管理机关或公安机关交接有关法律文书和相关材料、履行相关法律手续，将社区服刑人员纳入社区矫正活动；期间，专门国家机关在社会组织和社会志愿者的参与下，通过走访、检查、审批、提供咨询、进行教育、组织非营利性公益劳动、提供社会救助等方式开展对社区服刑人员的监督管理、教育矫正、社会适应性帮扶，并最终根据其表现，作出解除矫正或者撤销缓刑、假释、收监执行等一系列决定。

（六）社区矫正的核心目标是促进社区服刑人员回归社会

社区矫正作为刑罚制度的组成部分，其目标不仅受制于刑罚的总体目的，而且与其自身在刑罚运行中的特殊地位相联系。随着对刑罚理解的深化，刑罚目的综合论在理论界得到广泛认同，由社区矫正所承载的多重价值所决定，以及刑罚目的的综合论所决定，社区矫正的目标不是一维的，而是多维的。其一方面要通过严格的监督管理，体现刑罚惩罚的属性，另一方面还要通过教育矫正、帮困扶助，促进适用对象顺利度过服刑期，实现犯罪心理的良性转化。与此同时，还肩负着维护公共安全的职责。但作为刑罚观念进化的制度载体，在社区矫正的目标体系中，无疑应以"促使社区服刑人员回归社会"为核心。因为在刑事立法、裁量、执行的三个不同的阶段，刑罚目的的侧重点是有所不同的。在行刑阶段，特殊预防的功能得到格外关注。随着刑法新派的崛起，教育刑的产生，积极的特殊预防逐渐成为各国刑罚执行的主导观念。这一理念强调对犯罪人的教育改造，以此唤醒和强化他们的规范意识，防止重新犯罪的发生。可见，积极的特殊预防反对单纯对社区服刑人员犯罪能力的剥夺，致力于对其心理和行为的矫正，以促进其重新回归社会生活。这一点，在我国学术界已经成为主流观点并在社区矫正的官方定义中得到采

---

[1] 在我国，暂予监外执行的决定权虽然包括监狱机关、公安机关和法院，但暂予监外执行的期限最终要受到法院的判决和裁定的制约。

纳。当然，"促使社区服刑人员回归社会"是一个较为抽象的目标，具体操作中应当细化为一系列具有内在联系的指标体系，以便对"社区服刑人员回归社会"的效果进行综合评判。

第二节　社区矫正的价值

庞德曾经指出："在法律史的各个经典时期，无论是在古代还是近代世界，对价值准则的论证、批判或合乎逻辑的适用，都曾是法学家们的主要活动。"因此，"价值问题虽然是一个困难的问题，但它是法律科学所不能回避的。"[1]对于社区矫正，这一问题同样不能回避，因为它是社区矫正制度得以确立的前提。作为几百年来刑罚文明演进的成果，社区矫正承载着人道、民主、安全、效益、正义等多重价值，下面将就这几个方面进行具体分析。

一、人道

（一）社区矫正体现了国家对于罪犯的宽容立场，并有助于民间立场的转变

"宽容，指容许他人有判断和行动的自由，对不同于自己或传统观点的见解能够耐心公正地予以容忍。"[2]"不过在刑法学的视角之下，宽容不是个人的一种品性，而是一种政治制度的特性。刑法的宽容性，不仅仅是一个刑罚轻重的问题，更是一个刑法在调整社会与个人关系的时候应当把握的准则。"[3]与此相适应，刑罚人道主义表现出国家在制定、适用和执行刑罚时对犯罪以及犯罪人的一种宽容态度。作为非监禁刑罚执行活动，社区矫正的推行体现了我国在治理犯罪问题上立场的转变，是宽严相济刑事政策中"宽缓"层面的体现。曾几何时，"严打"被视为治理犯罪的"猛药"，重刑成为威慑犯罪的"良方"。但随着我国市民社会与政治国家的二元社会结构的孕育，随着理论界与实务界对于"严打"的理性反思，我国在治理犯罪的立场方面开始向

---

〔1〕［美］罗斯科·庞德著，沈宗灵、董世忠译：《通过法律的社会控制——法律的任务》，商务印书馆1984年版，第55页。

〔2〕［美］享德里克·威廉·房龙著，徐舟译：《宽容》，东方出版社2005年版，第10页。

〔3〕陈兴良：《刑法的价值构造》，中国人民大学出版社1998年版，第431~432页。

"宽严相济"的刑事政策转变。2003 年开始的社区矫正试点，就是对某些类型的罪犯"宽容"处遇的探索。而这一理念在 2006 年 10 月中国共产党第十六届中央委员会第六次全体会议作出的《中共中央关于构建社会主义和谐社会若干重大问题的决定》（以下简称《决定》）中得到了最终的确认。《决定》指出："实施宽严相济的刑事司法政策，改革未成年人司法制度，积极推行社区矫正。"从而以最高权威的方式把社区矫正与宽严相济刑事政策正式联结起来。作为刑罚轻缓的一面，社区矫正体现了在刑罚的适用上，对于犯罪人有选择的区别对待，是对那些社会危害性较小、人身危险性较低或者缺乏受刑能力的犯罪人予以人道处遇的结果。

由此可见，社区矫正的推行是对我国政治制度宽容品性的确认，而这种确认和体现还将有助于引领社会公众形成对待犯罪的理性态度，创造一种对待罪犯的宽容社会氛围，使他们在宽容中感受人性关爱，从而顺利回归社会。因为罪犯顺利回归社会不仅取决于其对主流价值观念、行为方式认同和接受的程度，而且还取决于社会对他们的宽容和接纳的程度。按照标签理论，将某人贴上犯罪人标签就能产生一种自我实现的预言，该预言将促使他进一步实施犯罪行为。因为犯罪人内化了这种消极的耻辱标记并且丧失了自尊，而其他人的敌对反应将减少他们重新获得传统地位的机会。[1]而罪犯标签的消极反应源于人们对这一群体根深蒂固的社会刻板印象。社会刻板印象是"人们对某一社会群体形成的概括而稳定的看法"。由于"刻板印象一经形成便具有较高的稳定性，很难随现实的变化而变化，因此，它往往阻碍人们接受新事物。"更由于"在对人的认知中，刻板印象则易导致成见"。[2]所以，人们对罪犯这个群体总是持有憎恶、否定、怀疑、排斥等心理，这些因素造成了罪犯在社会上的异常生存状态，而这种"另类"的尴尬境地是导致其重新犯罪的重要原因。所以具有远见卓识的学者、肩负重大责任的决策者应当因势利导，运用自己的科学真知和政治智慧，科学、理性地引导民意。虽然我国重刑主义的文化传统根深蒂固，但代表刑罚轻缓一面的社区矫正的倡导和推行，在促使传统刑罚心理的转变方面迈出了第一步。

---

〔1〕　参见［美］罗纳德·J. 博格等著，刘仁文等译：《犯罪学导论——犯罪、司法与社会》，清华大学出版社 2009 年版，第 167 页。

〔2〕　周晓虹：《现代社会心理学——多维视野中的社会行为研究》，上海人民出版社 1997 年版，第 193 页。

（二）社区矫正体现了对罪犯主体地位的尊重，能够促进其重返社会

人道主义作为一种思想体系，其内涵随历史的发展不断地流变，但综观各种对于人道主义的论述，我们会发现，尽管不同的学者对于人道主义的表述不同，但其核心理念在于承认人本身的价值，承认人有自由、幸福以及发挥和表现自己才能的权利。或者说，人道主义是一种把人和人的价值置于首位的观念。从这一点进行观察，我们会发现，社区矫正处处体现着以人为本的思想，它没有将犯罪人驱逐到监狱这一与人类正常生活相隔绝的地方，以实现消极的特殊预防，而是将他们置于正常的社会环境中，致力于他们人格的积极改善和健康发展，因而避免了监狱行刑给罪犯人格带来的消极影响，赋予人之为人的尊严，并为其正常社会关系的维持与恢复、个人能力的发展奠定了基础。

具体来讲，社区矫正因其开放性而消除或减轻了监禁刑给人带来的自由之剥夺、物质与接受服务之剥夺、异性关系之剥夺、自主性之丧失和安全感之剥夺等痛苦，[1] 从而避免了罪犯自律力萎缩、意志力丧失、孤僻和颓废等"监狱化"人格现象；社区矫正能够为罪犯保持正常的家庭生活和稳定的婚姻关系创造条件，满足其情感需求，避免了监禁环境下罪犯社会联结的偏离、失衡、断裂；在开放的社区环境中，社区服刑人员在强制性的前提下摆脱了机械的服从，有了一定的自主性，从而为其人格的完善奠定了基础。与监狱矫正的罪犯相比，社区服刑人员的人身自由被限制得较少，日常生活没有因服刑而受到很大的干扰。与此同时，社区矫正过程中重视对社区服刑人员的服务，通过对其提供最低生活保障、社会临时救助等方式，帮助他们在社区立足，并在此基础上，开展促使其自新的各种活动，使其立足于自身特点，充分运用社区资源，提高自身的文化水平、获得必要的职业技能训练，获得自信心与归属感，增强适应社会的能力，并最终融于正常的社会生活中。

二、民主

作为一个承载着人们诸多诉求的术语，民主已经流传了几千年。作为一

〔1〕 参见冯卫国：《行刑社会化研究——开放社会中的刑罚趋向》，北京大学出版社 2003 年版，第 88 页。

种制度设计，民主意味着"民众主权"或"多数人的统治"，并且已经成为现代社会的普遍追求。就法律的民主化，英国学者罗杰·科特威尔指出："法律民主化对于不同的学者而言，可能意指许多不同的事物。然而，在这里我们可以提出有关民主化的一个简单而又非常基本的工作定义，即每一个人像所有其他的人一样在确定影响他或她的生活的条件时，在相同程度上自主行动的能力。这样，法律民主化的可能性是指公民能够以这种方式行动来影响法律学说内容以及借以产生、解释、应用和实施法律学说的各种机构的可能性。"[1]并在此基础上将法律民主化的表现归纳为四个方面：法律的非形式主义倾向、法律的非专业化倾向、公民参与法律机构和法律诉讼、法律运作的透明度增强。[2]从社区矫正的实践观察，它不仅通过公开、透明的行刑方式推动了刑事司法领域民主价值的实现，而且通过政治国家与市民社会的良好互动，推动了刑事立法的民主化进程，促进了刑事制裁体系的整体性变革。

（一）社区矫正打破了专门机关对罪犯行刑的垄断，体现了民主的参与精神

在社区矫正的运行过程中，不仅体现了公、检、法、司等专门机关的合作，而且强调了社会团体、公民个人的积极参与。即在行刑过程中，社区矫正法律关系的主体将不再局限为专门国家机关和罪犯，而是吸纳多元的社会力量，包括家庭、社区基层组织、学校、为社区服刑人员提供工作机会的公司和企业，等等。多元主体对社区矫正的深度参与一方面有助于增强行刑的公开性和透明性，促进行刑权的规范运作；另一方面可使社会公众了解他们在罪犯再社会化过程中所扮演的重要角色，激发他们自觉参与法治建设的积极性。与此同时，在社区矫正的决定过程和执行过程中，被害人缺位的现象有所改善，被害人的利益得到比以往更多的关照，从而弥补了传统刑事司法的不足。这对于打破以往行刑的封闭状态，揭开其神秘的面纱，在促进行刑过程中国家与社会的良好互动等方面，发挥了积极的作用。可见，社区矫正的推行改变了国家法律运行中高高在上的冰冷面孔，缩短了法律与民众之间

---

〔1〕 参见［英］罗杰·科特威尔著，潘大松等译：《法律社会学导论》，华夏出版社1989年版，第346页。

〔2〕 参见［英］罗杰·科特威尔著，潘大松等译：《法律社会学导论》，华夏出版社1989年版，第347~352页。

的距离，从而有利于培养法律与民众的亲和力，体现的是一种犯罪治理的思想。

（二）社区矫正推动了刑事立法的民主化进程，对刑事制裁体系的整体变革发挥了积极的作用

自20世纪80年代以来，基于严峻的犯罪现实，围绕犯罪的刑事治理方式，我国理论界与实务界进行了广泛而深入的探讨与尝试。比如理论界对"严打"的理性反思，对行刑社会化的构想，对宽严相济刑事政策的提倡等，这对刑事法学的发展产生了巨大的影响，并对我们国家犯罪治理的策略起到了启迪的作用。但由于缺乏适宜的制度容器，很多良好的设想停留在理论的层面，很多有争议或为人诟病的状况不得不继续存在，比如重刑化倾向的刑罚结构、监狱行刑悖论，等等。社区矫正制度的推行，为诸多弊端的革除打开了一个窗口，为刑事制裁体系化的改革奠定了基础。社区矫正虽然处于刑事法律运行的终端环节，但其影响力却覆盖整个刑罚体系，其推行过程，也是刑罚执行方式、刑罚内容、刑罚种类等不断完善的过程。我国社区矫正的推行始于试点，其突出特点是在执行主体、具体内容、运行机制等方面均有所突破。对此理论界与实务界都表现出了不同程度的忧虑，但如果考虑我国的具体国情，我们会发现这实际是立法民主化的一种体现。

2003年7月两院、两部联合发布的《关于开展社区矫正试点工作的通知》明确指出："在试点工作取得经验的基础上，促进有关社区矫正方面的立法工作，为改革和完善中国特色的刑罚执行制度提供法律保障。"可见，我国社区矫正的试点探索是作为刑罚执行制度，乃至刑事制裁体系完善的一个步骤而存在的。季卫东教授在对我国法律试行的状况进行总结的基础上指出，"我国法律试行的意义已经超过单纯的法律试验的范畴，成为立法过程的有机组成部分，并且对整个法律体系发生了明显影响。法律试行使我们感觉到一种新的法律思考方式的形成，即在对于事物的因果关系、客观规律以及合目的性的执着的追求中，不断接受关于事物的概率关系、合理程序和功能等价的观念。""法律试行制度可以理解为一个能不断修正试行错误，通过自我调节适应客观环境，达到预期目标的法律反馈系统。""法律试行在对于制定规范进行调整的含义上使整个法律制度得以形成一种反思机制。"而"法律试行的反思机制不仅倾向于加强成文法体系的社会适应性和公民参加决策的可能

性，而且对于既保持程序正义的合理性同时又能克服官僚制度的形式主义倾向方面的法哲学思考，对于建设一个富于自治性的新社会秩序的设想，也都不乏其启示性的意义。"〔1〕社区矫正通过其运作方式的公开、透明，给予了民众充分表达意见的机会，更好地实现了决策机关与普通公众的沟通，精英意识与民众意识的弥合，为社区矫正法律制度的完善奠定了良好的基础。《刑法修正案（八）》对社区矫正制度的规定，即是对社区矫正试点工作成就的一种立法确认，从而正式确立了监禁矫正和社区矫正并立的自由刑执行格局，对刑罚结构的完善，刑事制裁体系的整体变革发挥了积极的作用。

三、安全

"与法永相伴随的基本价值，便是社会秩序。"〔2〕可见，秩序是法律首先追求的目标，虽然与公平、正义、自由、民主等终极性价值相比较，秩序处于较低的序列，但却是其他价值实现的基础和前提。虽然社会秩序的维护需要从各个方面努力，但维护社会的基本生存条件，保障社会的基本安全是秩序价值的应有之义。而社区矫正作为刑事法律的组成部分，在社会秩序的维持、安全价值的实现方面，无疑能够发挥积极的作用。

（一）社区矫正有利于维护监狱安全

监狱作为专门的刑罚执行机构，其本身必须具有稳定、良好的秩序，否则不仅难以实现其本身的功能，而且对社会的安全也是一个潜在威胁。但由于封闭的监狱与开放的社会的矛盾，罪犯的监狱化与再社会化之间的矛盾，在监狱服刑的罪犯人格异化、心理偏差等现象比较突出，从而给监狱安全带来隐患；与此同时，由于近些年来犯罪形势严峻，监禁人数猛增，致使监狱拥挤，人满为患，从而增加了监管压力。而社区矫正通过缓刑、假释、监外执行等方式，实现了犯罪人处遇的分流，使得一部分犯罪人得以远离监狱的复杂环境，在正常的社会环境和家庭氛围中进行矫正，这就为他们成功地再社会化提供了契机；而监狱人口的疏散，也一定程度上缓解了监狱拥挤的状

---

〔1〕 参见季卫东："论法律试行的反思机制"，载李楯主编：《法律社会学》，中国政法大学出版社1999年版，第307页、311~312页。
〔2〕 ［英］彼得·斯坦、［英］约翰·香德著，王献平译：《西方社会的法律价值》，中国法制出版社2004年版，第45页。

况，为监狱机关集中精力监管人身危险性较高的罪犯创造了条件；另外，社区矫正通过假释等方式为监狱服刑的罪犯提供了提前走出监狱的机会，预示了其服刑生涯的光明前景，这就有效激发了他们自觉规范自身行为，积极参与监狱矫正活动的积极性，从而有利于维护监狱的安全。

（二）社区矫正有利于维护社会安全

1. 加强了对罪犯的正式社会控制

改革开放以来，我国的社会化行刑一方面是理论层面的大力提倡，另一方面却是在现实中的裹足不前，其中的原因，虽然不排除重刑主义的传统，但与各种倡议缺乏适宜的制度容器，无法进行操作有着重要的关系。我国的法律虽然不乏对管制、缓刑、假释的规定，但由于种种原因却造成了执行过程中的虚化。"管制"成了"不管不制"，"假释"成了"真释"，不仅极大制约了具体的司法适用，甚至其存在的合理性也遭受质疑。比如管制作为我国刑法中唯一的限制自由刑，意义十分重大。在1997年《刑法》修订中却出现了存废之争，主废的理由是管制刑难以执行。因为在传统的管制执行框架之下，无论是作为执行机关的公安机关、还是作为辅助机构的基层社区组织，都难以发挥应有的作用。"在这种情况下，如何解决非监禁刑的执行和非监禁化措施的考察问题，就成为实现非监禁化的一个重要前提。我国从2003年开始试行的社区矫正试点，就是解决上述问题的有益探索。"[1]在目前的社区矫正实践中，确认由司法行政机关承担对社区服刑人员的日常监督考察工作，与此同时调整了公、检、法、司在社区矫正中的职能定位，并着力打造社区矫正社会参与体系，从而有效地解决了以往工作中监督不到位的问题，强化了社会治安防控体系。可见，社区矫正中对组织建设的加强，对组织责任的强化，增强了对社区服刑人员的正式社会控制，维护了公共安全。

2. 有利于对罪犯的非正式社会控制

按照芝加哥学派的观点，犯罪问题与遭受社会解组的社区的社会生态学有关。而居民之间经常交流将有助于形成减少犯罪的非正式社会控制。[2]而赫希则指出，社会中大多数人不去犯罪的原因在于社会联系的作用。他认为，

---

[1] 陈兴良："宽严相济刑事政策研究"，载《法学杂志》2006年第2期。

[2] 参见［美］罗纳德·J.博格等著，刘仁文等译：《犯罪学导论——犯罪、司法与社会》，清华大学出版社2009年版，第140、145页。

只有通过社会交往过程，人们与传统的社会建立联系，才能产生遵从感。当这种社会联系变弱时，人摆脱了社会的束缚，犯罪的几率就会提高。[1]可见对家人、朋友、亲戚等重要人物感受的关注，有助于增强犯罪人的内在遏制力量，自觉地选择一种守法的行为方式。在传统的监狱行刑中，尽管也为犯罪人与家人的接触创造了诸种机会，但由于彼此之间生活状态的分离因而很难达到良好的互动，而社区矫正则为犯罪人与家人、朋友、亲戚的近距离接触、施加良好的影响创造了条件。

3. 以一种更为积极的姿态维护社会的安全

社区矫正对于安全价值的实现，不仅体现在对社区服刑人员社会控制力度的强化上，而且体现在用刑节俭的同时，追求积极的特殊预防效果。对目标群体的控制固然可以维护社会安全，但其中也包含着压抑人的个性、阻碍社会发展的负面效应。因为"安全具有一张两面神似的面容。一种合理的稳定生活状况是必要的，否则杂乱无序会使社会四分五裂；然而稳定性必须常常为调整留出空间。在个人生活和社会生活中，一味强调安全，只会导致停滞，最终还会导致衰败。"[2]社区矫正以一系列人性化的处遇，避免了因严厉打击而造成的罪犯及其家人的对立情绪，激发了其感恩心理，增强了其规范意识；而且社区矫正重视罪犯主体地位，致力于解决罪犯所面临的各种问题，促使他们形成健康人格，重新适应社会生活，避免了因消极控制而造成的不良后果；另外社区矫正过程中，往往通过刑事和解、被害人补偿等方式，化解犯罪人和被害人之间的矛盾和冲突，修复社会裂痕，防止被害人的"恶逆变"反应，从而以一种更为积极的姿态维护了社会的安全。

四、效益

我国学者邱兴隆认为刑罚的效益应当包括至少三个要素：刑罚的有效性、刑罚的有益性、刑罚的节俭性。这三个要素代表着刑罚的效益价值对刑罚的不同层次的要求。[3]从这三个维度考察，我国社区矫正在刑罚效益方面是比

〔1〕 参见［美］罗纳德·J.博格等著，刘仁文等译：《犯罪学导论——犯罪、司法与社会》，清华大学出版社2009年版，第170~171页。

〔2〕 ［美］E·博登海默著，邓正来译：《法理学——法律哲学与法律方法》，中国政法大学出版社1999年版，第296页。

〔3〕 参见邱兴隆：《刑罚的哲理与法理》，法律出版社2003年版，第528页。

较显著的，具体表现如下：

（一）社区矫正可以节省国家的刑事司法资源

适用社区矫正的犯罪，往往具有罪行轻微、案情简单的特点，对于这类案件可以采取简易审判程序，由审判员一人独任审判，由此可以免除很多繁琐的诉讼程序，提高审判效率，节省诉讼资源。不仅如此，与监禁矫正相比，社区矫正在降低行刑费用方面的作用尤其突出。比如江苏省在试点 5 年后统计发现，"不包括监狱基本建设投资和警察配备，目前江苏每关押一名罪犯的年平均改造成本超过 1.4 万元；而根据前 4 年社区矫正经费投入测算，每个矫正对象年矫正成本约 2500 元，不到监禁成本的 18%。"[1] 随着社区矫正实践的发展，这一经济效益更加地凸显出来。据来自司法部的统计数据，"我国社区矫正从 2003 年开始试点，2009 年在全国全面试行。16 年来，全国累计接收社区矫正对象 431 万人，累计解除矫正 361 万人，目前在册社区矫正对象 70 万人。社区矫正的人均执行成本只有监狱的十分之一。"[2] 可见，与监禁矫正相比较，社区矫正明显降低了行刑成本，节省了国家的刑事司法资源。

（二）社区矫正可以节省国家为解决监禁的后续问题所需的费用

封闭的监狱生活不仅造成服刑人员的一系列拘禁性反应，而且给其家庭生活也带来极为不利的影响。有的罪犯因此而夫妻感情淡漠，婚姻解体；有的罪犯因难以承担家庭责任，引发一系列社会问题。据司法部预防犯罪研究所对全国 31 个省的抽样调查显示，截至 2005 年底，在我国监狱服刑人员 156 万，服刑人员未成年子女总数逾 60 万。[3] 而目前这一数字仍处于上升状态。"至 2015 年底，我国监狱服刑人员总数 170 万，加之审前羁押的犯罪嫌疑人和判决生效后未及时交付执行处于羁押状态的犯罪人，我国在押服刑人员总数

[1] "让犯罪较轻者在社区服刑——从江苏经验看中国社区矫正五年历程"，载 http://news.sohu.com/20081019/n260116340.shtml，最后访问时间：2019 年 7 月 22 日。

[2] 王茜："社区矫正法草案首次提请最高立法机关审议完善刑罚执行制度"，载中国人大网，http://www.npc.gov.cn/npc/c36804/201907/419a3f6ff2e4fb198a4dc33699207db.shtml，最后访问时间：2019 年 7 月 14 日。

[3] 参见司法部预防犯罪研究所课题组："监狱服刑人员未成年子女基本情况调查报告"，载《犯罪与改造研究》2006 年第 8 期。

已近 200 万人，""保守估计我国在押服刑人员未成年子女早已超过百万。"〔1〕这一庞大的特殊群体的存在造成诸多社会问题。由于父母一方或者双方处于被监禁状态，难于履行他们应尽的监护责任与抚养义务，未成年人赖以生存的载体——家庭出现残缺甚至瓦解，以至于很多孩子的生存、教育令人忧虑，更有一些孩子因此而流浪、乞讨甚至犯罪。据调查，服刑人员未成年子女的辍学率为 13.1%，与全国中小学生的平均 1.28% 辍学率相比，差距悬殊。调查还显示，监狱服刑人员未成年子女犯罪占这一群体总数的 1.2%，远远高于全社会未成年人犯罪率。〔2〕而社区矫正的推行，为罪犯与其家庭成员的交流、沟通创造了条件，有助于罪犯婚姻关系的维持、家庭成员之间的亲情互动，避免更多社会问题的产生。而且，由于社区矫正强调对罪犯适应能力和生存能力的培养，这就为他们解矫后开始新的生活，承担起家庭的责任打下了基础，因而节省了国家为解决监禁犯罪人之后产生的相关问题所需的资源。

（三）社区矫正的社会效益显著

社区矫正作为推进国家治理体系和治理能力现代化的重要载体，其效益不仅体现在与监狱行刑相比，行刑成本降低的方面，更为重要的是，社会效益非常显著。据统计，社区矫正推行 16 年来，社区矫正期间社区矫正对象的再犯罪率只有 0.2%。〔3〕可见，社区矫正在维护社会稳定，助力平安中国建设方面，发挥着积极的作用。

五、正义

从表层来看，在中国这样一个报应观念浓厚的国度里推行社区矫正，难免遭受有失正义的诘责。其实在不同的视角之下，正义可呈不同形状并具有极不相同的面貌。许多世纪以来，中外的思想家与法学家对正义作出了莫衷

---

〔1〕 刘红霞："在押服刑人员未成年子女救助体系的构建与完善"，载《法学杂志》2016 年第4 期。

〔2〕 参见司法部预防犯罪研究所课题组："监狱服刑人员未成年子女基本情况调查报告"，载《犯罪与改造研究》2006 年第 8 期。

〔3〕 参见王茜："社区矫正法草案首次提请最高立法机关审议完善刑罚执行制度"，载中国人大网，http://www.npc.gov.cn/npc/c36804/201907/419a3f36ff2e4fb198a4dc33699207db.shtml，最后访问时间：2019 年 7 月 14 日。

一是的解释，凸现了不尽相同的正义观。如果我们并不试图给出正义一个全面的定义，那么我们就有可能指出，"满足个人的合理需要和主张，并与此同时促进生产进步和提高社会内聚性的程度——这是维续文明的社会生活所必需的——就是正义的目标。"[1]如果就此目标对社区矫正进行考察，我们会发现，至少在满足个人合理需要和主张，提高社会内聚性的程度方面，是社区矫正所积极追求的。

（一）社区矫正满足了报应正义的要求

毫无疑问，犯罪对人们朴素的正义观念造成冲击。因为它不仅危害国家、社会和个人的利益，而且违背了社会的公序良俗，所以，犯罪人需要以自身财产、人身自由乃至生命来为自己的行为付出代价。与生命刑和监禁刑相比较，社区矫正对罪犯的惩罚力度似乎是不足的，罪犯仍然生活在自己的社区，有着很大的人身自由度，从而很难避免人们的诘责。但事实上，社区矫正并不像人们想象的那样毫无惩罚性。在我国现行法律的框架内，社区矫正的惩罚性突出地表现为：社区服刑人员要服从管理和监督，人身自由和行动受到一定限制，某些权利的行使受到限制，另外还要履行一定的法律义务。这些无不涉及对犯罪人的利益剥夺，从而满足了人们报应正义的要求。

（二）社区矫正彰显了恢复正义的理念

社区矫正除了满足了报应正义的要求之外，还彰显了恢复正义的理念。在以报应为中心的刑罚模式之下，犯罪人虽然受到了惩罚，但被害人在人身、财产等方面所受到的损失却很难得到赔偿。因为目前的刑事附带民事诉讼在实践中因种种原因效果不佳，传统的监狱行刑虽可平息被害人的愤怒，却无助于其损失的赔偿。社区矫正的适用，则为被害人获得赔偿提供了可能性。在这一制度之下，某些符合条件的犯罪人获得了在社区服刑的机会，这样他们就能够通过劳动获得报酬来赔偿被害人，解决其因遭受犯罪侵害而产生的困难。犯罪不仅直接侵害了被害人的合法权益，而且损害了社区的利益，具体表现为社区成员的安全感下降，凝聚力降低，传统的道德遭受破坏。在社区矫正过程中往往组织犯罪人为社区提供无偿的劳动，以补偿因为犯罪行为

---

〔1〕[美]E·博登海默著，邓正来译：《法理学——法律哲学与法律方法》，中国政法大学出版社1999年版，第252页。

给社区造成的损害。通过这一过程，可以促使犯罪人重新取得社区成员的信任，并使他们在促进公益的行为中产生成就感，激发其与社区合作的愿望，实现与社区的重新融合。可见，在社区矫正的过程中，犯罪人得到有选择的区别对待，被害人的利益得到关照，犯罪人与社区的关系得到弥合，从而超越了以往单纯对抽象正义的追求，实现了恢复性正义。

（三）社区矫正有利于犯罪人的权利保障

从刑法的机能来看，它不仅要保护社会免受犯罪的侵害，还要保障罪犯的人权。诚然，由于其受刑人地位，社区服刑人员的人权具有不完整性，比如他们在人身自由方面受到一定限制，外出、迁居都要得到执行机关的批准。但与监狱矫正的罪犯相比，其人权状况有了很大的改善，社区矫正作为一种开放的行刑方式，可以更好地保障社区矫正人员行使未被法律剥夺的权利，如生存权、健康权、婚姻权、家庭权等。同时，在社区矫正条件下，社区服刑人员可以获得正常的文化教育和职业培训，从而有利于发挥他们的积极性，提高学习效果，促使其顺利复归社会。另外，与监狱矫正罪犯相比，社区服刑人员的人身自由度相对较大，从而能够在法律所允许的范围内，参与社区生活、参加国家和社会事务的管理。可见，与监狱矫正相比，社区矫正更加有利于犯罪人的权利保障，从而体现了刑罚的正义性。

第三节　社区矫正机制

一、社区矫正机制的概念

自我国学者储槐植教授倡导刑事一体化的观念以来，刑法在运作中存在和发展，刑法的本性是动态的和实践的观念在理论界已逐渐成为一种共识，对刑事法律进行整合性的研究逐渐成为理论界的一种热潮。毫无疑问，社区矫正作为一项刑事执行活动，属于刑法的范畴。所以，对社区矫正机制概念的界定，应该在刑法机制，或者更进一步，在刑罚机制的范围内进行讨论。所以，在对社区矫正机制的概念进行界定之前，应首先对与之相关的基础性概念进行回顾。

储槐植教授认为，刑法机制即"刑法运行方式与过程"，其"运作"的实体基础是刑法结构，"运作"的客观效果是刑法功能。因此，刑法机制的实质概念便是刑法结构产生功能的方式和过程。刑法机制的重心是刑法问题，是动态上的刑法，是实践中的刑法。运作的基本方式是刑法适用，运作的最终过程是刑罚执行。并由此认为刑法机制由四要素构成，即刑法结构、刑法功能、刑法适用和刑罚执行。就刑罚机制，他认为可理解为刑罚运行方式。刑罚运行实际是刑罚功能实现过程。运行方式有优有劣，研究刑罚机制的目的在于探索优化刑罚功能实现过程。优化过程的关键无非是要把握刑罚功能实现应循的规律。所以，研究刑罚机制就是探讨刑罚功能实现过程的规律。[1]

随着社区矫正实践的展开，在我国学术界已经就社区矫正机制开始进行探索，如一种观点认为社区矫正机制是指司法行政机关在社区矫正战略思想指导下，适应国际刑罚发展的趋势和被矫正人员社会化及社会适应的需要，而建立的一种全新、科学的矫治工作系统，使社区矫正工作机构和司法资源配置合理，各个方面的工作运行协调，以较小的矫正成本投入获得较大的矫正绩效，实现社区矫正工作目标。[2]

在此，笔者赞同将社区矫正机制作为一个系统的整体加以看待，同时认为社区矫正作为一个被预设了某种功能的系统，须在对过程的关注中强调对结果的追求。基于此，结合社区矫正的实践，笔者将社区矫正机制界定为专门的国家机关在相关社会团体和民间组织以及社会志愿者的协助下，依据人民法院所作出的刑事判决、裁定或决定的内容，对特定的刑事犯罪人执行刑罚的过程及其结果。

二、社区矫正机制的构成

我国学者黄建武认为，法的实现，不是一个简单的"法——行为"的过程，就像法的形成也绝不是一个"规范创制——法规范"的过程一样，法的形成是一个"社会——法"的过程。与此相反，法的实现是一个"法——社会"的过程。法的实现，一定是法的要求经过法在社会中运作而形成社会关

---

[1] 参见储槐植等：《刑法机制》，法律出版社 2004 年版，第 2~4 页。

[2] 参见张峰："论社区矫正机制的模式选择"，载《河南司法警官职业学院学报》2006 年第 1 期。

系的现实。法的实现这一运动过程，既包含法运作的法律机制，又包含着法运作的社会机制；法的有效实现，既受制于法自身的状况，又受制于社会领域各种因素的作用。法律实现的机制，是各种相互联系的法律手段与社会中各种有益于法律实现的因素相结合，所产生的推动法的要求转化为社会现实的过程。[1]的确，从微观的角度观察，社区矫正是通过社区矫正主体的一系列行动展开的，但这一过程又绝非由行动者的单方意志所决定，而是受到社会结构的制约。正如帕森斯所言，一个行动在逻辑上牵涉下述因素：（1）一个行动者或一个施动者；（2）一个目的，也就是引导行动所要达到的某一种事情的未来状况；（3）一种情境，包括两个方面，一方面是行动者不能加以控制的因素，也就是行动者的条件，另一方面是行动者可以控制的因素，也就是手段；（4）某种规范性导引。[2]在这里，笔者肯定社会环境对于社区矫正的制约作用，肯定法律机制对社区矫正的规范作用，与此同时，笔者认为在社区矫正的运行实现过程中，社区矫正知识生产状况将作为一个独立的变量发挥作用，即社区矫正任务能否顺利执行，目标能否按照预期实现，价值能否得到最终体现，不仅在于社区矫正的社会环境和法律机制之间能否形成一种良性的互动，而且还在于社区矫正知识生产者能否为社区矫正实践提供充足的理论营养。所以，更进一步讲，社区矫正机制是社区矫正主体在广阔的社会空间中，以社区为平台，在物质资源、制度资源和智识资源的支持下，彼此之间良性互动的过程与结果。所以，在社区矫正运行过程中，以下几种因素尤其值得关注：

（一）社会基础

弗里德曼认为，"给予法律制度生命和真实性的是外面的社会世界"。"在现实世界，有些规则是不用或被误用的，有些结构不起作用，有些则奇怪地不按规范操作。"其中的原因在于"各种社会势力经常在对法律起作用：毁坏这里，恢复那里；加强这里，使那里消亡；选择哪部分'法律'要起作用，哪部分不起作用；哪些代替物、弯路、旁道要出现，哪些改变要公开或秘密地发生。由于找不到更好的词，我们姑且把一些这类势力称为法律文化。"

---

〔1〕　参见黄建武：《法的实现——法的一种社会学分析》，中国人民大学出版社1997年版，第12页、44页。

〔2〕　参见高宣扬：《当代社会理论（下）》，中国人民大学出版社2005年版，第545页。

"实际运作中的法律制度是一个结构、实体和文化相互作用的复杂有机体。"[1]可见，社会环境因素尤其是其中的文化因素，对法的实际效果起到决定性作用。对社区矫正的实现机理，笔者坚持结构功能主义的分析进路，肯定外在环境对社区矫正的制约作用。尽管影响社区矫正效果的社会环境因素多种多样，笔者认为能够发挥最直接影响的，在于社区能否发挥基础和平台的作用，在于社会公众对社区矫正的认同以及积极参与的程度。

（二）学术基础

社区矫正的良性运行不仅取决于良好的社会环境，而且还有赖于相应的知识生产状况。对于知识的重要性，古今中外，早有论述。培根提出："知识就是力量"，赞扬了知识在人类征服自然，推动社会进步中所发挥的积极作用。随着知识的升值并变得日益重要，人类社会发生了"知识价值革命"，人类社会步入了"知识价值社会"。在知识社会中，一个领域的发展日益有赖于理论工作的优先发展，它汇集整理出已知的东西，同时为经验验证指出方向，实际上，理论知识正日益发展成一个社会的战略源泉。[2]在治理的框架下，知识的作用也正在得到关注，"治理主要是一种进行规范的体制，在这种体制下，提供以专业知识为形式的科学知识，便占据了十分突出的位置。"[3]"知识是一种社会产品，但也是造就社会变迁的关键因素。"[4]"现代法制的建设能否成功，不仅取决于政治的力量，也有赖于学术的力量。因为无论是总结本国的实践经验把它抽象为普遍适用的规范，还是借鉴外国的成功方法以缩短摸索的过程或减少失误的代价，都需要能保证择优决策的见地，从而也就需要在法律、制度及其社会效果研究上的理论造诣。"[5]可见，当代社会中，知识的重要性达到了一个前所未有的程度，成为解决社会问题、推动社会发

〔1〕[美]劳伦斯·M.弗里德曼著，李琼英、林欣译：《法律制度——从社会科学角度观察》，中国政法大学出版社2004年版，第18页。

〔2〕参见[美]丹尼尔·贝尔著，高铦等译：《后工业社会的来临——对社会预测的一项探索》，商务印书馆1984年版，第33~34页。

〔3〕[法]阿里·卡赞西吉尔，黄纪苏编译："治理和科学：治理社会与生产知识的市场式模式"，载俞可平主编：《治理与善治》，社会科学文献出版社2000年版，第134页。

〔4〕刘珺珺、赵万里：《知识与社会行动的结构——知识社会的理论与实践研究》，天津人民出版社2005年版，第85页。

〔5〕参见[美]诺内特、塞尔兹尼克著，张志铭译：《转变中的法律与社会：迈向回应型法》，中国政法大学出版社1994年版，第1页。

展的一个独立变量。同样，在社区矫正的产生和发展过程中，需要学者对其存在的合理性进行论证，以促进精英意识与普通公众意识的弥合；需要学者对其经验进行总结，从而为科学的制度设计提供思路；需要学者对社区矫正的方法进行探索，以提高矫正效果。所以，社区矫正知识生产状况是社区矫正目标得以实现的另一重要背景。

（三）制度设计

社区矫正作为刑罚执行制度的组成部分，从属于法治尤其是刑事法治这一大的命题，而"法治的第一个环节就是立法，立法是要把一种社会公认的实质价值予以规范的确认。因为法律的特点在于规范性，没有规范就无所谓法律。法的这种规范性使实质价值物化为一种制度，可以为社会正义客观地提供更为稳定的制度保障。"[1]正如亚里士多德所言："法治应当包含两重含义：已成立的法律获得普遍的服从，而大家所服从的法律又应该本身是制定的良好的法律。"即实质理性需要形式理性的确认，所以"刑事法治的首要之义在于实质理性的建构与形式理性的坚守。"[2]社区矫正作为刑事法治的组成部分，首先意味着要有一套体现人道、民主、安全、效益等价值追求的规范体系，这种刑事法规范不仅在于约束公民，更重要的是在于约束国家，从而防止司法权的滥用。

由此可见，良好的社区矫正制度设计是在行刑领域实现法治的前提，对此我国学者葛洪义从法治动态运行的角度进行了更为精深的诠释。他用"法的生成"来概括法的生长机制和法治的特征。所谓"法的生成"是指法治这种特定的秩序状态在特定条件和环境下的产生与形成过程。即法治不能被理解为国家立法者通过立法创造的、强加于社会的，而是生成的。即在官方的行为指南之外，还存在一个社会的或称"民间"的行为机制，作为一种事实状态的法治及其具体形态总是在有组织的官方活动及行为与民间的社会的自发行为之间的博弈过程中发生。法的生成这个命题内含着两个平行的、可能相对又可能重合的行为趋向：一个是组织化的行为趋向，表现在官方、国家

---

〔1〕　陈兴良："刑事法治的理念建构"，载《北京大学法学文存（第三卷）》，法律出版社2002年版，第6页。

〔2〕　陈兴良："刑事法治的理念建构"，载《北京大学法学文存（第三卷）》，法律出版社2002年版，第2页。

机构试图通过法律组织社会行动；另一个则是个人化的行为趋向，表现在个人在自己的欲望、意图、意志或者理性的支配下所采取的社会行动。组织化的行为趋向若想成功地向合理性方向发展，取决于两个基本条件的满足程度：第一、必须存在一个高度明确的、确定的、公开的、可预期的组织机制和规范体系。它的功能在于明确无误地指示出组织化的行为要求，并通过相应的组织机制整合不同的个人行为，以便达成社会行动的共识，促成社会秩序。第二、必须存在一套能够激发、引导个人行为向组织化方向发展的诱因机制。它的功能在于能够有效地唤起、激发其潜伏在个人内心深处的各种趋于可能的被组织化的行为动机，如神圣的信仰、世俗的欲望、理性的选择，等等，促使大家认同官方预设的秩序状态。[1]由此可见，社区矫正目标实现的前提，在于存在一套完整的规范体系，对于社区矫正的内容、程序、机构、人员、经费保障等一系列问题做出明确的规定。

（四）法律能量

法的运作不是一项单纯的意志活动，而是需要人力、物力等资源投入的活动，没有资源，法就没有能量，就不能运作。法律能量即法律系统所具有（所依赖）的资源量，其构成包括人力资源、物力资源及二者的有机结合。[2]所以，社区矫正的成功运作，不仅需要良好的社会环境、完善的制度设计、有力的智力支持，而且需要充足的经费与素质良好的工作人员。

综上所述，社区矫正作为我国犯罪治理的积极探索，宽严相济刑事政策的具体落实，虽然目前在概念、性质方面存在诸多争议，但从我国国情来看，社区矫正作为"非监禁刑罚执行活动"的"官方定位"存在着合理的解释空间，具有逻辑上的自洽。作为一种蕴含着人道、民主、安全、效益、正义等诸多价值的制度，社区矫正的良好效果有赖于运行机制的完善。为此，需要在培育社区矫正社会土壤的基础上，充分整合社区矫正运行中的国家力量，优化社区矫正监督管理、教育矫正以及社会适应性帮扶的路径，以实现其制度绩效及价值诉求。

---

〔1〕 参见葛洪义：《法律与理性——法的现代性问题解读》，法律出版社2001年版，第275~277页。

〔2〕 参见黄建武：《法的实现——法的一种社会学分析》，中国人民大学出版社1997年版，第160~162页。

社区矫正运行的社会基础建构

　　良好的社区环境是社区矫正顺利运行的前提，社会力量的广泛参与是社区矫正的重要特征。基于此，本章将在对社区矫正运行的社会基础进行描述的基础上，就其存在的问题及进一步完善进行建构。

第一节　社区矫正运行已具备一定的社会基础

　　从实体的意义进行分析，社区作为一种地缘型的社会生活共同体在我国古已有之。古老的村落、街坊就是其存在标志。但是新中国成立以后，从20世纪50年代中期到80年代初这二十多年的时间里，社区这种地域型的生活共同体并没有在原有的基础上得到巩固和强化。相反，由于政治国家和市民社会高度融合，社会空间受到极度挤压而逐渐失去了实际的意义。随着改革开放的深入进行，我国社会的全面转型，单位制走向解体，社会空间得以释放，社区作为地域型的社会生活共同体开始获得新的生机。20世纪80、90年代以来，社区逐渐成为我国学术界的主流话语，以社区服务为导引的社区建设成为政府主导下的一种广泛社会实践。经过多年的努力，我国社区建设取得了重要成就，并从社区建设向寓意更为深刻的社区治理推进，"构成富有中国特色的治理道路和发展图景"[1]，从而为社区矫正的实施提供了基础与平台。

一、社区建设为社区矫正运行提供了基础与平台

（一）社区环境得到一定程度的改善

　　经过多年的社区建设，我国社区尤其是城市社区的基础设施、公共服务

―――――――――――――

　　[1]　袁方成、王泽："中国城市社区治理现代化之路———一项历时性的多维度考察"，载《探索》2019年第1期。

水平、社区的医疗、卫生事业得到长足发展。社区环境的改善，一方面满足了居民生活的多方面需要，提高了居民对社区生活的满意度，另一方面也有助于社区服刑人员摆脱犯罪的环境诱因，在优美的社区环境中陶冶心灵，顺利完成再社会化。尤其是经过多年的努力，针对社会弱势群体，我国已经建立起了比较完善的社会保障体系。民政部门的统计数据显示，2017年临时救助累计救助970.3万人次，平均救助水平1109.9元/人·次。[1]2018年第三季度城市最低生活保障人数达1068.8万，农村最低生活保障人数达3551.1万。[2]最低生活保障制度和社会救助体系的发展，为社区服刑人员维持正常生活、顺利解决各种困难，尤其是生活困难奠定了基础。

在社区物质环境改善的同时，社区的治安环境也得到重视。目前"平安社区"成为社区建设的一个重要目标。很多社区通过加强社区警务建设、安装监控、楼宇对讲、红外线报警等技术防范设施，对居民小区实施封闭式管理等措施，扩大了针对犯罪的"可防卫空间"，增强了群众的公共安全感。而群众安全感的增强，有助于理性的对待罪犯，消除社区矫正过程中存在的社会心理障碍。

（二）社区矫正的社会参与已具备一定条件

1. 社区组织体系已基本形成

社区建设的发展，社区矫正的推行，需要一定地域的依托，需要发达的社区组织体系，以满足社区居民的需要，并通过开展各种活动，促进社区居民的交流、情感沟通、社区资源的整合。经过多年的建设，我国已基本形成以社区党组织、社区自治组织、社区中介组织为依托的社区组织体系。截至2017年底，基层群众性自治组织共计66.1万个，各类社区服务机构和设施40.7万个。[3]这更好地满足了社区居民生活、娱乐、社会交往等多种需要。与此同时，为了配合我国社区矫正的实践，专门性的社区矫正服务组织已经开始出现。如2004年1月20日，民办非企业、非营利性质的上海市新航社区

〔1〕 参见"2017年社会服务发展统计公报"，载民政部网站，http://www.mca.gov.cn/article/sj/tjgb/2017/201708021607.pdf，最后访问时间：2019年7月5日。

〔2〕 参见"2018年3季度全国社会服务统计数据"，载民政部网站，http://www.mca.gov.cn/article/sj/tjjb/qgsj/2018/20180910291103.html，最后访问时间：2019年7月5日。

〔3〕 参见"2017年社会服务发展统计公报"，载民政部网站，http://www.mca.gov.cn/article/sj/tjgb/2017/201708021607.pdf，最后访问时间：2019年7月5日。

服务总站经上海市民政局批准正式成立，按照社团章程自主运行，市矫正办与新航总站签订《政府采购服务合同》，新航总站按照合同的规定，组织社工参与和协助社区矫正机构对社区服刑人员进行教育转化、帮困解难、生活指导、心理咨询等工作，并接受市矫正办的指导、考核与评估。[1]北京市则以区县为单位建立了阳光社区矫正服务中心，作为非营利组织其主要有四个职能：一是组织发动社会力量参与社区矫正；二是为社区服刑人员提供心理矫正、技能培训、临时救助等帮助和服务；三是组织开展社区矫正宣传、培训与研究；四是对社区矫正工作者进行招聘、管理、培训和考核。[2]这些都为更好满足社区服刑人员的需求，促进其回归社会创造了条件。

2. 具有中国特色的社会工作者队伍已初具规模

截至2004年底，我国社区委员会成员共42.5万人。其中30岁以下15%，31~50岁占60%，51~60岁的占15%，61岁以上的占10%，小学学历及以下的占2%，初中学历的占21%，高中（中专）学历的占51%，大专学历以上的占26%。[3]这表示我国已初步建立起一支具有中国特色的社区工作者队伍。在积极利用社区原有人力资源的基础上，我国还积极推动社会工作者专业化、职业化的建设。2006年，民政部、人事部联合出台了《社会工作者职业水平评价暂行规定》和《助理社会工作师、社会工作师职业水平考试实施办法》，标志着我国已建立社会工作者职业水平评价制度，对于推动社会工作专业技术人员队伍建设具有十分重要的意义。2008年6月27日和28日进行了首次全国助理社会工作师、社会工作师职业水平考试，从而为我国建立数量宏大、结构合理、素质优良的社会工作人才队伍迈出关键的第一步。截至2017年底，"全国持证社会工作者共计32.7万人，其中社会工作师8.3万人，助理社会工作师24.3万人。"[4]从而为社区矫正社会工作者专业化、职业化奠定了基础。

---

〔1〕 朱久伟："上海市社区矫正试点工作的探索与思考"，载司法部基层工作指导司编：《社区矫正试点工作资料汇编（三）》，2005年12月，第16页。

〔2〕 北京市社区矫正工作领导小组办公室、北京市司法局编：《北京市社区矫正工作手册（2003.7——2006.4）》，2006年4月，第98～100页。

〔3〕 詹成付主编：《社区建设工作进展报告》，中国社会出版社2005年版，第5页。

〔4〕 "2017年社会服务发展统计公报"，载民政部网站，http://www.mca.gov.cn/article/sj/tjgb/2017/201708021607.pdf，最后访问时间：2019年7月5日。

3. 社会（区）志愿服务得到一定发展

目前，志愿精神在中国已经得到一定程度的发展。汶川地震的社会救助、奥运会、世博会的成功举办都显示了民间力量的强大、社会志愿者的参与热情。当前，中国最为活跃、规模最大、影响最大的志愿者队伍有两个，一是社区志愿者协会，二是青年志愿者协会。这两支队伍在社区事务中都发挥了积极的作用。改革开放以后，中国最早的志愿者产生在社区服务的层次上，1989 年 3 月，天津市和平区新兴街道建立了全国第一个社区服务志愿者协会，[1]从而开始了我国城市社区志愿服务的历程。20 世纪 90 年代初期，另外一支志愿者队伍在共青团系统产生，1994 年 12 月，团中央成立了中国青年志愿者协会，这标志着中国青年社区志愿活动逐步走上了正规化、组织化和规范化的轨道。[2]随着志愿精神的传播，志愿服务逐渐发展为全社会共同参与的行动，力量日渐壮大。截至 2013 年，全国已建立超过 43 万个志愿者组织、19 万个志愿者服务站，常年开展活动的志愿者超过 5000 万人。[3]2017 年 8 月 22 日，国务院发布《志愿服务条例》，明确志愿服务组织法律地位，确立志愿服务运行规则，极大地推动了中国志愿服务的发展，为社区矫正这一社区事务的社会参与注入了新的活力。事实上，在社区矫正运行中，这些志愿团体发挥了积极的作用。比如北京市丰台区东铁匠营街道阳光社区矫正服务中心推出了"五组、一对一、一课堂"简称"511"的工作模式。"五组"指"矫正心理组""矫正咨询组""矫正培训组""矫正外联组""矫正调研组"，各小组分别由社区居委会干部、北大法律援助协会志愿者以及其他社会志愿者组成。"一对"指社区干部、北大法律援助志愿者与矫正对象结成"一帮一""一对一"的矫正教育形式，对矫正对象的生活状况、思想状况及时了解跟踪，做到"发现困难及时帮助"。"一堂课"指中心开设阳光社区矫正知识互动课堂。该课堂由司法所所长、北大法学院、社会心理学专业人员担任主讲，对矫正对象实施社会关怀及心理开导教育等帮助。该课堂开设以来已经通过多种形式为辖区内的社区服刑人员开展教育和培训，收到了良好的效果。[4]

---

〔1〕 参见英达："我国第一个居民社区服务志愿者协会诞生"，载《社会》1991 年第 3 期。

〔2〕 参见贺红霞："大学生志愿者社区服务的实践与反思"，载《社会工作》2007 年第 5 期。

〔3〕 参见"中国志愿者超过 5000 万人 已建 43 万个志愿者组织"，载 http://www.chinanews.com/gn/2013/12-06/5589012.shtml，最后访问时间：2019 年 7 月 22 日。

〔4〕 此资料系笔者在北京市丰台区东铁匠营司法所调研时获得。

　　为了进一步推进社区矫正运行中的社会参与，2014 年 11 月，司法部、中央综治办、教育部、民政部、财政部、人力资源社会保障部联合下发了《关于组织社会力量参与社区矫正工作的意见》，对社会力量参与社区矫正的意义、路径、组织领导进行了全面的规范。据统计，截至 2017 年 7 月，"全国各地司法行政机关通过政府购买服务，招聘从事社区矫正工作的社会工作者 8.4 万人，招募志愿者 67.3 万人，成立社区矫正小组 67.6 万个，联合有关企事业单位、社会组织建立社区服务基地 25 305 个，教育基地 9265 个，就业基地 8229 个。"[1] 从而为教育矫正、帮困扶助等活动的进行提供了重要的基础与平台。

二、社区建设与社区矫正的发展路径高度一致

(一) 价值追求上的一致

　　我国社区建设的兴起虽然有着特定的国情，但对其深层蕴含与发展方向，我国学者已有了深刻的剖析。如李骏指出中国社区建设的底蕴在于构建或培育中国的市民社会，而且社区建设已经实实在在地成为市民社会赖以形成的载体，并将推动我国市场经济体制的成熟和民主政治的完善。又如徐勇提出，应该强化社区建设的自治导向，这在于社区居民自治是低成本的管理体制创新，它有利于扩大公民政治参与和加强基层民主，并在自治基础上重新塑造政府，实现政府与社会关系的重构。徐道稳则直接把城市社区建设看作是市民社会的实践。[2] 可见，社区建设中蕴含着基层民主、市民社会的成熟等重大的议题。而这些同样是社区矫正的重要价值蕴含。由是观之，虽然表现形态及具体的操作有所差异，但从对民主、人文精神的追求来看，社区建设和社区矫正有着内在同一性。而且在价值的实现过程中，二者是一种相辅相成的关系。社区良好环境的营造，为社区矫正的顺利进行提供了前提，而社区矫正的开展，则有利于协调各种社区利益，整合社区资源，从而促进社区居民参与社区公共事务，促进社区民主，促进社区人文氛围的形成。

---

〔1〕 "强化措施　不断提高社区矫正社会化专业化水平"，载司法部网站，http://www.chinalaw.gov.cn/news/content/2017-07/25/bnyw_ 4581.html，最后访问时间：2019 年 6 月 22 日。

〔2〕 参见李友梅："社区治理：公民社会的微观基础"，载《社会》2007 年第 2 期。

（二）推行思路上的一致

根据社区建设与社区矫正的实践，我们会发现二者遵循着同样的思路——循序渐进、逐步推广。就我国社区建设而言，在一开始就确立了"分类指导、循序渐进、试点引路、逐步推广"的原则，并在此原则的指导下，展开了由城市到农村、由局部到整体的建设历程。1991年，民政部在全国的直辖市、计划单列市和省会城市中选择了经济条件好、工作经验多和创新精神强的10个城市的11个城区作为首批"社区建设实验区"，以期探索中国式社区建设模式。并在1999年扩大到全国22个城市的26个城区，以推动我国的社区建设向纵深发展。在此基础上，民政部于2000年10月9日向党中央、国务院上报了《关于在全国推进城市社区建设的意见》（以下简称《意见》），得到了党中央的高度重视，并以中共中央办公厅、国务院办公厅名义于2000年11月9日向全国转发了民政部的《意见》。自此，我国城市社区建设开始进入全面推进的新阶段。[1] 目前，全国城市社区建设呈现出由点到面发展，由大城市向中小城市延伸，由东部发达地区向中、西部地区推进的良好态势。

在城市社区建设经验的基础上，我国农村社区建设也拉开了帷幕。2006年7月，民政部第一次向民政系统提出了"开展农村社区建设试点"的要求。"此后不久，民政部下发了《关于做好农村社区建设试点工作推进社会主义新农村建设的通知》（民函〔2006〕288号），对试点工作进行了部署。"[2] 2008年，民政部公布了296个全国农村社区建设实验县（市、区）名单。[3] 至此，农村社区建设正式拉开了序幕。2015年5月，中共中央办公厅、国务院办公厅印发了《关于深入推进农村社区建设试点工作的指导意见》。[4] 从而推动了农村社区建设向纵深发展。由此可见，我国社区建设基本是按照由城市向

---

〔1〕 参见王明美："社区建设的中外比较研究"，载《江西社会科学》2007年第8期。

〔2〕 孙玉琴："农村社区建设试点工作全面启动——全国农村社区建设工作座谈会在青岛胶南市召开"，载《中国民政》2007年第4期。

〔3〕 参见"民政部确定296个全国农村社区建设实验县（市、区）"，载《乡镇论坛》2008年第14期。

〔4〕 "中共中央办公厅、国务院办公厅印发《关于深入推进农村社区建设试点工作的指导意见》"，载中华人民共和国中央人民政府网，http://www.gov.cn/xinwen/2015-05/31/content_2871051.htm，最后访问时间：2019年7月5日。

农村、由东部发达地区向中西部内陆地区逐渐延伸、辐射的。

无独有偶，我国的社区矫正遵循的也是试点先行、逐步推广的思路。2003 年 7 月，两院、两部联合下发《关于开展社区矫正试点工作的通知》，确定北京、天津、上海、江苏、浙江和山东等省（市）为社区矫正首批试点省（市）。2005 年 1 月，两院、两部发布《关于扩大社区矫正试点范围的通知》，决定将河北、内蒙古、黑龙江、安徽、湖北、湖南、广东、广西、海南、四川、贵州、重庆等十二个省（自治区、直辖市）列为第二批社区矫正试点地区。2009 年 9 月，两院、两部发布《关于在全国试行社区矫正工作的意见》，决定在局部试点的基础上，在全国试行社区矫正工作。在多年探索的基础上，2014 年 8 月，两院、两部联合发布《关于全面推进社区矫正工作的意见》，就社区矫正的全面推进进行了部署。自此，社区矫正结束了试点过程，成为刑罚执行的一种常态活动。从社区矫正十几年的实践来看，其经历了一个从东部发达地区向中西部相对落后地区、从城市向农村、从局部试点到全面推进的发展历程。可见，我国的社区矫正，基本沿着社区建设的轨迹，以点带面，逐步推广，这也有利于在社区矫正的过程中充分利用前期社区建设的成果。

随着社区建设的发展、社区矫正的推进，2017 年 6 月中共中央、国务院出台了《关于加强和完善城乡社区治理的意见》，指出"城乡社区是社会治理的基本单元。城乡社区治理事关党和国家大政方针贯彻落实，事关居民群众切身利益，事关城乡基层和谐稳定。"因此，要"努力把城乡社区建设成为和谐有序、绿色文明、创新包容、共建共享的幸福家园。"并提出："到 2020年，基本形成基层党组织领导、基层政府主导的多方参与、共同治理的城乡社区治理体系，城乡社区治理体制更加完善，城乡社区治理能力显著提升，城乡社区公共服务、公共管理、公共安全得到有效保障。再过 5 到 10 年，城乡社区治理体制更加成熟定型，城乡社区治理能力更为精准全面，为夯实党的执政根基、巩固基层政权提供有力支撑，为推进国家治理体系和治理能力现代化奠定坚实基础。"[1]从而在国家治理体系和治理能力现代化的框架之下，在"社区治理"的架构中，将社区建设和社区矫正统一起来，为我国社

---

〔1〕 "中共中央国务院关于加强和完善城乡社区治理的意见"，载中华人民共和国中央人民政府网，http://www.gov.cn/xinwen/2017-06/12/content_ 5201910. htm，最后访问时间：2019 年 7 月 5 日。

区发展指引了方向，提供了思路，为社区矫正的推行注入了新的动力。

（三）操作平台的基本一致

虽然自然意义上的社区古已有之，但是出于对社区矫正的实务性、可操作性的考虑，必须将社区的概念实体化，明确社区的地理边界、人口边界、组织边界，在此基础上开展社区矫正活动。根据我国社区矫正的实践，基于社区矫正功能所设立的社区，其地域边界为街道、乡（镇）辖区的范围，而社区建设中的社区范围一般是指经过社区体制改革后作了规模调整的居民委员会辖区。也就是说，社区矫正意义上的社区，在地理意义上以社区建设的社区为基础，但在范围上予以了适当的扩大。这一界定，充分考虑了社区矫正作为刑罚执行制度的性质以及我国社区建设的实际情况。一方面可以充分利用街道、乡（镇）国家机关基层的派出机构承担社区矫正的日常工作，另一方面有利于在此范围内联系社区的居民委员会、社区志愿者和相关单位共同参与社区矫正，一定程度上避免了因居委会范围狭小、资源有限、配套设施不完善而造成的局限性，较好地实现了资源的整合。

通过对理论及实践的考察，我们发现，我国社区建设与社区矫正在深层理念与具体操作上高度一致，从而为二者的良性互动奠定了基础。

第二节　社区矫正运行的社会基础仍待提升

一、社区发展不平衡

按照我国学者胡鞍钢的概括，"真正的中国"有三个方面的特点：第一，"一个中国两种制度"，指城乡居民的两种身份制度、教育制度、就业制度、公共服务制度和财政转移制度。第二，"一个中国四个世界"，是指中国发展不平衡性在各个地区中的反映，包括大约占中国人口总量2.2%的上海、北京、深圳地区组成的"第一世界"；大约占人口总量22%的天津、广东等沿海地区构成的"第二世界"；大约占人口总量26%的相当于世界中下等收入水平的地区构成"第三世界"；以及约占全国人口总量一半的中西部贫困地区组成的"第四世界"。第三，"一个中国四种社会"，即包括占全国总就业人数50%的农业劳动力构成的农业社会；占全国总就业人数23%的工业社会；就业比重为 22% 的服务业社会；以及占全国总就业人数 5% 的知识社会，[1] 可见，"真正的中国"是一个典型的非匀质性社会。东西部发展不平衡、城乡差距巨大。这种不平衡，不仅体现在区域性，而且具有地方性。在城市、农村不同社区内部，也是参差不齐、复杂多样。具体表现在以下两个方面：

（一）城市社区内部分化严重

首先，社区类型复杂多样。虽然近些年来随着城市社区建设的推进，我国大多数城市社区经过了重组，但是现阶段城市社区仍具有多样性。从总体上来讲，我国城市社区可分为传统型社区和新兴社区两大类。传统社区主要包括传统街坊式社区以及单位居住区。新兴社区是随着住房货币化改革，我国新开发的居住区。社区的类型不同，社区的状况也有所不同。在我国城市社区类型中，有一类社区以其过渡性、模糊性和复杂性格外受人关注，这就是"城中村"社区。它既是位于城市空间的一个地理区域，又保留了乡村礼俗社会中的关系与规律，成为融合城乡二元因素的集合体。在这个相对独立的小王国里，国家治理的力量难以介入。成为事实上的"无政府"地带。[2] 这一类型社区，滞后于时代发展步伐、游离于现代城市管理之外，存在诸多隐患。"城中村"社区一方面存在着诸多诱发犯罪的因素，另一方面又难以为社区服刑人员提供一个良好的服刑环境，由此可能导致恶性循环。

其次，区隔现象开始出现。罗伯特·帕克指出："大城市是一个巨大的择选和筛选机制，它必然在全部居民之中挑选最适合在某一特定区域和特定范围内生活的个人。" 20 世纪 90 年代中期以后、改革开放以来开始不断发育、分化和演变的利益格局，开始逐步定型化为一种相对稳定的社会结构，利益群体的分化带来了社区的分化，因此阶层之间的边界开始形成，最显而易见的是不同居住区域的分离。[3] "区隔"现象的存在，尽管满足了特定群体生活方式与社会交往的需要，但随之而来的社区分化现象，也产生了明显的负面效应。具体表现为："城市不安全感扩张""城市公共物品消费不均衡""城市空间碎片化"。而且随着"空间隔离"，社会隔离性（social segregation）也日

———————

〔1〕 参见胡鞍钢：《中国战略构想》，浙江人民出版社 2002 年版，第 2~4 页。

〔2〕 参见陈晨："城中村：城市社区治理的安全阀"，载《新视野》2019 年第 2 期。

〔3〕 参见孙立平：《博弈——断裂社会的利益冲突与和谐》，社会科学文献出版社 2006 年版，第 24~26 页。

渐凸显，一个典型的事实是，在城市中一旦某一区域被一个社会群体变成群体"亚文化区"，"认同该群体的人就会搬入该区，其他人则千方百计地要搬出该区，从而使该区的居民与其他社会群体形成永久性隔离。"〔1〕继而加大贫富差距，造成社会心理的隔膜，影响社会的稳定。

（二）农村社区建设面临巨大挑战

与城市社区相比较，我国农村社区建设起步比较晚，一直到 2008 年才正式拉开了序幕。而且新、老"三农"问题的缠绕，为农村社区建设带来巨大挑战。长期以来，我国农村为以"农民的贫困问题"为核心的"三农"问题所困扰。如今，老"三农"问题尚未得到彻底解决，以"农民工、失地农民、农业村落终结问题"为内容的"新三农问题"已经产生，"新三农问题"涉及的这三大问题，"是城乡关系的'连接点'，是改变农村面貌和改善农民生活的'前线'，也是社会矛盾和冲突的'热带'。"〔2〕在"新""老""三农"问题的交织之下，当代的中国农村无论在生态环境还是在组织体系方面，都存在很多问题。与快速发展的城市建设和日新月异的城市面貌相比，农村建设和社会发展明显滞后，基础设施和公共设施严重短缺，环境脏、乱、差。而且由于农村社区地域广阔，其内部分化现象更加突出。据有关学者研究，"中国农村村庄社会结构具有明显的区域差异，从村庄社会结构的视角看，中国农村可以分为南方、中部和北方三大区域，其中南方地区多团结型村庄，北方地区多分裂型村庄，中部地区多分散的原子化村庄。"〔3〕由于内部结构复杂多样，在解决"三农"等诸多社会问题，实现乡村治理的过程中必然参差不齐。可见，"新农村"建设面临的是一种非常复杂的局面，能否在短期内营造适宜社区服刑人员生活的环境是令人疑虑的。

总之，非匀质性社会在社区层面的体现就是总体发展参差不齐，内部状况复杂多样。可以说，在我国社区矫正实践推进的过程中，已经考虑到了这一现状，采取的是逐步推进的方式，以发挥优势资源的聚合效应。但是社区

---

〔1〕 何艳玲等："从破碎城市到重整城市：隔离社区、社会分化与城市治理转型"，载《公共行政评论》2011 年第 1 期。

〔2〕 李培林："全球化与中国'新三农问题'"，载《福建行政学院福建经济管理干部学院学报》2006 年第 2 期。

〔3〕 贺雪峰："论中国农村的区域差异——村庄社会结构的视角"，载《开放时代》2012 年第 10 期。

矫正作为非监禁刑罚执行活动，不可能长期在局部范围内存在，在某些群体中适用，它最终应该作为一种普遍的制度在全国范围内推行。事实上，在经过多年试点的基础上，2014 年社区矫正作为一种刑罚执行的常态制度，已进入全面推进阶段。而目前的社区状况，则为社区矫正的整体推进带来隐忧。

二、社区社会资本难以发挥应有功能

吉登斯指出，（社区）共同体不仅意味着重新找回已经失去的地方团结形式，它还是一种促进街道、城镇和更大范围的地方区域的社会和物质复苏的可行办法。在他看来，由共同体体现的社会团结是宝贵的社会资源和社会资本，也是社区建设的重要支持因素。因此，社区建设必须重视支持网络、自助以及社会资本的培育。[1] 在社会转型时期，社会资本的建构至少要经历这样两个过程：一是前工业化时期社区传统社会资本的积累和沉淀；二是工业化过程中经由居民的再组织行动对传统社会资源的重新激活和利用。[2] 而由于诸种原因，无论传统的社区社会资本，还是新型的社区社会资本，都难以发挥应有作用，无法为包括社区服刑人员在内的社区成员提供有力的社会支撑。具体表现在：

（一）传统社区社会资本衰落

我国作为一个具有五千年历史的文明古国，原本拥有丰富的以儒家文明为核心的以地缘关系和血缘关系为纽带的传统社会资本，但新中国成立后城市推行的"单位制度"，以及农村建立的"政社合一"的基层社会管理体制，很大程度上侵蚀了传统社区社会资本。因为"合作能力是建立在习惯和实践基础上的；如果国家参与每一件事情的组织，人们就会对它产生依赖性而丧失相互之间的自然合作能力。"[3] 可见，计划经济下的社区作为地域型的社会生活共同体在人们生活中并没有发挥应有的作用。改革开放以来，中国经济社会关系发生了深刻的变化，在城市"单位体制"走向解体，在农村"政社

---

〔1〕参见王思斌："社区建设中的中介组织培育"，载《中国民政》2001 年第 1 期。

〔2〕参见折晓叶、陈婴婴："资本怎样运作——对'改制'中资本能动性的社会学分析"，载《中国社会科学》2004 年第 4 期。

〔3〕［美］弗朗西斯·福山著，余弘强译："公民社会与发展"，载曹荣湘选编《走出囚徒困境——社会资本与制度分析》，上海三联书店 2003 年版，第 90 页。

合一"的体制发生变更，从而出现城市居民与农村居民在社会资本方面无所依托的现象，社区建设的兴起一定程度上是对这一局面的制度反映，希冀通过传统社会资本的重塑与现代社会资本的塑造实现社会共同体的重新整合。但是，观察社区的状况，我们会发现，一方面人们很难在短期内摆脱计划经济条件下形成的对单位的习惯性依赖，另一方面在社会变迁过程中，又失去了维系传统社会资本的纽带，传统的社区社会资本已经很难承担社会整合的功能了。

当代中国社会正处于全面的转型时期。国家工业化和城市化的进程，带来大规模的人口迁移和流动。社会的高频度流动，造成了社会的分化，从而打破了传统社区中以地缘、血缘、业缘为基础的传统的社会生活共同体状态，出现了血缘、地缘、业缘分离的状况。按照迪尔凯姆的观点，即出现了由"机械团结"的社会向"有机团结"社会的过渡。这尽管是一种社会进步，但是工业化以来所引起的劳动分工，破坏了以一致性为基础的传统的团结。并且由于这种工业化过于迅速，社会还不可能及时形成足够的调整其活动的机制，因而导致了许多社会异常现象。[1]改革开放以来，由于人口频繁流动，我国城市社区居民异质性逐渐加大，居民在出身、教育、职业、经历等方面差别较大，这些差异可能会影响邻居之间的沟通，不利于居民形成社区认同感和归属感，从而妨碍了社区整合。农村社区的社会分化虽然不像城市社区那样急剧、明显，但也与传统意义上的乡村社区有了很大差别，农民在收入、职业、社会声望等方面发生了很大的分化，从而打破了固有的均质状态，异质程度有所加深。所以，一定程度上讲，社区作为地域性人类生活共同体，在人们的生活中已逐渐失去它的重要性，地域型社会的建设步履维艰，社会问题在社区层面的解决也就不可避免地不尽人意。

（二）新的社区社会资本整合机制尚未成熟

随着急剧的社会变迁，传统社区社会资本遭到侵蚀和破坏，所以有关社会资本的讨论已不仅是一个如何对待它的原初形态的问题，而是一个如何对待它的"替代物"的问题。社会学家已经发现，随着社会的转型，传统的家庭和家庭派生出的邻里、社区等最终会趋向衰落，旧有的社会网络、共识性

---

[1] 参见吴宗宪：《西方犯罪学史》，警官教育出版社1997年版，第158、160页。

规范和信任关系会因此告于消解，而不能不代之以各种非官方的、"人工创建的社会组织"。[1]其原因在于"信任产生于社会中间组织"，"中间组织，特别是自愿组织的基本特征是：自发、自愿、自有、自治，组内成员拥有程度不同的相互信任"，从而"形成了以信任为基础的内部的秩序。"[2]可见，在传统社区社会资本衰落的情况下，社区民间组织就成为社区社会资本新的依托方式。因此，重建社区社会资本，关键在于发展社区民间组织。但是，无论从社区民间组织自身的独立性还是从其自身能力来看，都很难承担起重新整合社区资源的重责。

首先，社区民间组织的"自治"精神不足。20 世纪 80 年代以来，随着社会的转型，作为促进我国社会结构变迁的一支重要力量——"第三部门"开始兴起。从形式上来看，中国的社会团体和民间组织与西方的"第三部门"相似，然而，与西方关于"第三部门"的学理要求以及自下而上的生成过程相比，由于对历史经验、文化传统、政治架构的"路径依赖"，中国的"第三部门"的实然状态与应然状态之间存在相当的差距，呈现出一种官民二重结构模式。[3]这一点从居（村）委会的现状得到鲜明体现。虽然按照法律规定，居（村）委会属于基层群众性自治组织，但实际工作中仍然没有摆脱计划经济时期的行政性特征，很大程度上是作为政府组织的神经末梢而存在。

其次，社区民间组织缺乏吸纳和整合社区资源的能力。社区内的社会资本存量和增量，取决于以下几个方面：一是社区成员参与社区组织的自愿性和积极性；二是各个社区组织之间的良好协作关系；三是社区宏观管理上的政府间的协调关系；四是社区组织和外界社会进行协作的能力，等等。[4]社区民间组织作为社区居民活动的重要载体，在社区资源整合过程中承担着重要的角色，其自身的能力，直接关系到整合的效果。调查发现，我国社区民间组织的工作人员在职业化和专业化方面还有很长的路要走。从其自身状况来看，一方面缺乏从事社会工作必要的理论与方法，另一方面缺乏不断提升

---

〔1〕 参见［美］詹姆斯·S·科尔曼著，邓方译：《社会理论的基础》，社会科学文献出版社 1990 年版，第 717~718 页。

〔2〕 郑也夫："信任与社会秩序"，载《学术界》2001 年第 4 期。

〔3〕 参见刘忠定："一种官民二重的结构模式——社会转型时期的'第三部门'分析"，载《南京师范大学学报（社会科学版）》2003 年第 3 期。

〔4〕 参见徐翔："论社会资本对城市社区建设的意义"，载费孝通主编：《社会变迁与现代化——国际学术研讨会论文集》，上海大学出版社 2002 年版，第 175 页。

自身能力的热情，所以很难发挥吸纳、整合社区资源，提升社区社会资本的作用。由于社区民间组织的"自治"精神不足、自身的动员能力有限，未能很好地激发社区居民的参与热情。而且这种状况也影响到社区组织之间良好互动、社区民间组织与政府部门的合作。

犯罪学的研究揭示，犯罪作为一种反社会行为，是社会因素和个体因素相互作用的结果，在二者的关系中，社会因素居于主导性的地位，所以消除犯罪的社会因素，改善犯罪的社会土壤是防止社区服刑人员重新犯罪的治本之策。当然，社区服刑人员回归社会计划的顺利完成，也有赖于其自身人格的积极改善以及自身潜力的有效开发。但他们作为一类特殊的"弱势群体"，在很多的情况下，对于自身状况的改变是无能为力的，在这种情况下，就需要外力的协助，需要有力的社会关系的支持，需要家人、邻居、社区组织的关心与帮助。可见，在社区矫正的过程中，以规范、信任和网络为核心内容的社会资本的状况如何，直接关系到社区矫正的效果，因为社会支持，是社会资本的重要功能。而由于多种原因，传统的以家人和邻居为主体的社区社会资本已经受到很强烈的侵蚀和破坏，而新的社区整合机制尚未形成，社区社会资本难以发挥应有功能，很难成为社区服刑人员回归社会过程中的重要支撑。

三、社区矫正社会参与存在诸多问题

（一）社会公众对社区矫正认知不足

"徒法不足以自行"，社区矫正只有为人们所了解，才有可能为人们所理解，并在此基础上参与具体的矫正活动，实现国家和社会良性互动的美好图景。笔者曾于 2007 年，对北京和河北保定 600 名社会公众，就社区矫正的社会参与进行问卷调查。[1]结果显示，在 600 名社会公众中，有 39.3% 的人对社区矫正完全不了解，54.2% 的人了解一些，对社区矫正很了解的比例只有

---

〔1〕 具体调查过程如下：在北京选取宣武区、丰台区、延庆县作为北京市城市中心区、城郊结合区、城市远郊区的区位代表；在此基础上，在每个区（县）以街道（乡）为基本操作单位，并根据地域范围做适当扩大或缩小的调整，以居委会工作人员为调查员，抽取一定比例的人口进行调查，最终，在宣武区回收问卷 110 份；丰台区回收 86 份，延庆县回收 104 份。在河北保定的调查遵循上述原则，并在保定北市区（中心区）、新市区（城郊结合区）、易县（远郊农村社区）各回收问卷 100 份。

6.5%。虽然有 60.7% 的人自认为对社区矫正并非完全无知，不过对于其中的具体问题，绝大部分人的认识很模糊，在 600 名社会公众中，只有 29 人能正确地回答我国当前社区矫正的适用对象。调查显示，虽然大部分的社会公众并未对社区矫正表现出强烈的否定，但却从不同侧面表现出了对这一新生事物的疑虑和担心，不安感比较强烈。比如有 49.2% 的人对自己邻居中存在社区矫正对象有些不安，更有 8.0% 的人对此很恐惧。在这样一种心理倾向下，即便是对于自己的亲人在社区服刑，社会公众也未表现出明确的支持。在回答"如果您的家人或亲戚犯了罪，您是否愿意让他在社区服刑？"这一问题时，只有 29.7% 的人回答愿意，15.8% 的人回答不愿意，54.3% 则表示说不好。社会公众对社区矫正自愿参与不仅取决于对这一制度的正确认知，更重要的是形成对这一制度的价值认同。社会公众对社区矫正的疑惧不安则影响了其对这一新生事物的情感态度。调查表明，社会公众对社区矫正表现出了一定的参与热情，在 600 名社会公众中，有 65.8% 的人表示如果法院就罪犯的减刑、假释事宜征询社区意见，愿意作为居民代表参加，有 45% 的人表示愿意参加帮助罪犯改过自新的活动。但是与做普通社会志愿者的意向相比（调查表明，有 83% 的人愿意做普通社会志愿者），这一比例不是很高，说明社会公众对社区矫正参与热情相对是比较低的。

目前，我国社区矫正已经走过十余年的历程，但多种调查显示，社区居民对社区矫正工作的认知度没有明显提升。有学者对山东省的问卷调查显示，"18.3% 的人对社区矫正'完全没有听说过'；37.9% 的人表示'听说过，但不了解'；38.7% 的人表示了解一些，但是认识较为模糊。"[1] 可见，虽然经过多年发展，但社区矫正作为一种与社区居民生活密切相关的刑罚执行活动，并未获得应有的关注与认同，其实际参与自然也不尽人意。

（二）社区矫正社会参与的行政化色彩突出

治理意味着多元主体在合作与协商的基础上共同行动，以完成公共事务的管理，提高管理绩效。与监狱矫正相比，在我国当前的社区矫正中，治理网络的确已更大程度上向外扩展了，民间组织、社会志愿者成为社区矫正组织体系中的必要组成部分。但研究发现，政府与民间的合作局面并未真正实

---

[1] 张济洲、苏春景："公众认同、社会支持与教育矫正质量——基于山东省社区服刑青少年调查"，载《青少年犯罪问题》2015 年第 4 期。

现。在社区矫正的过程中，专门性的社区矫正服务组织已经开始出现，比如北京市以区、县为单位建立了阳光社区矫正服务中心，从其设立的初衷来看，民间色彩浓郁，体现的是犯罪治理的理念。但由于其在场地、资金、工资方面对政府、街道、司法所的严重依赖，作为非政府组织的独立性并未得到体现。所以有学者认为阳光社区矫正中心名不符实，即名义上是民，而实际上是官。不仅筹建、经费来源、人员的组成等是官方的，[1]在具体工作中，也主要协助司法助理员、监狱干警工作，而且并不限于矫正工作，还包括安置帮教等三大块，成为司法行政工作的附庸。

在有限的社区参与中，社区居民委员会的地位和作用耐人寻味。不容否认，在社区矫正试点中，社区居民会发挥了积极的作用，如对社区服刑人员进行安抚、帮助他们解决生活难题，等等。但认真审视，我们会发现社区居委会在社区矫正中更多的时候是被动参与，而不是在自治前提下与矫正机关主动合作。比如自2007年7月起，北京市怀柔区北房镇16个行政村、1个居民委员会，正式担负起协助北房镇司法所对社区服刑人员开展日常教育和管理工作的任务，其主要职责有四项："一是督促社区服刑人员按时到司法所报到、汇报、参加学习及公益劳动；二是村（居）民委员会要责成专人经常保持与社区服刑人员联系，沟通思想，及时掌握社区服刑人员的思想动态，对发现的问题及时与司法所进行沟通；三是发现社区服刑人员有违法违规行为或外出不归现象，及时向司法所报告；四是对生活上有特殊困难的社区服刑人员，村（居）委会应协助司法所尽力给予解决。"[2]从协议来看，村（居）委会在社区矫正中的职责是协助司法所对社区服刑人员进行监督管理，发挥作为政府组织的神经末梢作用。

所以，社区矫正治理网络的扩展大部分仍然是在政府内部进行的，而且不是自上而下的扩展而是横向的、向不同政府部门的扩展——非监禁行刑的执行主体由先前的公安机关扩展为众多的政府部门。而非政府的行为者仅仅起到边缘性的作用。[3]这种状况，无疑与治理的理念背道而驰。另外我国虽

---

〔1〕 参见杨家庆、肖君拥："中国推行社区矫正制度改革面临的若干困惑——从北京、上海的实践比较观察"，载《中国监狱学刊》2006年第3期。

〔2〕 曹宇坤："破解社区矫正工作难题"，载《人民调解》2008年第2期。

〔3〕 参见魏姝："治理视角下的社区矫正政策——以N市社区矫正政策为例"，载《江苏行政学院学报》2008年第1期。

然存在娱乐性、服务性等多种社区民间组织，但由于其多属群众自娱自乐的小规模组织，缺乏对社区事务的使命感和责任感，其对社区矫正服刑人员的吸纳与服务微乎其微。

第三节　社区矫正运行的社会基础完善

一、提升城乡社区的物理环境

（一）弥合城市社区的分化现象

社区规划是社区建设的前提，而社区规划与建设实际上是对城市社会空间的重新塑造，因此城市社区规划应和城市总体规划保持一致，以保证城市社会发展的整体性与协调性，从而为社区矫正的开展创造条件。针对当前城市社区中社区类型复杂、社区分化比较突出的现实，在社区规划中对以下几个方面应当格外重视：

1. 重视"弱势社区"的建设

从我国社区建设的思路来看，"示范"取向比较突出，即选择那些自然条件、经济条件好的居民聚居区作为"示范点"，以发挥其"示范效应"和"带动作用"。这种做法在社区建设的启动阶段不失为一种切实可行的运作路径，但容易造成路径依赖以及社区建设的形式化倾向。在城市社区建设已经取得一定进展的情况下，应重点对那些条件较差的"弱势社区"，如老城区型社区、混合型社区和城郊型社区，加大投资力度，进行重点建设。这样做虽然不会产生强烈的"视觉效应"，但却为社区居民解决了实实在在的问题，有利于改变这些社区在住房质量、环境卫生、治安和教育等方面的落后状况，避免其成为净迁出地区。简·雅各布斯指出，人口的迁出是造成贫民区的主要原因，一旦一个贫民区形成后，迁移这种现象并不会减弱，而是将继续下去。居住者经常不断地迁出造成的后果是整个社区永远处于一种原始的状态中，或者是处于一种无助的"婴儿"时期，或者是向着这种状态倒退。一个社区的标志是居住者的连续性。[1]而美国芝加哥学派的学者则通过调查发现

---

[1]　参见李伟梁："城市利益关系的社区调整及其发展趋势——以武汉市社区建设'883'行动计划为背景的社会学分析"，华中师范大学2007年博士学位论文。

人员高频流动的社区解体严重，属于犯罪的高发区。由此可以看出，加强社区建设，特别是"弱势社区"的建设，可以避免因社区居民的逐渐迁离而导致的社区破落与衰败，避免社会问题的累积和恶性循环。

2. 鼓励社区的混居模式

在新区的规划建设过程中，应当尽量为不同收入、不同职业、不同年龄的人提供多样化的住宅，鼓励社区的混居模式。[1]事实上，社会混居政策成为近三十年来欧美国家城市贫困治理政策的重要内容和发展趋势，它是对社区效应理论的一个政策回应。"社会混居政策的支持者认为，混居可以为生活在高度贫困中的低收入家庭和个人摆脱贫困创造一个更有利的居住环境，也可以通过环境的改变形塑贫困居民的边缘性的反社会的文化习惯行为。"[2]我国在制度设计方面已经为此提供了一个基本的前提，根据建设部等9部门的规定，从2006年6月1日起，凡新审批新开工的商品住房项目，套型建筑面积90平方米以下的住房面积所占比重必须达到开发建设总面积的70%以上。[3]这个规定改善了住房市场的供应结构，能够更好地满足中低收入居民的购房需求；同时有利于不同阶层的居民混合居住在同一社区，避免社区成员的高度同质化和阶层化。另外，在城市规划中，还要注意在同一区域上的高中低档社区的合理分布，以免形成明显的贫富对立局面。

3. 通过公共空间的介入来消除"区隔"现象

在社区规划中，应当加大公共投入，改善地区交通，提倡城市各区域间开发效益的更公平的分配，使这些效益与公共服务能够同等地为各社区、各族群所用，缩小社区间差异。对于学校、医院、文化设施、大型商业这样的公共设施，在配置上一般不主张采用就地平衡，应以区域统筹为主，尽量创造不同阶层人际交往的公共空间。[4]以便通过公共空间的介入来改善"区隔"现象，提高城市的整体水平。

---

〔1〕 参见单菁菁：《社区情感与社区建设》，社会科学文献出版社2005年版，第296页。

〔2〕 史春玉，邹伟："从社区效应到社会混居政策：西方国家城市集中性贫困治理经验回顾"，载《广东行政学院学报》2016年第6期。

〔3〕 建设部、发展改革委、监察部、财政部、国土资源部、人民银行、税务总局、统计局、银监会《关于调整住房供应结构稳定住房价格的意见》，载中华人民共和国中央人民政府网，http://www.gov.cn/zhengce/content/2008-03/28/content_ 4695. htm，最后访问时间：2019年7月5日。

〔4〕 参见单菁菁：《社区情感与社区建设》，社会科学文献出版社2005年版，第296页。

（二）改善农村社区人居环境

与城市社区相比，我国农村社区地域广阔，基础薄弱，情况复杂，发展滞后，建设的任务更加繁重。为了能够更好指引农村社区建设方向，"2013年中央一号文件"正式提出"美丽乡村建设"的奋斗目标。2014年国务院办公厅下发了《关于改善农村人居环境的指导意见》（国办发〔2014〕25号）一文，对全国范围内的农村人居环境改善工作进行指导。2008年3月，住房和城乡建设部联合质检总局颁布了《村庄整治技术规范》（GB50445-2008），2015年5月质检总局、国家标准委颁布了《美丽乡村建设指南》。两部国家标准的发布将乡村建设从方向性概念转化为定性定量的可操作化实践，为在全国改善农村人居环境，开展美丽乡村建设提供了框架性、方向性的技术指导。[1]具体，可从以下两个方面进行思考：

1. 合理规划农村社区布局

由于现在的"三农问题"已经溢出农村的边界，日益与城市化、全球化问题裹挟在一起，所以当前的农村社区布局中，村庄规划要适合现代城乡一体化的需要。体现协调、特色和效益的原则，构建城乡空间布局、基础设施、城乡市场、社会事业、农村生态环境整治一体化体系。与此同时，注重社区规划与土地整理相结合。在这个过程中，要注意把握以下两点：一是在规划上要衔接好、协调好生产性和保护性用地。二是协调好农村人居环境和景观建设与农村居民点土地整理规划。[2]比如将社区规划与村庄内部改造、"空心村"的治理、自然村的搬迁、道路、通讯、供电等基础设施建设相结合。

在农村社区的规划中，优化村庄布局，引导农民集中居住，应该说是一个好的思路。其意义在于节约土地、集约高效利用土地资源；增加耕地，为农业生产创造有利条件；为建设用地腾出空间；节省投资，有利于基础设施及公共服务设施集约配套；方便生活，进一步提高了农民生活质量；增加农民的财产价值；统筹规划，推进了城乡一体化进程。[3]当然，我国各地在经

---

〔1〕　参见闫文秀、李善峰："新型农村社区共同体何以可能？——中国农村社区建设十年反思与展望（2006—2016）"，载《山东社会科学》2017年第12期。

〔2〕　参见翟振元、李小云、王秀清主编：《中国社会主义新农村建设研究》，社会科学文献出版社2006年版，第349~350页。

〔3〕　参见李剑阁主编：《中国新农村建设调查》，上海远东出版社2007年版，第160~162页。

济发展水平、工业化和城镇化进程、居住环境、风俗习惯、收入水平、自然资源、经济社会功能等各方面都存在很大差异。因此，在引导农民集中居住的过程中要因地制宜，不能搞一刀切。

2. 加强农村社区的基础设施建设

根据有关学者的观点，农村基础设施的改善可以考虑以下思路：在街景和道路设计方面，要摆脱传统农村街景和空地的随意概念，步行道路应该保障行人的安全和舒适，为居民户外交流提供方便；人行道和机动车道要用缓冲带隔离，尽可能让机动车道变窄，为行人和骑车人提供足够空间，提供在步行范围内可享受的社区服务；交通规划要考虑村庄周围的公路网络，规划道路、桥梁、渡船等设施建设方案；污水和废弃物处理要结合发展生态农业、基础设施建设和农村能源开发，尽量将废弃物进行无害化处理，转化为有效的资源。[1]因为我国农村幅员辽阔，各地发展水平参差不齐，在加强基础设施建设的过程中，应当遵循因地制宜的原则。

二、提高城乡社区的公共服务水平

（一）重视对城市"新移民"的服务

从社区建设的角度来看，吸纳整合社区外来人口，促进其社区情感的产生，是社区良性发展的必由之路，也是提高"流动型"社区服刑人员矫正质量的一项基础工作。因为，"在风险社会中，城市新移民既是脆弱的群体，也是风险的重要来源。"[2]作为中国城市化进程中国内移民的特殊群体，他们迫切地渴望融入城市。"然而，在现行政治、经济、社会因素的共同作用下，连作为公民所应拥有的基本权利都处于一种缺失状态，被排斥在城市的边缘地带。脆弱的公民权催生了城市化进程中的大量社会风险，累加而成转型中国的社会危机。"[3]

为了改善城市新移民的生存环境，避免社会问题的产生。首先，将新移民作为社区服务规划的组成部分加以考虑，向其开放既有的社区服务体系如

〔1〕 参见翟振元、李小云、王秀清主编：《中国社会主义新农村建设研究》，社会科学文献出版社 2006 年版，第 353~355 页。

〔2〕 苏昕："风险社会与城市新移民公民权的建构"，载《当代世界与社会主义》2013 年第 4 期。

〔3〕 苏昕："风险社会与城市新移民公民权的建构"，载《当代世界与社会主义》2013 年第 4 期。

医疗、就业、社会保障，等等。并增加有针对性的服务项目，比如居家服务、养老、子女托管，等等。其次，鼓励外来人口参与社区公共活动。如吸收一部分外来人口加入居委会成员的行列，使外来人口在城市的基层群众性组织中有自己的代表，畅通居委会与外来人口之间的沟通渠道。最后，引进专业社区工作方法解决新移民移入引发的社区整体性问题。[1]新移民从家乡来到陌生的城市，身心都需要适应，而且还会面临各种各样的问题。专业社会工作者和机构可以在这些方面有所作为，对其进行情绪的调解、疏导，对其家庭关系进行协调，对其遇到的困难帮助解决，以促进他们尽快融入新的生活，避免社会问题的产生。

（二）为城市"弱势群体"提供就业支持

在我国当前的城市社区中，沉淀着一大批因各种原因导致的"弱势群体"，如下岗失业人员、社区服刑人员等，对其进行救助、提供最低生活保障是当前社区承担的一项重要功能，不过解决这一问题的根本途径在于支持其重新就业。根据我国的国情，开发社区就业岗位不失为一个可行的方案。社区就业具有以下几个优点：一是就业"门槛"相对较低。社区就业对就业者的性别、年龄、文化、技能的相对限制较少，一般素质的劳动力都能胜任。二是就业形式灵活。三是就业的覆盖面大，需求大。[2]所以，在当前城市社区建设已经取得一定成就的基础上，政府通过提供发展资金和优惠政策，组建各类社区经济发展和服务公司，积极创造更多社区就业岗位，为包括社区服刑人员在内的社区弱势群体提供社区就业机会，是提升社区居民对社区生活归属感和满意度的一个重要途径。

（三）推进农村社区服务网络建设

与城市社区相比，农村社区的公共服务水平更加薄弱，当务之急是构建农村社区服务网络，缩小城乡差距，为村民生产、生活提供安全、方便、快捷的服务。比如建设社区卫生服务站，解决群众看病难，看病贵的问题；推

---

〔1〕　参见童星、马西恒："'敦睦他者'与'化整为零'——城市新移民的社区融合"，载《社会科学研究》2008年第1期。

〔2〕　参见钱再见：《失业弱势群体及其社会支持研究》，南京师范大学出版社2006年版，第241～242页。

进农村社区公共就业服务，为农村剩余劳动力提供有针对性的职业介绍、职业指导和就业培训；推进日用消费品连锁店、农业生产资料连锁店建设，方便村民的生产生活；完善农村社区困难群体的社会救助制度；加强对留守儿童和空巢老人的服务，等等。

三、夯实社区矫正社会参与的平台

在治理日益成为全球性话题的情况下，民间组织将在社区发展中扮演重要角色。具体来讲，民间组织是推进社区服务的重要载体，是实现社区参与的重要途径，是提升社区社会资本的重要纽带。在社区矫正的过程中，民间组织同样发挥着重要的作用，比如利用非政府组织的平台，引导社区服刑人员参与社区生活，使其认识到人生的尊严和价值；组织志愿者积极参与社区矫正活动，为社区服刑人员提供法律、心理咨询等服务，促进其适应社会生活、顺利回归社会，等等。所以，在社区建设过程中以及社区矫正的运作过程中，民间组织的发育和完善都显得非常重要。

（一）改革民间组织的"双重管理体制"

我国目前对民间组织采取的是"双重管理体制"，这一规定无形中将很大一部分活跃在社区的、与居民生活密切相关的"草根"组织，排斥在注册的门槛外，造成大量社区民间组织的"合法性危机"。宪法赋予并保障公民的结社自由，法律法规应当通过更详细的规定使其得以落实，而不是予以过多的限制。在这里，笔者赞同改革现行的民间组织的登记许可制度，构建一个建立在科学分类和分层基础上、包括备案注册——登记认可——公益认定的三级民间组织准入制度。[1]并通过政府监督、社会监督、民间组织之间的监督和制衡等方式引导民间组织健康发展。随着民间组织发展壮大，国家权力应逐渐淡出，并与之真正建立起一种平等合作的关系。而民间组织的蓬勃发展，则有利于整合社区资源，为包括社区服刑人员在内的社区居民提供更多的活动平台，更完善的服务，降低政府的管理费用，提高管理绩效。

（二）改善社区民间组织的行政化倾向

据有关学者的研究，社区组织的行政化倾向，因社区组织与政府的关系

---

〔1〕 参见王名："改革中国民间组织监管体制的建议"，载《中国改革》2005年第11期。

距离而有所区别。社区组织可以分为三个层面，第一个层面是社区党组织和政府职能组织的延伸；第二个层面是由政府支持建立的社会团体；第三个层面是由居委会组织建立的社会组织和社区自发生成的社会组织。从纵向的维度看，这三个层面的组织依次具有科层性逐渐减弱、网络性逐渐增强的特点。[1]这种状况，无疑与治理的理念背道而驰。当然，在社区民间组织建设的初始阶段，国家权力的介入有着一定的合理性，但随着社区民间组织发展壮大，国家权力应逐渐淡出，并与之真正建立起一种平等合作的关系。这就需要在法律层面确认社区民间组织自治地位的同时，进行制度创新，确保社区民间组织在人员、经费、决策及绩效评价方面的自主性。

就社区矫正社会参与而言，一个重要的方案就是合理划分国家力量与社会力量之间的行为边界。当前，我国社区矫正运行的一个重要特点是以"矫正小组"的形式开展对社区服刑人员的矫正活动。在矫正小组中，代表社会力量的社会工作者和志愿者，居委会、村委会成员等承担了诸多的工作，如协助对社区服刑人员进行监督管理和教育帮助；督促社区服刑人员按要求向司法所报告有关情况、参加学习及社区服务，自觉遵守有关监督管理规定，等等。在社区矫正运行过程中，社会力量对于国家力量的协助虽然是必要的，但一定要合理把握二者的边界，避免社会力量成为行政管理的神经末梢。社会力量作为一种非正式社会控制方式，更多的时候是通过与社区服刑人员的沟通、交流，提供支持与帮助，增强其内心守法的力量和适应社会的能力。

（三）提升社区民间组织的行动能力

当然民间组织的这些功能能否正常发挥，也有赖于其自身的能力。民间组织能力的提升有赖于其内部工作人员的个人素质、职业热情。与西方发达国家相比，目前我国社会工作者的职业发展前景不清晰，职业声誉不高，社会认同度比较低，这些问题的存在必然影响到社会工作者服务时的心态、方式、效率和努力等，导致民间组织难以吸引、激励和留住优秀人才。深圳社工协提供的数据显示，自 2008 年以来，深圳社工流失率分别是：2008 年8.2%、2009 年 9.8%、2010 年 13.4%、2011 年 17.6%、2012 年 18.1%、

---

[1]　参见张昱："科层与网络的融合——社区组织的特性"，载《华东理工大学学报（社会科学版）》2002 年第 2 期。

2013 年 19.8%，2014 年则达到 22.2%。[1]在转型社会的宏观背景下，推进社会工作职业制度体系建设成了社会工作专业化和职业化的内生驱力及回应社会治理创新的必然要求。为此，需要从建立完善职业准入制度、构建科学评价制度和建立职业激励制度等方面入手，从制度层面确定社会工作的社会地位，实现从制度承认到社会承认的目标。[2]通过这些制度，规范社会工作者属于专业技术人才的薪酬和社会保障，并确保其在工作过程中有足够的职业生涯发展空间，从而逐步提高这一群体的社会地位、职业声望，以壮大民间组织的总体实力。在此基础上，要特别加强对社区矫正社会工作者的业务培训，以提升他们的从业能力，更好地履行岗位职责。

四、创新社区矫正社会参与机制

（一）提高社会公众对社区矫正的认知

1. 发挥大众传媒的作用

当代中国，二元社会结构已经开始发育，国家在多个领域的作用逐渐隐退，具有独立自主性的社会实体活动空间逐步扩大，从而催生了大众传媒开始具备公共领域的某些特质。其在传播信息、引领舆论、促使动机形成过程中发挥着重要的作用。所以，在培植社区矫正社会心理土壤过程中，应当充分发挥大众传媒的功能。社区矫正作为宽严相济刑事政策的重要体现，目前还不为一般公众所认识和接受，如果能找到成功的典型，对于获得公众的认同将产生巨大的影响。因此，在社区矫正的推行过程中，对其中的成功经验进行典型报道是一种值得关注的推介方式。当然，随着传媒技术的发展，我国的传媒环境已经发生巨大变化，呈现出传播渠道多元化、受众选择多元化的局面，一家媒体、一篇报道引起巨大反响的时代已经过去，典型报道的方式方法也应当与时俱进。一个可行的方案是在对社区矫正进行报道的过程中，充分运用广播、电视、报纸、网络等多类媒体资源，形成立体整合传播之势，以吸引更多受众，扩大典型的社会影响。这些报道，对于社会公众了解社区

---

〔1〕 参见"深圳社工流失危机待解 去年流失率高达 22.2%"，载 http://shenzhen.sina.com.cn/news/n/2015-03-09/detail-iavxeafs1612000.shtml，最后访问时间：2019 年 7 月 22 日。

〔2〕 参见罗兴奇、宋言奇："社会工作职业制度体系的本土构建——基于社会治理的视角"，载《内蒙古社会科学（汉文版）》2015 年第 5 期。

矫正、改变对服刑人员的传统认知无疑能够发挥积极作用。

2. 发挥社区民间组织和社区精英的作用

非政府组织在发展中国家实施的发展规划项目的实践研究以及发展传播学的实践研究结果表明：传播仅仅是社会发展和变化的催化剂，不是决定因素。在说服、教育、单向传播、赋权对社区发展所起的作用中，赋予他们参与权、话语权，调动他们的积极性，建立民间信息传播组织，通过他们最熟悉的方式传递和传播信息，即激发当地村民的内源力量是社区发展最好的、最有效的途径。[1]的确，大众传媒虽然是现代社会信息传播的主导方式，但就社区事务的参与而言，发挥民间信息传播组织的作用，无疑更方便、快捷、传播效果的反馈更加及时。

笔者调查发现，在对社区矫正的认识过程中，居委会或村委会的宣传是一条重要的途径，这一经验值得推广。另外，在社区矫正信息传播过程中，社区精英的作用不可忽视。所以，在社区矫正的宣传过程中，除了重视大众传媒的力量以外，应该重视居委会、阳光社区矫正中心等社区民间组织及"社区精英"的作用，给予他们更多的话语权，以构建全方位、多层次的社区矫正信息传播体系。

（二）探索社区矫正社会参与的模式

社区矫正社会参与主体呈现一种多元的状态。从组织形态来看，既有非营利组织，也有企业等市场主体；从与服刑人员的关系来看，既有甘于奉献的社会志愿者，也有基于血缘亲情的家庭成员；从参与动机来看，有的致力于爱心的奉献，有的追求社会形象的提升，不一而足。针对这种状况，就要有的放矢地规划社区矫正社会参与的路径，以引导国家力量与社会力量的合作走向深入。近几年来，上海市在社区矫正社会参与方面进行了积极探索，形成了"制度性参与""组织性参与""契约性参与""志愿性参与"等多种模式。[2]在各地的探索中，"政府采购模式"得到了广泛的认同，并得到了国家权力的支持。对于其具体路径，可依照《关于组织社会力量参与社区矫正工作的意见》的有关规定，探索国家与社会合作的具体操作规程。

---

〔1〕 参见翟振元等主编：《中国社会主义新农村建设研究》，社会科学文献出版社2006年版，第265页。

〔2〕 参见朱久伟、王安主编：《社会治理视野下的社区矫正》，法律出版社2012年版，第117页。

(三) 建立社区矫正志愿者的社会激励机制

从目前社区矫正志愿者的来源来看，主要包括大学生、有较多闲暇的老人、企业等，而这三类志愿者在志愿动机方面，存在着明显的差异，所以应针对这三类志愿者不同的需要，采取有针对性的激励措施。如学校将志愿者活动与大学生成才和就业全面挂钩，为长期从事社区矫正服务的学生志愿者提供学分；在社会工作奖中分出部分名额授予从事社区矫正公益事业的学生；将社区矫正志愿活动和就业推荐工作相联系等，以激发他们的参与热情。对于老年志愿者，则采取"互助服务"的回报激励方式，首先，将老年志愿者为社区矫正提供的服务张榜公布，让广大社区居民知晓，一旦其有需求，能够获得相应回报；其次，可以根据老年志愿者的服务时间、服务效果，分别授予其不同星级的志愿者称号，让老年人产生一种成就感，进而建立积极的人生观。在社区矫正过程中，企业无疑是应该积极开发的一支重要参与力量。其发挥作用的途径主要有以下几种：为社区服刑人员提供工作机会；支持阳光社区矫正中心等非政府组织发起的各类矫正活动；捐赠。在寻求企业支持的过程中，需要明确企业参与志愿活动的动机。企业属于营利性机构，其参与志愿活动的目的一般有以下几种：获得减免税的好处；创造良好的企业形象，增加社会资本；实现社会责任。但企业作为营利组织，利益终究是其核心追求。所以，在激发企业参与社区矫正过程中，应以此为基点进行考虑，兼顾其他，与企业建立一种互利互惠的关系。

社区公众对社区矫正参与的热情，不仅来自于社会对其工作的回报，而且还在于其付出所带来的成就感，而社区服刑人员对社会不同形式的回报，则是其重塑社会形象、体现志愿者价值的积极表达方式，所以在社区矫正过程中，应当鼓励社区服刑人员积极回馈社会，实现社区服刑人员与社区矫正志愿者之间的良性互动。事实上，在社区矫正的过程中，不少社区服刑人员在自身得到帮助的同时也萌发了参与公益事务、帮助他人的责任感。近年来，一些地方陆续出现了由社区服刑人员自发捐款设立的互助基金，以用来帮助其他有特殊困难的社区服刑人员，一些社区服刑人员在四川汶川地震中积极捐款，回馈爱心。这些行动无疑能够帮助其改变传统的刻板印象，树立积极的社会形象。另外，在条件成熟的情况之下，可以吸收解矫人员加入到矫正志愿者的行列当中，当前，在社区矫正实践中，已经开始这样的尝试。这种做法一方面提升了社区服刑人员的社会形象，另一方面也壮大了社区矫正志愿者的力量，社会效果显著。

　　综上所述，随着改革开放以来社区建设的发展，我国社区矫正的实施已经具备了基本的平台。与此同时，社区建设与社区矫正在深层理念与具体操作上的高度一致，为二者的良性发展开辟了广阔的空间。但不容回避的是，由于"真正的中国"是一个典型的非匀质性社会，其在社区层面的表现就是发展水平参差不齐、内部状况复杂多样，从而为社区矫正的整体推进带来隐忧。为了进一步改善社区矫正的社会土壤，首先，加强城、乡社区基础设施建设，提高社区公共服务水平；其次，积极扶持民间组织的发展，打造社区矫正社会参与的平台；最后，创新社区矫正社会参与机制，激发社会公众对社区矫正的参与热情。

社区矫正运行中国家力量整合机制研究

当代中国，随着政治国家与市民社会二元社会结构的逐渐发育，国家与社会双本位犯罪预防模式的理念逐渐深入人心，多元主体共同治理犯罪得到广泛倡导。囿于目前的国情，在犯罪防控格局中，国家与社会的合作虽然是必要的，但国家力量之间的合作更是必需的。就社区矫正而言，在其运行过程中，公、检、法、司等专门国家机关之间能否良好合作，是影响到社区矫正效果的重要因素。下面拟以四机关的关系考察为基础，就社区矫正运行中国家力量的整合机制进行研究。

第一节　社区矫正运行中国家力量之间的关系考察

一、社区矫正试点之前公、检、法、司既有关系的回顾

虽然我国社区矫正试点始于 2003 年，但作为社区矫正试点类型的管制、剥夺政治权利、缓刑、假释、暂予监外执行一直是我国刑罚体系的重要组成部分。在 1997 年《刑法》和 1996 年《刑事诉讼法》中，虽然没有"社区矫正"的称谓，但对于这五种"社区矫正"类型的适用与执行均有规定。从具体表述来看，试点前"社区矫正"的运行过程，基本上是公、检、法、司四机关分工负责、互相配合、互相制约的结果。

（一）人民法院是"社区矫正"的裁量机关

按照 1997 年《刑法》和 1996 年《刑事诉讼法》的规定，管制、剥夺政治权利、缓刑、假释由人民法院判决、裁定，对于暂予监外执行，虽然其决定机关包括公安机关、人民法院、监狱管理机关，但其始终以人民法院原始判决为依据。可见，在社区矫正运行中，人民法院控制着"社区矫正"的入口，是"社区矫正"的裁量机关。

（二）公安机关是"社区矫正"的执行机关

1997 年《刑法》第 38 条规定："被判处管制的犯罪分子，由公安机关执行"。第 58 条规定："被剥夺政治权利的犯罪分子，在执行期间，应当遵守法律、行政法规和国务院公安部门有关监督管理的规定，服从监督。"第 76 条规定："被宣告缓刑的犯罪分子，在缓刑考验期限内，由公安机关考察。"第 85 条规定："被假释的犯罪分子，在假释考验期限内，由公安机关予以监督。"1996 年《刑事诉讼法》第 214 条规定："对于暂予监外执行的罪犯，由居住地公安机关执行。"可见，1997 年《刑法》和 1996 年《刑事诉讼法》虽然没有规定社区矫正制度，但是对于试点中社区矫正的 5 种类型——管制、剥夺政治权利、缓刑、假释、暂予监外执行的执行机关，进行了明确规定，即均由公安机关执行。

（三）司法行政机关是"社区矫正"的辅助机关

按照 1996 年《刑事诉讼法》和 1997 年《刑法》的规定，司法行政机关中的监狱管理机关承担着提请假释、决定一部分罪犯暂予监外执行的职责，同时对于撤销缓刑（符合监狱服刑条件的）、假释、收监执行的罪犯，作为接收机关而存在。可见，在试点前的"社区矫正"运行格局中，司法行政机关虽然不可或缺，但地位相对边缘与次要，其主要的职责，在于配合其他国家机关的工作。

（四）人民检察院是"社区矫正"的法律监督机关

按照 1996 年《刑事诉讼法》第 181 条规定："地方各级人民检察院认为本级人民法院第一审的判决、裁定确有错误的时候，应当向上一级人民法院提出抗诉。"第 215 条规定："批准暂予监外执行的机关应当将批准的决定抄送人民检察院。人民检察院认为暂予监外执行不当的，应当自接到通知之日起 1 个月以内将书面意见送交批准暂予监外执行的机关，批准暂予监外执行的机关接到人民检察院的书面意见后，应当立即对该决定进行重新核查。"第 222 条规定："人民检察院认为人民法院减刑、假释的裁定不当，应当在收到裁定书副本后 20 日以内，向人民法院提出书面纠正意见。人民法院应当在收到纠正意见后 1 个月以内重新组成合议庭进行审理，作出最终裁定。"第 224 条规定："人民检察院对执行机关执行刑罚的活动是否合法实行监督。如果发现有违法的情况，应当通知执行机关纠正。"从上述这些规定可以看出，在"社区矫正"试点以前，在管制、剥夺政治权利、缓刑、假释、暂予监外执行的适用及执行中，人民检察院通过抗诉、提出书面意见等方式，对于这些"社区矫正"种类的运行承担着重要的监督职责。

从上面的分析可以看出，在试点之前既有的"社区矫正"运行格局中，公、检、法、司的分工合作是其得以顺利运转的前提。其中，公、检、法机关职责更为独立与突出，尤其是公安机关作为"社区矫正"的法定执行机关，地位显著，不容忽视，而司法行政机关的地位则相对边缘，只是发挥着一定的辅助作用。

二、社区矫正试点以来公、检、法、司关系的变化

（一）公、检、法、司形成新的合作框架

作为国家司法体制改革与工作机制改革的重要组成部分，社区矫正不仅是刑罚执行场所的变化，也是刑事执行权重新配置的探索。由于在试点以前，公安机关作为 5 种"社区服刑人员"考察、监督的主体，存在诸多问题，在 2003 年 7 月两院、两部联合发布的《关于开展社区矫正试点工作的通知》中，除了明确人民法院和人民检察院固有职能以外，对公安机关与司法行政机关的职能也进行了重要调整。即由司法行政机关牵头开展社区矫正试点工作，以解决公安机关因警力、精力不足而造成的监管虚化现象。为确保社区矫正的顺利进行，各试点省、市在社区矫正组织体系方面都进行了积极探索，初步形成了司法行政机关具体负责，公安、法院、检察院、民政、劳动和社会保障等相关部门协作配合的矫正工作格局，并在具体运行过程中，初步建立了专业矫正力量与社会矫正力量相结合的矫正工作队伍。公、检、法、司机关合作的最新框架基本形成，并在两院、两部随后颁布的一系列社区矫正法律文件中得到进一步确认与强调。

（二）"执行主体"和"工作主体"二元分离成为显著特征

在社区矫正试点以后，公、检、法、司新的合作框架中，最引人关注的是公安机关和司法行政机关关系的变化。按照《关于开展社区矫正试点工作的通知》规定："司法行政机关要牵头组织有关单位和社区基层组织开展社区

矫正试点工作，会同公安机关搞好对社区服刑人员的监督考察，组织协调对社区服刑人员的教育改造和帮助工作。街道、乡镇司法所要具体承担社区矫正的日常管理工作。""公安机关要配合司法行政机关依法加强对社区服刑人员的监督考察，依法履行有关法律程序。对违反监督、考察规定的社区服刑人员，根据具体情况依法采取必要的措施；对重新犯罪的社区服刑人员，及时依法处理。"[1]根据这一规定，公安机关作为"社区矫正"的法定执行机关，不再承担社区矫正的日常管理工作；对社区服刑人员的监督管理、教育矫正和帮困扶助实际由司法行政机关承担。"执行主体"与"工作主体"二元分离的运作模式，成为这一阶段社区矫正运行中最为显著的特征。

三、社区矫正制度确立以来公、检、法、司关系的现状

（一）公、检、法、司的最新关系一定程度为刑事立法确认

在社区矫正多年试点探索的基础上，2011 年的《刑法修正案（八）》正式确立了社区矫正制度，2012 年修正的《刑事诉讼法》则进一步对之予以确认与完善，由此开启了社区矫正工作的新局面。

鉴于在多年的社区矫正试点中，公安机关虽然名义上是社区矫正的执行机关，但实际上已经不再承担社区矫正的日常监督管理工作，在 2011 年《刑法修正案（八）》中，删除了公安机关作为管制执行以及缓刑考察、假释监督主体的规定。2012 年修改的《刑事诉讼法》进一步规定，"对被判处管制、宣告缓刑、假释或者暂予监外执行的罪犯，依法实行社区矫正，由社区矫正机构负责执行。"从而取消了公安机关作为我国社区矫正法定执行机关的主体地位。

为了进一步发挥检察机关在社区矫正运行中的法律监督职能，最新刑事立法完善了检察机关对社区矫正过程的监督。2012 年修订的《刑事诉讼法》规定："监狱、看守所提出暂予监外执行的书面意见的，应当将书面意见的副本抄送人民检察院。人民检察院可以向决定或者批准机关提出书面意见。""被判处管制、拘役、有期徒刑或者无期徒刑的罪犯，在执行期间确有悔改或

---

〔1〕　最高人民法院、最高人民检察院、公安部、司法部《关于开展社区矫正试点工作的通知》，发布时间：2003 年 7 月 10 日。

者立功表现，应当依法予以减刑、假释的时候，由执行机关提出建议书，报请人民法院审核裁定，并将建议书副本抄送人民检察院。人民检察院可以向人民法院提出书面意见。"从而将检察机关对社区矫正适用的事后监督调整为同步监督，加大了对社区矫正入口的监督力度。

从这些立法中可以看出，社区矫正试点以来公、检、法、司最新合作框架一定程度上得到刑事基本法律的确认。

（二）"执行主体"和"工作主体"的分离状态未得到真正弥合

虽然经过多年社区矫正试点的探索，公、检、法、司的最新合作框架已经基本固定，但由于立法的渐进性，在试点中形成的公、检、法、司合作框架，在刑事法律中并没有得到全面的确认。其中，最为突出的表现是，《刑法修正案（八）》和2012年《刑事诉讼法》虽然取消了公安机关对管制、缓刑、假释、暂予监外执行的执行主体地位，"执行主体"和"工作主体"二元分离的局面不复存在，但对于由此带来的制度空缺——社区矫正执行权的归属问题，则没有作出明确规定。虽然社区矫正运行中，司法行政机关实际承担着社区矫正的执行工作，但由于缺乏刑事立法的确认，导致司法行政机关在社区矫正中地位依旧尴尬，社区矫正的执行机关面目模糊。由于刑事立法的不足，公、检、法、司在社区矫正中的合作框架主要由司法解释性质的法律文件予以规范，具有明显的过渡色彩。

综上所述，公、检、法、司作为社区矫正运行中最为重要的国家力量，在多年实践探索的基础上，已经形成以"司法行政机关"为中心的最新合作框架，但由于立法的渐进性，这一现实关系尚未得到刑事立法的确认，还存在一定的不确定性。

第二节　社区矫正运行中国家力量合作存在的问题

一、司法行政机关面临诸多困境

（一）司法行政机关法律地位不明

如前文所述，在社区矫正试点后的相当一段时间内，维持的是"执行主体"与"工作主体"分离的运作模式。司法行政机关作为"工作主体"，在社区矫正运行中承担着大量具体的工作，却缺乏强有力的管理手段。对于社区服刑人员的失控、漏管等行为无法采取强制措施。因为缺乏执法地位，与各个部门的合作链条也过于狭长，导致对一些问题的处理反应滞后。以至于在实际工作中处境艰难、十分尴尬。可见，这种模式虽然维护了现行法律的权威，却造成程序上的烦琐，反应上的迟滞，影响了社区矫正工作的效率。所以，社区矫正规范化、法律化、制度化已成为社区矫正基层工作者最为迫切的要求。有学者对北京市 962 名社区矫正干警的问卷调查显示，有 98.4%的人表达了对社区矫正规范化、法律化、制度化的强烈愿望，其具体要求为：第一，明确社区矫正的性质与定位；第二，具体规范社区矫正各部门的权责及相互配合的关系；第三，详细规定干警与矫正对象的权利与义务；第四，对社区矫正的程序问题予以明确与规范。[1]所以，以立法的形式明确社区矫正的性质与定位，赋予司法行政机关执法主体地位，明确社区矫正主体之间的权利义务关系，已成为社区矫正工作人员非常迫切的要求。

基于多年来的立法诉求，目前在刑事基本法律中确立了社区矫正制度，但依然没有明确执行机关的归属。这种状况，导致了社区矫正的"工作主体"——司法行政机关执法依据不足，在具体工作中举步维艰，难以发挥应有的作用，影响了社区矫正的顺利运行。2012 年 1 月，两院、两部联合发布的《社区矫正实施办法》规定：司法行政机关负责指导管理、组织实施社区矫正工作。并在 2014 年 8 月《关于全面推进社区矫正工作的意见》进一步强调："建立和完善党委政府统一领导，司法行政部门组织实施、指导管理，法院、检察院、公安等相关部门协调配合，社会力量广泛参与的社区矫正领导体制和工作机制。"[2]从这些规定来看，似乎解决了刑事基本法律在社区矫正执行机构方面遗留的法律空白。但由于这些规定法律属性不明，其实际效力自然也大打折扣。

（二）司法行政机关内部合作不畅

社区矫正的顺利实施，不仅需要司法行政机关与其他国家机关、社会组织形成良好的合作，而且需要司法行政机关内部的沟通、协调。但从现实观

---

〔1〕　参见王顺安："社区矫正理论研究"，中国政法大学 2007 年博士学位论文。

〔2〕　最高人民法院、最高人民检察院、公安部、司法部《关于全面推进社区矫正工作的意见》，发布时间：2014 年 8 月 27 日。

察来看，司法行政机关内部的合作也很难达到通畅的程度。在社区矫正实际工作中，区（县）司法局和司法所的互动是最为频繁的。从全国的范围来看，区（县）司法局与司法所的关系呈现多元状态，有垂直领导关系，有业务指导关系，还有的是区县司法局与街镇分权管理，这种多元的管理体制，延长了社区矫正的管理机构与日常工作机构的沟通链条，加大了社区矫正的运行成本。

运行中的社区矫正以街道、乡（镇）为基本操作单元，虽然有利于整合当地资源，却人为地造成各街道、乡（镇）之间形成一个个的"闭合式"管理单位，在资源运用、信息交流、互助合作方面很难实现共享。而且，各个司法所作为社区矫正操作的最小单位，是社区矫正工作绩效考核的独立单元，拥有自身的利益，所以在工作过程中不可避免地带有本位主义的倾向。比如对户口存疑的社区服刑人员互相推诿扯皮就是其中的重要表现。可见，在实际工作中，各街道、乡（镇）司法所彼此之间缺乏经常性的沟通和良好的合作，不利于整体矫正工作的开展、工作经验的积累和工作方法的创新。

在社区矫正过程中，虽然社区服刑人员的人身自由受到一定限制，但基于开放的社会背景和社区服刑人员的复杂情况，在矫正过程中的流动不可避免。《社区矫正实施办法》规定："社区矫正人员未经批准不得变更居住的县（市、区、旗）。社区矫正人员因居所变化确需变更居住地的，应当提前一个月提出书面申请，由司法所签署意见后报经县级司法行政机关审批。县级司法行政机关在征求社区矫正人员新居住地县级司法行政机关的意见后作出决定。"[1]可见，在社区服刑人员迁居过程中，既需要司法所与县级司法行政机关的沟通，又需要县级司法行政机关之间的协调。但在实际运作中，由于涉及诸多的法律问题与利益纠葛，沟通过程面临诸多障碍，尤其是跨省迁居的审批更是困难重重。

在社区矫正过程中，社区矫正机构与监狱机关的合作不可避免。但二者的衔接也存在诸多问题。一直以来，老、弱、病、残犯是监狱沉重的负担，为了能够甩掉"包袱"，一些监狱甚至动员不具有担保能力的罪犯亲属提供担保以实现"保外就医"。还有些监狱在社区矫正机关出具不适宜社区矫正意见

---

〔1〕 最高人民法院、最高人民检察院、公安部、司法部《社区矫正实施办法》第14条，发布时间：2012年1月10日。

书的情况下，依然决定监外执行，带来诸多隐患，导致出现一些后续性问题。

（三）社区矫正日常工作机关举步维艰

1. 司法所工作任务十分繁重

司法所作为基层司法行政机关，工作任务极其繁杂。按照有关规定，司法所的工作职责除了社区矫正以外，还包括人民调解、安置帮教、法律服务、法制宣传、协助处理社会矛盾纠纷、参与社会治安综合治理，以及上级司法行政机关和乡镇人民政府（街道办事处）交办的维护社会稳定的有关工作。可见，社区矫正只是司法所诸多的工作任务之一，能够付出的时间和精力自然受到限制。而且，与司法所所承担的繁重任务不相适应的是，"长期以来，司法所的法律地位一直没有明确，司法所工作缺乏必要的法律依据。"[1]就社区矫正工作而言，司法所承担着社区矫正的日常工作。但一直以来，其职责地位只是在社区矫正法律文件中得到肯定，在《刑法修正案（八）》确立社区矫正制度以后，因为执行机关法律归属缺失，司法所的身份更加不明朗。具体工作中面临的困境可想而知。

2. 司法所自身资源严重不足

首先，司法所人力资源不足。在社区矫正的运行过程中，司法助理员发挥着核心的作用，但其实际工作力量却极其薄弱。尤其是中西部司法所在这一问题上尤其突出。据统计，河南省共有司法所 2392 个，其中无人所 639 个，一人所 1576 个，无人所、一人所占总数的 92.6%；司法所工作人员 5456 人，其中政法专项编制 1955 人，所均 0.82 人。[2]"四川省共有司法所 4607 个，中央下达政法专项编制 3862 个，所均 0.83 人。"[3]与司法所繁重的工作任务相比较，司法所人力资源配置明显不足。

其次，司法所的物质资源难以保障。作为基层单位，司法所普遍缺乏开展工作的必要物质设施。"空壳"现象比较突出。即缺乏开展工作的基本条件，表现为无办公用房、无交通工具、无通信设备、无稳定的经费保障等。

〔1〕 刘振宇："新时代新要求新作为　奋力开创司法行政基层工作新局面（上）——2018 年 10 月 22 日在全国司法行政基层工作培训班上的讲课"，载《人民调解》2019 年第 1 期。

〔2〕 参见汪奇志、王征："社区矫正衔接机制的实践困境和对策思考"，载司法部社区矫正管理局：《社区矫正研究论文集（2013）》，法律出版社 2013 年版，第 77 页。

〔3〕 司法部基层法治建设第十一调研组："司法所建设调研报告——以四川省茂县凤仪镇、渠县静边镇、三台县刘营镇为例"，载《中国司法》2018 年第 9 期。

虽然近年来，通过实施"两所一庭"建设规划，中西部乡镇司法所国债项目建设规划的 23 个省（自治区、直辖市）已基本完成了建设任务，但是经费的落实依然不尽人意。截止到 2014 年，"全国尚有 14% 左右的司法所工作经费没有纳入县区财政预算；有的司法所设施装备较差，不能满足业务工作需要；城市街道和开发区司法所业务用房相对紧张的问题比较突出。"[1]

（四）社区矫正日常工作人员状况堪忧

1. 自身角色适应不良

在社区矫正运行中，司法助理员负责社区矫正的日常工作，发挥着核心的作用。但鉴于其缺乏社区矫正执法主体地位，自 2003 年社区矫正试点后，社区矫正执法工作实际是由公安派出所民警、司法所助理员、抽调的监狱警察组成。在社区矫正试点以前，司法助理员承担的是法制宣传、人民调解等 8 项工作，而社区矫正的推行，将司法助理员承担的工作增加到 9 项，与以往的工作相比，这显然是一个陌生的领域。而且其他 8 项工作都是弹性的，而社区矫正责任分明、有硬性的考核指标，工作人员显然需要心理上的适应。比如为了加强有关人员的责任意识，确保安全稳定，北京市建立了对发生社区服刑人员脱管和重新犯罪的单位和个人的责任追究制度。[2] 重新犯罪率责任追究——被工作人员称为"达摩克斯"之剑，给司法助理员带来了沉重的心理负担。

司法助理员的角色冲突不仅体现在矫正工作与以往工作的冲突上，而且体现在矫正工作自身的冲突中。在社区矫正运行中，司法助理员的任务无疑是多重的。一是法律执行者的角色。即按照《刑法》《刑事诉讼法》等有关法律、法规的规定，对社区服刑人员进行监督管理，确保刑罚的顺利实施。二是行政官员的角色。即通过思想教育、法制教育、社会公德教育等多种形式，促使社区服刑人员改过自新，弃恶从善，成为守法公民。三是社会工作者的角色。即帮助社区服刑人员解决在就业、生活、法律、心理等方面遇到的困难和问题，促使其顺利适应社区生活。这三种角色之间必然会发生冲突，

---

〔1〕 司法部基层工作指导司司法所工作指导处："2014 年度全国司法所工作统计分析报告"，载《人民调解》2015 年第 5 期。

〔2〕 参见北京市社区矫正工作领导小组办公室、北京市司法局编：《北京市社区矫正工作手册》（2003.7——2006.4），2006 年 4 月，第 231~232 页。

使司法助理员在工作时难以把握。在美国，不能妥善解决这种角色冲突是一些矫正工作人员辞职的主要原因。[1]

在社区矫正运行中，司法助理员负责对社区服刑人员进行监督管理，以维护公共安全。但在从事这一工作中，如何在维护公共安全的同时，保全自身的安全，成为他们内心很难摆脱的一种困扰。因为社区服刑人员只是被限制自由，仍然有很大的活动空间，犯罪的机会和条件比监禁的罪犯大得多，他们一旦犯罪，所造成的危害后果将不堪设想。有的社区服刑人员甚至袭击矫正官，这在矫正历史上是有据可查的。如根据学者比格提供的一组数据，1980 年以来美国共有 2610 名缓刑官受到缓刑犯各种各样的侵害，包括谋杀和性侵害，等等。[2]可见，司法助理员对自身安全的忧虑并不是多余的。有关学者对北京市 962 名社区矫正干警的问卷调查显示，有 35.3% 的人认为从事社区矫正工作有人身危险性。尤其是社区司法所的干警，普遍要求组织给统一上人身意外安全险。[3]所以，社区矫正工作本身给司法助理员带来的心理压力还是比较大的。

2. 业务素质不尽人意

社区矫正工作者业务素质的获得有两个途径：一是学习得来的；二是从司法实践中感悟得到的。从社区矫正专业人员的角度分析，其问题在于基本的知识储备不足以及相应的实践经验的缺乏。司法所助理员固有的工作并没有为社区矫正工作的进行提供必要的积累；监狱干警虽然有着一定的监狱工作履历，以往的职业生涯为社区矫正工作的进行奠定了一定的基础，但社区矫正与监狱矫正毕竟存在着一定的区别。所以，固有的工作经验也很难直接运用。可见，社区矫正对于监狱干警来讲同样是一个挑战，且轮换制也不利于其工作经验的积累。而且根据笔者的调查，他们虽然来自于监狱系统，但其具体来源五花八门，并非所有人都具备一线的管理经验。

3. 工作态度消极保守

调查发现，社区矫正工作者中，消极保守的倾向值得关注。其原因在于：

首先，社区矫正工作者缺乏职业的成就感。在国家公职人员体系中，社

---

〔1〕　参见刘强编著：《美国社区矫正的理论与实务》，中国人民公安大学出版社 2003 年版，第 329 页。

〔2〕　参见郭建安、郑霞泽主编：《社区矫正通论》，法律出版社 2004 年版，第 155 页。

〔3〕　参见王顺安："社区矫正理论研究"，中国政法大学 2007 年博士学位论文。

区矫正工作者的职业前景并不诱人，因为其工作环境、待遇、社会声望相对都是比较低的，因此而引发的职业倦怠感比较突出。即便是在社区矫正发展已经比较成熟的美国，也同样没有摆脱这一问题的困扰。美国学者研究发现，在缓刑官和假释官当中存在着不同程度的"厌烦症"。具体表现为"对待当事人和我们自己不适当的态度的综合征，常伴随有身体上的、感情上的症状，从精疲力竭、失眠到周期性偏头疼和胃溃疡。颓废表现是这种综合征中另一个经常性的因素"。"厌烦症产生的最重要的变量是官员对于事业的满意及感到有时间去做高质量的工作，工作量及同当事人的接触项目相对的不重要。厌烦同更加传统的工作不满意概念有着紧密的联系。对于缓刑官和假释官来说，厌烦来自特别组织中的工作性质和管理实践，而不是来源于同当事人接触造成的紧张"。[1]可见，社区矫正官员对矫正工作的厌倦主要来自于在职业活动中缺乏成就感。

其次，社区矫正过程中缺乏有效机制鼓舞矫正官员的士气。托德·克里尔教授的研究发现，个别消极反应和技术上的不确定导致了社区矫正工作者消极保守的工作态度。对于社区监管工作人员来说，并没有关于他们工作的反馈保证。多数时候，他们保持日常工作，不会受到任何人的评价。工作人员知道自己工作状况的唯一时间是当领导来追究导致某一问题发生的原因的时候。避免这个的唯一办法就是选择始终是正确的行动。但技术不确定的问题也就是意味着不可能总是选择正确的行为。社区监管人员是与人打交道的，而人是不可预知的，对一个人起作用的策略不一定适用于另一个人。技术上的不确定和个别消极反应的结合，就为工作人员创造了一个徒劳无效的工作环境。这种与产生问题相联系的反面个别的反馈方式，打击了工作人员的信念，降低了他们的工作效率。[2]这一问题，在我国社区矫正过程中也不可避免地存在着，它严重地挫伤了管理人员的积极性，导致他们变得保守，在工作上采取守势，以免于批评。

---

〔1〕 参见［美］大卫·E·杜菲著，吴宗宪等译：《美国矫正政策与实践》，中国人民公安大学出版社1992年版，第268~270页。

〔2〕 参见托德·克里尔："社区矫正工作五个关键的管理思路"，载司法部基层工作指导司编：《社区矫正试点工作资料汇编（四）》，2005年12月，第78~79页。

二、司法行政机关与公、检、法等机关的合作有待深化

在社区矫正过程中，司法行政机关与公、检、法机关的合作是最为频繁的。从社区矫正运行来看，公、检、法、司四机关基本能够做到分工负责，互相配合，保障了社区矫正基本流程的顺畅。但是，在一些具体环节，尤其在调查评估、接收、刑罚变更、收监执行等重要环节，经常出现信息不通、衔接不畅、推诿扯皮、反应滞后等问题。比如居住地"核而不实"，调查评估形同虚设，法律文书迟滞，强制措施得不到配合、收监执行的建议得不到回应，等等。可见，司法行政机关与公、检、法等机关的合作有待深化。究其原因，主要在于以下方面：

（一）公、检、法、司的最新合作需要法律确认与时间磨合

为了彼此之间能够很好地协调、配合，共同完成社区矫正的任务，两院、两部在联合发布的有关文件中，对四部门在社区矫正过程中的分工作出了规定，并在《社区矫正实施办法》中进一步明确，并通过颁布《关于进一步加强社区矫正工作衔接配合管理的意见》等法律文件，就社区矫正的具体工作进行规范。可见，公、检、法、司最高管理机构在合作开展社区矫正的问题上已经达成共识，但由于这一框架在刑事基本法律中并未得到全面确认，效力终归有限；而且规定比较笼统，缺乏操作性，难以适应社区矫正具体运作过程中的复杂情况。

而且，社区矫正既是我国刑罚执行方式的改革，又是一个国家权力重新分配的过程。在这一过程中，不仅发生了执行主体的转移，而且存在工作内容的变化。从而打破了公检法司既有的工作秩序和工作格局，所以需要一个熟悉和磨合的过程。同时，从公、检、法机关的传统职能来看，社区矫正处于其业务范畴的边缘，一定程度上得不到应有的重视并投入必要的精力，从而影响了衔接配合的有效性。

（二）司法行政机关相对低端地位影响了其他机关与之合作的积极性

"如果一个组织试图与其他组织一起通过合作的方式生产出新的公共服务项目，那么其自身所具备的资源配置现状将是其他组织决定是否与其展开合作的一个重要判断性指标：如果该组织的资源配置现状在规模上和种类上都

不如对方，那么合作就会呈现出一定的困境。因为如果在这种情况下开展合作，对方将不得不单方面提供更多的资源。"〔1〕社区矫正运行过程中的合作困境，一定程度上就是司法行政机关相对低端地位的一种表现。主要表现在以下两个方面：

1. 司法行政机关资源配置相对薄弱

在社区矫正过程中，司法机关与公、检、法的合作是最为频繁的，但在资源配置方面，司法机关无疑是最为薄弱的。比如 2008 年 1 月，重庆公布区县（自治县）公安、检察院、法院最低保障标准为：主城区 3~5 万元/年人；郊区县，渝西经济走廊 2.5~4 万元/年人，渝东南民族经济区和三峡库区 2~3 万元/年人。区县（自治县）司法机关最低保障标准为：主城区 2.8~4.8 万元/年人；郊区县，渝西经济走廊 2.3~3.8 万元/年人，渝东南民族经济区和三峡库区 1.8~2.8 万元/年人。〔2〕可见，与公、检、法机关相比，司法行政机关的经费投入是最低的。经过十几年的发展，这种现状并未得到改善。以四川阿坝州为例，2017 年，公安人头经费 2.375 万元/年人，检察院 2 万元/年人，法院 2 万元/年人，司法局为 1.2 万元/年人；2017 年中央政法转移支付的业务装备费，公安 510 万元，检察院 86 万元，法院 120 万元，司法局为 34 万元；中央政法转移支付的业务办公费，公安 427 万元，检察院 114 万元，法院 254 万元，司法局为 38 万元。〔3〕可见，尽管近些年来国家对政法机关的经费支持不断增加，但在具体投入上，仍然是有一定偏向的，司法行政机关在资源配置方面的相对低端地位依然没有改变。

就社区矫正工作而言，近年来特别是社区矫正全面推进以来，社区矫正工作经费保障能力不断加强，工作基础更加牢固。但总的看，各项保障政策还需要进一步落实。虽然各地依据《财政部、司法部关于制定基层司法行政机关公用经费保障标准的意见》《财政部、司法部关于进一步加强社区矫正经费保障工作的意见》，积极争取党委政府支持，将社区矫正经费纳入公用经费

---

〔1〕 马伊里："合作困境的组织社会学分析———项关于政府机构间孤岛现象生成机理的研究"，上海大学 2006 年博士学位论文。

〔2〕 参见"重庆公检法司办案经费低保标准定为 1.8 ~ 5 万元/年人"，载 http://news. hexun. com/2008-01-16/102917632. html，最后访问时间：2019 年 7 月 22 日。

〔3〕 参见司法部基层法治建设第十一调研组："司法所建设调研报告———以四川省茂县凤仪镇、渠县静边镇、三台县刘营镇为例"，载《中国司法》2018 年第 9 期。

保障范围。但由于各地经济发展水平不一，在经费投入上只能量力而行，即便是社会基础最好的地区，能够投入社区矫正活动的经费也是非常有限的。可见与基层组织所承担的巨大责任相比较，其所能运用的资源是非常有限的。社区矫正运行中也无法避免基层社会治理中的普遍困局。

2. 司法行政机关的社会影响力相对有限

从理论上讲，司法行政机关与公、检、法一样承担着国家的重要管理职能，但目前尚无一部法律甚至部门规章确立其法律地位，划定其职责权限。而且在实际工作中，"司法行政权"虽与司法挂钩，但在权力结构体系中，它并不属于司法权，而属于行政权。可这种行政权在人们的心目中并没有公安机关的治安管理权、财政部门的财政管理权、税务部门的税收征管权等行政权那样的权威性。这种根深蒂固的观念影响了司法行政工作的开展。[1]

虽然近几年来对司法行政机关建设有所加强，但短期内难以改变其相对弱势的地位，这就在无形当中影响了其他机关与之合作的积极性。除司法行政部门外，其他部门基本上都不太愿意将较多的人力、物力和财力涉入社区矫正工作中来，往往是司法行政部门"唱独角戏"。

就矫正制度的组织结构问题，美国学者曾下断言：组织结构松散是目前世界范围内矫正制度的通病。[2]今天的矫正制度是一个错综复杂、效率低下、多重管理的迷宫，其工作人员之间的矛盾、机构之间的相互猜忌以及徒劳无益的重复活动等弊病侵蚀着它的肌体。事实上，矫正制度是一个如此松散的联合体，以至于不可能找出任何人或任何机构对它过去的失败或未来的计划和发展负责。其结果便造成了一个毫无希望、松松垮垮的矫正制度及其在标准、目的和业务上对于自身灾难性的背离。这便是矫正制度之所以失败和无计划地滥用其有限资源的原因所在。[3]这一观点尽管悲观，却足够给我国的社区矫正以警示。

---

〔1〕　参见肖晗："司法体制改革中司法行政机关的地位和作用应受重视——以长沙市司法行政机关为例"，载《行政与法》2015 年第 1 期。

〔2〕　参见［美］克莱门斯·巴特勒斯著，孙晓雳等译：《矫正导论》，中国人民公安大学出版社1991 年版，第 39 页。

〔3〕　参见［美］克莱门斯·巴特勒斯著，孙晓雳等译：《矫正导论》，中国人民公安大学出版社1991 年版，第 39 页。

第三节　社区矫正运行中国家力量合作的优化

一、提升司法行政机关在社区矫正中的法律能量

（一）赋予司法行政机关社区矫正执行权

基于社区矫正组织体系存在的问题，当前，无论在理论界还是在实务界，对于将社区矫正执行权正式赋予司法行政机关的呼声很高。对此，笔者持赞同态度。原因如下：

1. 能够优化刑事权力配置，促进刑罚执行权的统一

刑罚执行是实现刑罚功能的重要环节，与其地位相适应，应强调刑罚执行的专门化、规范化和法制化。将社区矫正执行权赋予司法行政机关，能够优化刑事权力配置，促进刑事司法体系中的侦查权、检察权、审判权、行刑权的配合和制约，提高刑罚执行效果。

2. 司法行政机关在刑罚执行领域具有独特的优势

司法行政机关原本承担着监禁刑的执行工作，将社区矫正执行权赋予司法行政机关来行使，便于其通盘考虑，统筹安排，促进监禁矫正与社区矫正之间的有序衔接，为建立协调统一、相互贯通、互为支撑的新型刑罚执行体系发挥积极作用。与此同时，在社区矫正运行中承担日常工作的基层司法所也具有独特的优势。在社区矫正试点以前，基层司法所承担着法制宣传、人民调解、安置帮教等 8 项工作，其工作特点是立足社区、贴近基层，因而在动员社区力量、整合社区资源方面具有一定的基础。

3. 能够充分运用社区矫正组织体系建设的前期成果

随着社区矫正的发展和宽严相济刑事政策的推进，司法行政机关的作用不断凸显，并在两院、两部发布的《关于扩大社区矫正试点范围的通知》《关于在全国试行社区矫正工作的意见》等一系列法律文件中得到确认和强调，从而为司法行政机关内部社区矫正组织体系的完善提供了契机。2010 年 5 月司法部成立社区矫正工作办公室，11 月中央编办批准在基层工作指导司加挂社区矫正管理局牌子，2012 年 1 月批准司法部设立社区矫正管理局。其主要职能是："负责监督检查社区矫正法律法规和政策的执行工作。指导、监督对

社区矫正对象的刑罚执行、管理教育和帮扶工作。指导社会力量和志愿者参与社区矫正工作。"〔1〕相应地，省级、市级、县级司法行政机关应当履行对本行政区域内社区矫正工作的指导管理职责。截至 2015 年 7 月，各省（自治区、直辖市）司法厅（局）普遍成立了社区矫正管理机构。北京市司法局成立社区矫正管理总队，上海等 16 个省（自治区、直辖市）司法厅（局）成立了社区矫正管理局。97%的地（市、州）和 92%的县（市、区）司法局成立了专门的社区矫正工作机构。〔2〕可见，随着社区矫正实践的推进，在司法行政机关内部已基本形成了从中央到地方的纵向管理系统，为社区矫正工作的顺利运行奠定了组织基础。在这样一种背景下，如果舍弃固有的社区矫正管理格局，另行确立社区矫正执行机关，无疑会造成资源的浪费。

《中华人民共和国社区矫正法（征求意见稿）》（以下简称《征求意见稿》）规定："国务院司法行政部门主管全国的社区矫正工作。县级以上地方人民政府司法行政部门负责本行政区域的社区矫正工作。"〔3〕确认了司法行政机关在社区矫正中的执法主体地位，并一定程度上吸纳了社区矫正组织体系建设的前期成果。但司法所在未来社区矫正中的定位如何，是继续保持日常工作机构的地位，还是另有归属，则没有明确。事实上，多年来，作为司法行政系统的基础单元，司法所一直承担着社区矫正的日常工作。因此，依托固有的社区矫正组织体系，确认司法所作为社区矫正日常工作机构的法律地位，并加强对司法所的建设，具有一定的必要性和合理性。

（二）优化社区矫正执法人员队伍

《征求意见稿》虽然确立了司法行政机关社区矫正执法主体地位，但对于工作人员的设置则未明确。只是笼统规定"社区矫正机构工作人员依法开展社区矫正活动，受法律保护。社区矫正机构工作人员应当严格遵守宪法和法

---

〔1〕 "社区矫正管理局职能"，载司法部网站，http://www.moj.gov.cn/organization/node_ sqjzj. html，最后访问时间：2019 年 7 月 7 日。

〔2〕 参见"郝赤勇副部长在全国社区矫正教育管理工作会议上的讲话"，载 http://www.dazu.gov. cn/publicity_ sfj/zcfg/177289，最后访问时间：2019 年 7 月 22 日。

〔3〕 《中华人民共和国社区矫正法（征求意见稿）》第 4 条，国务院法制办公室 2016 年 12 月 1 日发布。

律，忠于职守，秉公执法，严守纪律，清正廉洁。"〔1〕

为了推进社区矫正工作者的职业化和专业化建设，学术研究中，已经有很多人在使用"社区矫正官"的名称，并倡导建立社区矫正官制度。〔2〕并建立与之配套的选拔、任职、评估，直至考核、辞职、退休等在内的一系列制度，以规范社区矫正官的工作，并为其职业发展提供空间，吸引优秀的人才进入这一领域。应该说，这一思路代表了社区矫正执法者的未来发展方向。

从矫正工作实践看，在社区矫正执法人员中，配备一定比例的社区矫正警察极为必要。因为在社区服刑人员交付接收、组织宣告、日常监管、脱管追查、司法奖惩、调查取证、禁止令执行、违规违法乃至再犯罪行为管控、制止等诸多环节，都离不开警察参与。事实上，在社区矫正实践中，监狱警察与原劳教警察一直是很多省（市）社区矫正工作者的重要组成部分，并承担着诸多的执法工作。但这毕竟属于社区矫正发展过程中的权宜之计，不可能一直延续下去。为了很好地解决这一问题，《中华人民共和国社区矫正法（草案送审稿）》规定："社区矫正机构的人民警察组织执行刑罚，对违反有关监督管理规定的社区服刑人员实施制止、惩戒、收监等措施。社区矫正机构根据需要配备其他执法人员，开展社区矫正工作。"〔3〕应该说，这一规定，充分考虑了社区矫正的属性与实际工作的需要，具有一定的合理性。希望在未来的立法中，能够得到吸纳。

按照刑事法律的最新规定，社区矫正包括管制、缓刑、假释、暂予监外执行人员4种类型，似乎简单明了，实际上却蕴含了多种可能性。从生物生理特征来看，既有青壮年罪犯，也包括老、弱、病、残、孕等特殊群体；从犯罪类型来看，既包括盗窃、抢夺等传统犯罪类型，也包括"酒驾""食品安全"等一些新的犯罪类型。在监管力量相对不足的情况下，社区矫正执法人员的职业素养就显得尤其重要。由于许多矫正工作要求有判断能力、人际关

---

〔1〕《中华人民共和国社区矫正法（征求意见稿）》第7条，国务院法制办公室2016年12月1日发布。
〔2〕参见陈和华："论我国社区矫正的组织制度"，载《法学论坛》2006年第4期；吴宗宪："论社区矫正官"，载《中国司法》2011年第11期。
〔3〕《中华人民共和国社区矫正法（草案送审稿）》第9条。

系技术，而这些技能却是很难自发形成的。[1]因此，建立常规的培训机制，不断提升社区矫正官的职业素养尤为必要。具体可以通过学历培训、岗位培训的方式进行，在培训过程中注意与高等院校合作，在条件成熟的情况下，可以在一些刑事司法领域具有优势的高等院校，建立专门的培训基地，以促进理论与实践的密切结合。

（三）促进司法行政机关内部机构的良性互动

1. 探索多元化的社区服刑模式

鉴于社区服刑人员在适用和执行中出现的种种复杂情况，为了进一步整合司法行政机关内部资源，提高矫正效果，可以在信息化建设的基础上，构建全国社区矫正一体化制度，促进资源共享以及无缝衔接。并打破原有的以居住地为主的服刑模式，根据社区服刑人员的状况，探索新的社区服刑模式，如回原籍服刑、回居住地服刑、回亲属地服刑等，以消除社区矫正执行中的地域壁垒，各自为政的现象。

2. 促进监狱矫正与社区矫正的良性互动

首先，加强对假释的呈报工作。在社区服刑人员结构中，假释人员的比例无疑是偏低的。这一定程度上与假释条件过于严苛，假释标准相对模糊有关。根据 1997 年《刑法》规定，罪犯获得假释的实质条件是"认真遵守监规，接受教育改造，确有悔改表现，假释后不致再危害社会。"不容置疑，这一规定过于原则，难以准确判断和实际操作，另外也加大了监狱机关的责任风险，因此在行刑实践中监狱机关对假释的呈报持一种保守的态度。对此，《刑法修正案（八）》进行了一定程度完善，将"假释后不致再危害社会"改为"没有再犯罪的危险"，从而为假释的呈报提供了相对明确的标准。监狱机关应以此为契机，确立假释的操作化标准，加大假释呈报的力度，为罪犯回归社会创造条件。

其次，准确适用暂予监外执行。监外执行是对罪犯人性化处遇的一项重要措施，监狱管理机关作为监外执行的决定机关，应最大限度地发挥这一制度的应有功能。为此一方面需要对暂予监外执行的条件予以细化，另一方面，

---

〔1〕　参见［美］大卫·E·杜菲著，吴宗宪等译：《美国矫正政策与实践》，中国人民公安大学出版社 1992 年版，第 610 页。

还要与社区矫正机关沟通，对拟适用对象进行调查评估，以促进暂予监外执行的精准适用。

最后，推进监狱矫正的社会化。社区矫正为监狱服刑的罪犯提供了提前走出监狱的机会，预示了其服刑生涯的光明前景，激发了他们良好表现的内在动力，一定程度上促进了监狱的安全稳定。与此同时，监狱机关也应当采取各种举措，为与社区矫正的顺利衔接打下基础。其中一个重要方面是积极推进监狱矫正社会化，为罪犯努力创造一种同正常社会接近的服刑环境，降低监禁状态对罪犯身心的伤害，为其重新适应社会创造条件。

（四）开拓多元的社区矫正经费来源渠道

诚然，社区矫正蕴涵刑罚经济的理念，尤其追求国家行刑成本的降低，但不容置疑，作为刑罚执行的组成部分，国家在社区矫正运行中的投入是必不可少的，并且应当成为社区矫正经费的主要来源，这也是国际社会通行的做法。比如英国中央和地方缓刑机构的工作经费和人员工资由财政支出，加拿大社区矫正的费用主要由政府投入，德国各类缓刑帮助制度的经费主要源于国家财政。[1]与此同时，鉴于社区矫正体现了国家与社会双本位的犯罪治理理念，所以，在社区矫正经费筹集中应当积极吸纳社会资金。为此，应首先努力改善社区矫正的社会心理土壤，以提高社会公众对社区矫正的认知，并在情感上予以接纳，行动上予以支持；其次，通过举行隆重的仪式、赋予荣誉称号、给予税收方面的优惠政策等形式对捐赠者加以激励，以形成良好的社会氛围。最后，从国际经验来看，一些国家和地区为了降低社区矫正成本，向社区服刑人员收取一定费用。据调查，在1984年美国有18个州要求缓刑犯交纳缓刑费。[2]的确，社区矫正涉及对社区服刑人员的监督管理、教育矫正、社会适应性帮扶等一系列环节，每一方面都需要大量的经费支持。在这种情况下，由社区服刑人员适当承担部分费用也具有一定的正当性。当然，因为社区服刑人员的特殊生存状态，对此需谨慎尝试、严谨论证。

总之，基于社区矫正的价值蕴含及实际特点，为了保障社区矫正的正常运行，应当在对社区矫正进行财政支持的基础上，探索多元化的社区矫正经

---

〔1〕 参见陈俊生、郭华主编：《国（境）外社区矫正立法》，法律出版社2013年版，第46~49页。

〔2〕 参见［美］大卫·E·杜菲著，吴宗宪等译：《美国矫正政策与实践》，中国人民公安大学出版社1992年版，第265页。

费来源机制。为了提高社区矫正效益，经费的投入应当与评估机制相联系，以便做到准确地投入。基于社区矫正的实际操作由基层组织承担的现实，在经费的投入方面应当平衡财政分配体制，适当向基层倾斜。

二、合理划分社区矫正运行中公、检、法机关的职责权限

社区矫正是一个系统工程，为此，需要在刑事立法赋予司法行政机关执行权的基础上，厘清其与公安机关、人民法院、人民检察院等部门的关系。从应然的角度看，司法行政机关作为社区矫正的执行机关，其工作具有综合性、系统性、协调性的特点，其他相关国家机关工作则具有局部性、辅助性的特点。从彼此的职责关系上，它不是并列的，而是一种总体与分体、综合与单一的关系。从彼此的职责内容来看，司法行政机关的职责处于社区矫正整个工作的主体地位，而法、检、公的职责处于社区矫正工作的非主体地位。从彼此的职责发挥的作用来看，司法行政机关起着主导、推进和决定的作用，而法、检、公起着支持、监督、配合的作用。[1]具体来讲：

在社区矫正执行权转移到司法行政机关之后，公安机关并非可以无所作为，而是应当利用原有的执行非监禁刑的经验、良好的社区基础、丰富的警力资源，配合司法行政机关的工作，依法履行在社区矫正的适用、交接、变更等环节的职责。特别在社区服刑人员脱逃、收监执行过程中，由于罪犯的人身危险性提高，公共安全受到威胁，公安机关要及时采取强制措施，避免违法犯罪的发生。

近些年来，随着刑事法律的修改，犯罪圈扩大，刑罚结构发生变化，社区矫正的适用空间得到拓展。但"纸面上的法"变为"现实中的法"，需要一系列的运作过程。社区矫正的实际规模，取决于人民法院对社区矫正出口的疏通。为此，人民法院首先要严格贯彻宽严相济刑事政策，准确适用法律进行非监禁刑的裁判。对那些罪行轻微、有悔罪表现，人身危险性较低的犯罪人，在法律允许的范围内，优先适用管制、缓刑，对符合法定条件的监狱服刑人员，及时作出假释、暂予监外执行的裁定和决定。其次，为了维护社区安全，实现特殊预防的功效，人民法院应根据有关部门提供的调查评估报

---

〔1〕　参见许振奇："《社区矫正实施办法》实施中要正确处理的十大关系"，载司法部社区矫正管理局编《社区矫正研究论文集（2013）》，法律出版社2013年版，第46页。

告，依法对管制、缓刑、假释人员适用禁止令、职业禁止等预防性措施。最后，由于社区服刑过程是一个动态的过程，人民法院还应根据司法行政机关的建议，就社区服刑人员的司法奖惩情况及时进行裁决，以维护法律的权威，促进社区矫正的良性运行。

为了确保社区矫正顺利进行，需要建立相应的监督制约机制。在这一过程中，社会公众、大众传媒固然可以通过社会舆论的方式表达自己的意见，但目前最为迫切的是充分发挥人民检察院的法律监督职能。从立法趋向来看，人民检察院对社区矫正的监督是朝向全方位、多角度发展的。在实践中，需要探索适宜的社区矫正监督方式，坚持定期监督与随时监督相结合，派驻监督与巡回监督相结合，确保社区矫正的健康发展。

三、探索社区矫正运行中的协调机制

刑事法律在社区矫正制度领域的完善，标示着宽严相济刑事政策在法制轨道上的前进，不过由于立法渐进性的特点，尽管当前的刑事立法为司法行政机关与公、检、法等机关的协调配合奠定了一个基本的框架，但社区矫正的应然期待与制度供给不足的矛盾依然存在。况且，徒法不足以自行。即便期待中的"社区矫正法"正式出台，相关机关的合作，依然是一个无法自动完成的问题。这其实是中国法治进程中所面临的一个共性问题。为了解决类似的问题，我国学者提出了"法治的混合模式"，认为法治社会建设既要有硬法，也要有软法，柔性治理是基层常用的治理方式。[1]而沟通是法律发生实效的重要基础，无论硬法还是软法皆依赖该基础。[2]"法律的沟通性提供了法律合法化的框架：'法律人之间的一种合乎理性的对话是"正确"地解释和适用法律的最终保证'。"[3]

多组织合作的问题，在国际上也是一个难题。加拿大学者认为，解决有关共同分担责任的问题，如社会公共安全，多组织合作的方法是一种"无限的事务"，忙碌的组织对"由于需要"的问题采取多机构合作的方法时，有一

---

〔1〕 参见罗豪才："关于法治的混合治理模式"，载《北京日报》2015年1月19日，第17版。
〔2〕 参见沈岿："软法概念之正当性新辨——以法律沟通论为诠释依据"，载《法商研究》2014年第1期。
〔3〕 沈岿："软法概念之正当性新辨——以法律沟通论为诠释依据"，载《法商研究》2014年第1期。

种令人遗憾的趋势。组织之间的协商和问题的解决必须植入主要组织的运作现实，并取得领导层的支持。[1]为此，1973年，加拿大成立了全国高级刑事司法官员联合委员会，其在加拿大刑事司法制度中享有独特的地位，因为它是现存唯一的促进刑事司法系统人员在共同关心的问题上通力合作的组织。[2]

　　其实，类似的协调机制的建设，在我国社区矫正运行中一直在进行。从社区矫正伊始，为共同研究解决试点中遇到的实际问题和困难，各试点省（自治区、直辖市）成立了由党政领导牵头，法院、检察院、司法行政机关、民政、财政、编制、劳动和社会保障等有关部门负责人参加的社区矫正试点工作领导小组或工作委员会，并在省（自治区、直辖市）司法厅（局）设立了办公室。开展试点的各地市、区县、乡镇街道也分别成立了相应的组织机构，并制定了社区矫正试点工作领导小组例会制度、部门联席会议制度、联合检查督促制度，等等。与此同时联合发布了一系列规范社区矫正工作的文件，成为各地开展社区矫正工作的行动指南。可见，社区矫正的推进，一方面以制度化、规范化为前提，另一方面亦以沟通、协商、对话为保障。基于当前社区矫正法制建设的进程，适宜以宽严相济刑事政策为指导，充分运用已有的制度规范，继续发挥社区矫正工作领导小组的作用或者进行类似协调机构的建设。在信息共享的基础上，利用联席会议制度、协调会议制度，就社区矫正运行中的问题进行对话、协商，以节约时间成本，提高工作效率。

　　综上所述，伴随着社区矫正领导体制和工作机制的建立，司法行政机关作为社区矫正的日常工作机关，与公、检、法等其他国家机关之间已经形成基本的合作框架。但由于社区矫正立法的应然期待与制度供给不足的矛盾，司法行政机关面临诸多困境，社区矫正执行举步维艰。为了进一步整合社区矫正运行中的国家力量，首先，应赋予司法行政机关社区矫正执行权，并优化其内部资源配置；其次，应准确定位司法行政机关与公、检、法等机关的职责权限；最后，应探索社区矫正的协调机制，促进公、检、法、司的合作向深度发展，以提升社区矫正的制度绩效。

---

〔1〕　参见王珏、王平、〔加〕杨诚主编：《中加社区矫正概览》，法律出版社2008年版，第429页。

〔2〕　参见王珏、王平、〔加〕杨诚主编：《中加社区矫正概览》，法律出版社2008年版，第431～432页。

社区矫正监督管理的运行机制研究

社区矫正监督管理是社区矫正机构依法对社区服刑人员的服刑过程进行检查、督促和约束，以保障刑事判决、裁定和决定得到严格执行的一系列活动，具有法定性、全程性、复杂性。在社区矫正运行中，发挥着重要的基础性作用。在社区矫正的三大任务中，监督管理处于首要地位，其在保障刑罚的顺利执行、促进社区服刑人员的良性转化以及维护公共安全方面，发挥着重要的基础性作用。经过十余年的社区矫正实践，我国已建立起了一套基本的监督管理制度，形成了富有特色的监督管理体系。下面将在对我国社区矫正监督管理的基本状况进行总结的基础上，分析其存在的不足，并对进一步的优化进行探讨。

第一节　社区矫正监督管理的现状

一、社区矫正日常监督管理制度已基本确立

根据我国《刑法》《刑事诉讼法》《社区矫正实施办法》等法律、规范性文件的规定，目前我国已基本确立起一整套社区矫正监督管理制度，维护着社区矫正日常工作的运转，主要包括：

（一）接收制度

接收制度是指社区矫正机构依法接收社区服刑人员并办理相关手续的制度。具体内容包括以下几个方面：（1）接收相关法律文书，具体包括：判决书、裁定书、决定书、执行通知书、假释证明书副本等一系列法律文书。（2）办理接收手续。对于社区服刑人员的接收，可以采取三种形式。一是社区服刑人员主动报到，社区服刑人员应当自人民法院判决、裁定生效之日或者离开监所之日起10日内到居住地县级司法行政机关报到。二是司法行政机关到庭交

接，人民法院决定暂予监外执行的，应当通知其居住地县级司法行政机关派员到庭办理交接手续。三是原监管机构押送，暂予监外执行的社区服刑人员，由交付执行的监狱、看守所将其押送至居住地，与县级司法行政机关办理交接手续。（3）宣告社区矫正相关事宜。司法所接收社区服刑人员后，应当及时向社区服刑人员宣告判决书、裁定书、决定书、执行通知书等有关法律文书的主要内容；社区矫正期限；社区服刑人员应当遵守的规定、被禁止的事项以及违反规定的法律后果；社区服刑人员依法享有的权利和被限制行使的权利；矫正小组人员组成及职责等有关事项。

（二）报告制度

报告制度是指社区服刑人员按照有关规定，向司法所汇报遵纪守法、接受监督管理、参加教育学习、社区服务等有关情况的制度。具体包括以下两种情况：（1）定期报告。根据《社区矫正实施办法》的规定，社区服刑人员应当定期向司法所报告遵纪守法、接受监督管理、参加教育学习、社区服务和社会活动的情况。保外就医的社区服刑人员还应当每个月向司法所报告本人身体情况，每3个月向司法所提交病情复查情况。（2）随机报告。包括两种情况，一是社区服刑人员发生居所变化、工作变动、家庭重大变故以及接触对其矫正产生不利影响人员的，应当及时、主动地向司法所报告。二是在重点时段、重大活动期间或者遇有特殊情况时，司法所为了及时了解掌握社区服刑人员的有关情况，可以根据需要要求社区服刑人员到办公场所报告、说明情况。

（三）定期走访制度

定期走访制度是指司法所工作人员定期到一定的地点，了解、核实社区服刑人员有关情况的制度。《社区矫正实施办法》规定："司法所应当定期到社区矫正人员的家庭、所在单位、就读学校和居住的社区了解、核实社区矫正人员的思想动态和现实表现等情况。""对保外就医的社区矫正人员，司法所应当定期与其治疗医院沟通联系，及时掌握其身体状况及疾病治疗、复查结果等情况，并根据需要向批准、决定机关或者有关监狱、看守所反馈情况。"

（四）检查制度

检查制度是指司法所为了及时掌握社区服刑人员的有关情况，采取一定方式，对其进行检查的制度。根据《社区矫正实施办法》的规定，检查的内容包括社区服刑人员个人生活、工作及所处社区的实际情况，检查的方式包括实地检查、通讯联络、信息化核查等几种，具体可由司法所工作人员根据实际情况选择。

（五）审批制度

审批制度是指社区矫正机构根据有关规定，对社区服刑人员的社会活动等有关情况进行审查、批准的制度。具体包括以下几种情况：（1）批准进入特定领域、场所。对于人民法院禁止令确定需经批准才能进入的特定区域或场所，社区矫正人员确需进入的，应当经县级司法行政机关批准。（2）批准离开居住地。社区服刑人员因就医、家庭重大变故等原因，确需离开所居住的市、县（旗），在7日以内的，应当报经司法所批准；超过7日的，应当由司法所签署意见后报经县级司法行政机关批准。返回居住地时，应当立即向司法所报告。社区服刑人员离开所居住市、县（旗）不得超过一个月。（3）批准迁居。社区服刑人员因居所变化确需变更居住地的，应当提前一个月提出书面申请，由司法所签署意见后报经县级司法行政机关审批。

（六）会客制度

会客制度是指社区矫正机构依法对社区服刑人员的社会交往进行管理的制度。根据我国《刑法》的规定，管制犯、缓刑犯、假释犯均要遵守关于会客的规定。各地在社区矫正过程中，对此进行了具体的规定。

对于某些管制犯和缓刑犯，除了遵守关于会客的一般规定外，还要根据人民法院宣告的"禁止令"，禁止接触以下一类或者几类人员：（1）未经对方同意，禁止接触被害人及其法定代理人、近亲属；（2）未经对方同意，禁止接触证人及其法定代理人、近亲属；（3）未经对方同意，禁止接触控告人、批评人、举报人及其法定代理人、近亲属；（4）禁止接触同案犯；（5）禁止接触其他可能遭受其侵害、滋扰的人或者可能诱发其再次危害社会的人。[1]

（七）突发事件处置制度

突发事件处置制度是指社区矫正机构根据有关规定，对社区矫正运行过

---

〔1〕参见最高人民法院、最高人民检察院、公安部、司法部《关于对判处管制、宣告缓刑的犯罪分子适用禁止令有关问题的规定（试行）》，发布时间：2011年4月28日。

程中出现的一些突发性事件进行处理、应对的制度。在社区矫正运行过程中，难免出现一些突发性事件，如失控脱管、社区服刑人员非正常死亡，正在或可能发生违法犯罪活动，等等。这些情况一旦发生，一方面可能造成生命、财产的重大损失，另一方面无疑会严重冲击社会公众对社区矫正的心理底线。因此，在社区矫正常态管理的基础上，建立完善的突发性事件处置制度十分必要。《社区矫正实施办法》规定："司法行政机关应当建立突发事件处置机制，发现社区矫正人员非正常死亡、实施犯罪、参与群体性事件的，应当立即与公安机关等有关部门协调联动、妥善处置，并将有关情况及时报告上级司法行政机关和有关部门。"

（八）解矫制度

是指社区矫正机构在社区服刑人员矫正期满、被收监执行或者因再犯罪被羁押，以及社区矫正人员死亡等不同情况下，办理相关的手续，结束矫正的制度。主要包括两种方式：（1）期满宣告。根据《社区矫正实施办法》的规定，社区服刑人员矫正期满，司法所应当组织解除社区矫正宣告。宣告由司法所工作人员主持，应当针对社区服刑人员的不同情况，通知有关部门、村（居）民委员会、群众代表、社区服刑人员所在单位、家庭成员或者监护人、保证人参加宣告。宣告事项包括：宣读对社区服刑人员的鉴定意见；宣布社区矫正期限届满，依法解除社区矫正；对判处管制的，宣布执行期满，解除管制；对宣告缓刑的，宣布缓刑考验期满，原判刑罚不再执行；对裁定假释的，宣布考验期满，原判刑罚执行完毕。县级司法行政机关应当向社区服刑人员发放解除社区矫正证明书，并书面通知决定机关，同时抄送县级人民检察院和公安机关。暂予监外执行的社区服刑人员刑期届满的，由监狱、看守所依法为其办理刑满释放手续。（2）社区矫正终止。社区服刑人员死亡、被决定收监执行或者被判处监禁刑罚的，社区矫正终止。司法行政机关应会同有关部门，办理相关事宜。

（九）其他相关制度

除了上述制度，在社区矫正过程中，社区矫正机构还要建立例会、通报、业务培训、信息报送、统计、档案管理以及执法考评、执法公开等制度，以保障社区矫正工作规范运行。

二、社区矫正监督管理正在向精准化方向发展

(一) 风险评估与风险管理的结合

为了有效控制社区矫正过程中的风险，维护公共安全，我国在社区矫正试点伊始，即积极探索社区矫正风险评估。比如北京市作为我国最早开展社区矫正实践的省（市）之一，在试点之初，即与首都师范大学政法学院社会工作系合作，研发了《北京市社区服刑人员综合状态评估指标体系》，并根据实践的反馈不断进行完善更新。《北京市社区服刑人员综合状态评估指标体系（2005 年试用版）》，就是在 2004 年版的基础上，综合了有关专家、学者、政府部门的意见，尤其是参考了北京市社区矫正实务工作者的意见修订完成的。与 2004 年版相比，在适用对象、评分比例、分类标准方面都发生了较大的变化。[1]

为了能够及时反映社区服刑人员在矫正过程中的变化，以便调整管理方案，北京市在第一套量表即《北京市社区服刑人员综合状态评估指标体系-初始化量表（2005 年试用版）》的基础上，开发出了第二套量表即《北京市社区服刑人员综合状态评估指标体系—后续量表》，又称中期量表。其适用对象是已经接受过初始化量表测评且满 6 个月的北京市社区服刑人员，与初始化量表相比，后续量表的基本测试点在于重点考察社区服刑人员认罪悔过与法律法规认知程度，尤其是对社区矫正的认识和接受程度，心理人格特征、再社会化程度及回归社会倾向等，并通过若干具体指标最终测定社区服刑人员的再犯可能性及再社会化程度，以便为进一步有针对性地继续开展个案矫正工作提供科学依据。并且为了使测试更加有针对性，将原有的 3 套测试题目增加为 5 套，假释犯和未成年犯从其他量表中分化出来。[2]

经过多年的探索，2012 年 7 月 1 日起实施的《北京市社区矫正实施细则》明确规定："司法所应当在对社区矫正人员进行接收宣告之日起一个月内为其制定矫正方案，在对其被判处的刑罚种类、犯罪情况、悔罪表现、个性特征

---

[1] 此内容由《北京市社区服刑人员综合状态评估指标体系（试行）修订及使用说明》总结而成。

[2] 具体内容参见《北京市社区服刑人员综合状态评估指标体系-后续量表（试行）》使用说明。

和生活环境等情况运用《北京市社区矫正人员综合状态评估指标体系》进行综合评估的基础上，制定有针对性的监管、教育和帮助措施。根据矫正方案的实施效果和社区矫正人员的现实表现、具体情况，每 6 个月予以调整。"[1]从而将风险评估与风险管理的结合作为一种常态制度固定下来，极大提高了社区矫正监督管理的精准度，以有效化解社区服刑人员在服刑过程中可能出现的各种风险。

（二）常态管理与特殊管理的结合

社区矫正危险防范需要以日常的管理工作为依托，因此，严密的日常监督管理制度不可或缺。根据《社区矫正实施办法》等有关规定，目前社区矫正日常监督管理制度已基本确立。主要包括接收制度、报告制度、走访制度、检查制度、审批制度、会客制度、突发性事件处置制度，等等。为了进一步规范社区矫正执法工作，2012 年 5 月，司法部印发了《社区矫正执法文书格式》的通知，规范了《社区矫正宣告书》《社区矫正人员外出（居住地变更）审批表》《违反社区矫正规定警告决定书》等共 20 种社区矫正执法文书格式，促进了社区矫正日常管理工作的规范运行。

社区服刑人员在社会服刑，与监禁矫正的罪犯相比，更紧密地与社会生活联系在一起，所以在对社区服刑人员进行常规管理的基础上，还要根据社会生活的变化，适当调整监督管理方案。比如在劳动节、国庆节、春节等节假日期间，"两会""奥运会""世博会"等重要历史时期，由于情况特殊、形势复杂、国内外态度敏感，无疑对公共安全提出了更高的要求，从而对社区矫正监督管理提出了新的挑战。经过十余年探索，我国社区矫正工作已经对特殊时期的安全保卫工作有了一定的积累。从北京市奥运安保的经验来看，未雨绸缪，早做规划是做好特殊时期社区矫正危险管理的前提；广泛动员、加强沟通合作是管理措施得以落实的关键；监督管理与帮助服务的结合，是危险得以降低的根本。

（三）人力管理与技术管理的结合

社区服刑人员在开放的社会环境中服刑，居住分散、人身相对自由，常规的监督、走访受到许多条件的限制，管理者很难准确掌握其动态信息，传

---

[1] 《北京市社区矫正实施细则》第 21 条，发布时间：2012 年 5 月 21 日。

统的人力管理模式遭遇诸多困境。基于此，在社区矫正监督管理过程中，除了加强社区矫正组织建设，充分整合人力资源，还应高度重视信息化建设。2012 年 11 月，研究制定了《社区矫正管理信息系统技术规范》和《社区矫正人员定位系统技术规范》，初步建立完善了全国社区服刑人员信息库。[1] "据统计，全国共对近 50 万名社区服刑重点人员实行了手机定位管理。"[2] 近些年来，随着科技的进步，信息技术在社区矫正中的应用不断深入，从而将人力管理与技术管理有机地结合起来。

第二节　社区矫正监督管理存在的不足

一、社区矫正风险评估的质量有待提升

（一）风险评估量表的开发有待改进

从 20 世纪 70 年代开始，西方国家在社区矫正方面的一个明显变化是把矫正措施建立在对矫正对象危险测评的基础上。评估的方式一般可分为两类：统计式风险评估和诊断式风险评估。统计式风险评估是指将服刑人员有关重新犯罪的情况和信息一一列举，折成分值，评估的内容包括静态的和动态的、不变的和可变的因素，通过统计，将服刑人员划分为不同的风险等级；诊断式评估要求诊断工作者注重考虑服刑人员在人格特征和精神疾病等方面的因素，同时注重考虑与重新犯罪相关的在生物学、社会学和心理学等诸方面的综合因素，预测服刑人重犯的可能性。[3] 由于统计式评估更加简便易行，中立客观，因而在历史的发展中逐渐取得了优势地位。

从我国社区矫正实践观察，各地普遍采用的是统计式风险评估，并积极开发了多种风险评估量表，基本满足了社区矫正评估的需要。但不容否认，目前的评估量表仍然存在着诸多需要改进的地方。比如，就北京市的风险评

---

〔1〕 参见"我国社区矫正工作的现状与展望——访谈司法部社区矫正管理局局长姜爱东"，载刘强、姜爱东主编：《社区矫正评论（第三卷）》，中国人民公安大学出版社 2013 年版，第 6 页。

〔2〕 毕景姣："社区矫正信息化监管工作中'人机分离'问题的对策分析"，载《中国司法》2016 年第 5 期。

〔3〕 参见刘强主编：《社区矫正制度研究》，法律出版社 2007 年版，第 145 页。

估量表而言，虽然体现了对缓刑、假释等不同矫正类别的区分，并对未成年犯给予了关照，但缺乏对不同性别的区分。而根据犯罪学和矫正学的研究成果，男性和女性在犯罪原因及服刑心理方面都存在较大的差异，所以，在未来的研究中，需要对此予以关注。

虽然为了力求准确，量表的内容应当详尽，但在内容设计时，也要适当考虑答题对象的心理状态，在题量方面尽量做到简洁，以免增加被试对象的厌烦感，影响测试的效果。但目前我国社区矫正评估量表在简洁方面无疑还有提升的空间。

（二）风险评估量表的运用有待改进

量表的开发固然重要，但如何加以运用，也是一个不容忽视的问题。根据国外学者的研究，风险评估量表的使用应注意以下问题：（1）评估量表应当经过矫正群体的试测；（2）评估量表应当经过信度和效度的检验；（3）评估内容中应当包括为刑事司法系统所广为接受和检验的静态因素和动态因素；（4）评估量表的操作难度应当与测试者的水平相适应；（5）评估结论应当与诊断式评估相结合；（6）风险评估的内容应当为矫正官员、政策制定者、评估对象所熟知与认可。[1]从我国社区矫正实践观察，在风险评估的过程中，程式化比较突出，评估量表运用的精细化程度不够，有待进一步改进。

（三）缺乏科学的反馈机制

社区矫正作为我国国家和社会双本位犯罪预防模式的实践和宽严相济刑事政策的具体落实，承载着诸多的价值诉求。所以，对社区矫正效果进行评估，以形成良好的反馈机制，极为必要。据有关部门统计，我国社区矫正工作取得了良好的法律效果和社会效果，在维护社会稳定中发挥了积极作用，全国社区服刑人员在矫正期间再犯罪率一直处于 0.2% 的较低水平。从对重新犯罪的控制来看，社区矫正在维护公共安全方面无疑是成功的。但重新犯罪率作为衡量社区矫正工作成效的重要指标，其评估本身也存在一个科学性问题。社区服刑人员在矫正期间能够做到遵纪守法，只是社区矫正效果的一个方面，而在解矫以后的一段时间内，这种状况能否维持，也应该纳入考察的

---

〔1〕 参见 James Austin, "The proper and Improper Use of Risk Assessment in Correction", *Federal Sentencing Reporter*, Vol. 16, No. 3（2004）, pp. 197~198.

范围当中；社区矫正的效果如何，还应该在与监狱矫正的效果、没有进行社区矫正的缓刑、假释人员重犯率的比较当中才能得到更充分的说明；另外，对于已经发生的重新犯罪，也要就犯罪原因进行客观分析，因为有些犯罪可能与社区矫正并没有直接的关系。所以，在社区矫正的效果方面，需要更为科学、严谨的评价。并通过效果评估推动风险评估向更加科学的方向发展。

二、社区矫正监管内容存在缺失与不足

（一）社区矫正监管内容简单粗疏、高度雷同

按照我国《刑法》第39条、第75条、第84条的规定：管制、缓刑、假释人员均应遵守下列规定：（1）遵守法律、行政法规、服从监督；（2）按照规定报告自己的活动情况；（3）遵守关于会客的规定；（4）离开所居住的市、县或者迁居，应当经过批准。从《刑法》的规定来看，管制、缓刑、假释人员的监督、管理内容基本是相同的，只是在个别字眼的表述上稍微有差异，另外被管制人员除遵守上述规定外，"未经执行机关批准，不得行使言论、出版、集会、结社、游行、示威自由的权利"。而对监外执行的具体内容，在《刑法》和《刑事诉讼法》中则没有明确规定，只是在1996年《刑事诉讼法》第214条做了原则性的规定：对于暂予监外执行的罪犯，"执行机关应当对其严格管理监督"。对这些规定，我国学者的评价是：对考察监督的规定过于原则，缺乏应有的规范标准，体现不出刑罚性质。[1]

（二）社区矫正监管内容的内涵需要重新解读

当前，我国正在从传统社会向现代社会转型，人口流动成为一种普遍的社会现象，根据现行《刑法》规定，社区服刑人员未经批准，不得离开所居住的市、县。基于行政区划的原因，我国市、县所辖领域差异较大，所以，如何对市、县的关系进行解读，就成为一个值得思考的问题。另外，随着网络时代的来临，虚拟交往成为一种非常重要的生活方式，因而需要对"会客"的内涵重新进行界定。总之，随着社会生活的变化，社区矫正监督管理的一些内容需要重新进行解读，否则在社区矫正运行过程中容易发生歧义，影响

---

[1] 参见储槐植、陈敏："改善社区司法——以缓刑考察为例"，载《中国监狱学刊》2002年第6期。

监督管理的效果。

三、社区矫正奖惩体系不够合理

社区矫正，作为受刑人基于一定条件而承担的刑事义务，应以相应的行为后果为保障，无论是报偿性的积极性后果，还是惩罚性的消极后果，对于社区服刑人员都会发挥一定的激励作用。但是，我国社区矫正的奖惩体系明显存在不足。

（一）奖惩种类单一、缺乏过渡

在社区矫正试点之初，为了更好引导社区服刑人员行为，对于这一群体的行政奖惩进行了相应的规范与探索，如《司法行政机关社区矫正工作暂行办法》规定：行政奖励为表扬，行政处罚为警告或者提请有关部门给予警告、记过、治安处罚。[1]在此基础上，很多省份结合本省实际情况，就社区矫正行政奖惩的类型进行了一定程度的探索。比如《北京市社区矫正工作实施细则（试行）》规定：对矫正对象的行政奖励包括表扬、物质奖励。处罚包括警告、治安处罚。[2]《江苏省社区矫正工作办法》规定，行政奖励种类有：表扬、记功；行政惩戒种类有：警告、记过、治安罚款、治安拘留。[3]

从这些规定可以看出，在我国社区矫正试点初期，行政奖惩类型呈现出多样化态势。但是，这些有益探索并未得到立法确认，而且在社区矫正的"准立法"——《社区矫正实施办法》中反而受到削减与限制。按照《社区矫正实施办法》的规定，目前我国的行政惩罚包括警告、治安管理处罚，[4]而对行政奖励措施则没有规定，呈现出单一、固化的特点。

而且对社区服刑人员而言，行为失范达到一定程度，直接撤销缓刑、假释，收监执行，在行政惩罚与司法惩罚之间缺乏必要的缓冲。从而难以充分运用奖惩手段，对社区服刑人员日常行为进行调节。

---

〔1〕　参见《司法行政机关社区矫正工作暂行办法》，发布时间：2004 年 5 月 9 日。

〔2〕　参见《北京市社区矫正工作实施细则（试行）》，发布时间：2006 年 9 月 12 日。

〔3〕　参见《江苏省社区矫正工作办法》，发布时间：2008 年 1 月 9 日。

〔4〕　参见最高人民法院、最高人民检察院、公安部、司法部《社区矫正实施办法》，发布时间：2012 年 1 月 10 日。

（二）奖惩失衡、激励功能很难充分发挥

无论从刑事立法、还是从社区矫正规范性法律文件来看，都呈现出重惩罚、轻奖励的倾向。比如在作为目前社区矫正实践依据的《社区矫正实施办法》中，虽然明确规定了从监管处罚、治安管理处罚、到刑事处罚的适用条件和程序，对于社区矫正的行政奖励则处于缺失状态，对于社区矫正试点中探索的表扬、记功等奖励措施并未予以确认。目前社区矫正实践中只有减刑这一项司法奖励措施，但实际操作面临诸多限制。

根据我国《刑法》第78条的规定，"被判处管制、拘役、有期徒刑、无期徒刑的犯罪分子，在执行期间，如果认真遵守监规，接受教育改造，确有悔改表现的，或者有立功表现的，可以减刑，有下列重大立功表现之一的，应当减刑。"可见，管制犯的减刑有明确的法律依据，比较容易操作。但不容忽视的一个事实是，目前我国社区矫正实践中管制对象的数量极少，一定程度上造成"立法过剩"。而对于缓刑，根据最高人民法院最新司法解释《关于办理减刑、假释案件具体应用法律的规定》（以下简称《减刑假释规定》）：被判处拘役或者3年以下有期徒刑，并宣告缓刑的罪犯，一般不适用减刑。前款规定的罪犯在缓刑考验期内有重大立功表现的，可以参照刑法第78条的规定予以减刑，同时应当依法缩减其缓刑考验期。[1]根据这一规定，判处拘役或者3年以下有期徒刑并宣告缓刑的罪犯，一般不适用减刑。只有在有重大立功表现的情况下，才可以减刑，从而限制了缓刑人员减刑的空间。假释人员是否能减刑，法律没有明确规定，按照1997年最高人民法院《关于办理减刑、假释案件具体应用法律若干问题的规定》，对假释的罪犯，除有特殊情形，一般不得减刑。[2]新的《减刑假释规定》虽然没有此项限制，但其减刑仍然处于模糊的状态。这一状况，影响了社区矫正司法奖励功能的发挥，不利于激发社区服刑人员的积极性。

---

〔1〕 参见《最高人民法院关于办理减刑、假释案件具体应用法律的规定》，发布时间：2016年11月14日。

〔2〕 参见《最高人民法院关于办理减刑、假释案件具体应用法律若干问题的规定》，发布时间：1997年10月29日。

四、社区矫正技术控制存在一定缺陷

信息技术在社区矫正监管中的应用，改善了传统人力管理的时空限制，可以提高管理效率，最大限度地掌握社区服刑人员的行踪，但与此同时，技术控制不可避免存在一些局限性。首先，国家在立法层面未对电子监控的适用对象、适用标准以及实施机构等具体问题作出详尽规定，而且监控过程中涉及的伦理问题也有待继续讨论。其次，虽然指纹考勤、手机定位在社区矫正监管工作中发挥了重要作用，但指膜欺骗、人机分离、越界脱矫、出境外逃等问题时有发生。[1]最后，信息技术的推广需要资金、技术、配套设施的完备，而在我国经济发展不平衡的背景下，在落后地区的推广无疑会受到一定限制。所以对其未来发展仍应深思与慎行。

第三节　我国社区矫正监督管理的完善

一、充实社区矫正监督考察的内容

社区矫正作为现代刑罚制度的组成部分，承载着报应、特殊预防和一般预防等多元的刑罚目的，抽象刑罚目的的实现固然需要多种条件的满足，但其最终以具体刑罚内容为依托，否则很难操作。虽然理论界对于行刑社会化、法制化、科学化的理论基础及实现路径多有论述，社区矫正试点进一步将这些美好设想引向实践，但由于刑事法制的滞后，我国现行刑事法律对社区服刑人员的监督考察内容简单、笼统，缺乏操作性；反映的是约束、控制的社会防卫立场，鲜有保护、服务、教育、指导等真正体现社区"矫正"的措施。相关的法律文件虽有所弥补，但终因法律地位问题而面临诸多诘责。因此，在刑事基本法律中完善社区矫正执行内容就成为当务之急。下面结合西方国家的有关经验，以我国社区矫正的主要类型——缓刑和假释为代表，就社区矫正监督考察内容的完善提出几点建议：

---

〔1〕　参见谭庆芳、陈雪松："大数据环境下社区矫正监管模式创新研究"，载《河南司法警官职业学院学报》2019年第1期。

（一）细化常规监督管理内容

综观世界上其他国家的刑事法律，虽然具体表述不同，但以列举的方式明示罪犯在缓刑、假释期间的行为规则，已成为主流。比如德国《刑法典》第 56 条 c 规定法院对被缓刑人可作出如下指示：①遵守有关居住、培训、工作或业余时间或经济关系秩序的规定；②定期向法院或其他机关报告；③不得与可能提供再犯罪机会或诱惑其再犯罪的特定人或特定团体的人交往、不得雇佣、培训或留宿；④不得持有、携带或者让人保管可能向其提供再犯罪机会或诱惑其再犯罪的特定物；⑤履行扶养义务。在被缓刑人同意的情况下，可以指示其接受与侵害身体相联系的治疗或戒除瘾癖的治疗；或者收容于适当的教养院或其他执行机构。[1]

根据《法国刑法典》第 132-44 条的规定，所有被判处附加考验期的缓刑的犯罪人，都要遵守下列条件：①服从执行推事或经指定之考验监督人员的召见；②接受考验监督人员来访，并向考验监督人员通报有助于对其生活状况及履行义务进行监督的情况或材料；③将其工作之改变通知考验监督人员；④如其改变住所，或者打算外出时间超过 15 天，应通知考验监督人员；在其返回时，亦应通知其已返回；⑤前往国外，应事先得到执行推事的批准；如其改变工作或居所有碍其履行义务，应事先得到执行推事的批准。在此基础上，第 132-45 条规定了这样的附加条件：①从事一项职业活动，或者参加职业教育或职业培训；②在特定地点安置居所；③接受医疗检查，采取治疗措施或护理措施，甚至接受住院治疗；④证明其承担了家庭抚养费用，或者按规定履行了其作为债务人的扶养义务；⑤根据其承担义务之能力，赔偿全部或部分因其犯罪造成的损害；⑥证明其按承担义务之能力向国库支付了因其被判刑应当支付的款项；⑦不驾驶按《交通法典》规定的驾驶执照种类确定的特定车辆；⑧不从事在进行该职业活动时实施了犯罪的那种职业活动；⑨不在专门指定的任何地点出现；⑩不参与赌博，尤其是不参加赛马赌博；⑪不出入零售酒馆；⑫不与某些被判刑的人来往，尤其不同罪犯或共犯来往；⑬不同特定人员进行联系，尤其不与犯罪之受害人进行联系；⑭不得持有或

---

〔1〕 参见徐久生、庄敬华译：《德国刑法典（2002 年修订）》，中国方正出版社 2004 年版，第 22 页。

携带武器。[1]

美国作为联邦制国家，各州对假释条件的规定有所差异，但下列内容得到广泛赞同：①遵守联邦、州和当地法律；②根据指示向假释官报告并回答假释官的合理询问；③非经书面允许不得拥有枪支或其他危险武器；④居住地在法庭所在的司法管辖区，改变住所应当通知假释官；⑤允许假释官探视假释犯的家庭或在其他地方探视假释犯；⑥遵守假释监督机构规定的所有规则和规定；⑦从事有益的职业；⑧不得与有犯罪记录的人交往；⑨交付罚金、赔偿金或其他金钱刑罚；⑩支付监督费用；⑪参加规定的学习或职业培训；⑫参加社区服务，等等。[2]

从这些国家的规定来看，主要是从两个角度来规范罪犯的行为：一是以命令的方式要求缓刑犯和假释犯积极作出某些行为，如报告自己的有关行为、固定居住、从事正当的职业，等等；二是以禁令的方式规定其不得作出某些行为，如不与有犯罪倾向者交往、不许持有特定物品，等等。从我国刑法的有关规定来看，虽然以列举的方式对缓刑犯和假释犯的监督管理作出了规定，但从内容来看，失之于粗疏、简单，仅仅以命令的方式规定了常规的考察，缺乏一些禁止性的条款，以进一步规范他们的行为，防止重新犯罪的发生。基于此，在我国未来的刑法立法中，除了保留、充实命令性规定以外，应当增加一些禁止性的要求，以保证社区服刑人员摆脱不良环境的影响，防止重新犯罪的发生。如禁止其进入夜总会、酒吧、歌舞厅、电子游戏厅等容易产生危害行为的场所；不得与不良人员交往，特别是以往在同一犯罪团伙的成员；在特定时间内不得外出，如实行宵禁，以预防自我控制能力差的社区服刑人员在此期间外出滋事；禁止接触被害人和特定易受害人群；平时不得携带可能诱发犯罪的物品；限制从业资格，等等。虽然，我国《刑法修正案（八）》建立了禁止令制度，《中华人民共和国刑法修正案（九）》（以下简称《刑法修正案（九）》）建立了职业禁止制度，但其与作为刑罚内容的禁止性规定在性质上显然不同，在未来的立法中如何充分进行整合，是一个需要深入思考的问题。

---

〔1〕　参见罗结珍译：《法国刑法典》，中国人民公安大学出版社 1995 年版，第 36~37 页。
〔2〕　参见吴宗宪等：《非监禁刑研究》，中国人民公安大学出版社 2003 年版，第 415 页。

（二）增加"具有恢复性"内涵的条款

近些年来，发端于西方的恢复性司法受到了我国学术界的广泛关注，学者们对这一"舶来品"从诸多的视角进行了探讨，并表现出了不同的态度和立场。有学者认为，"恢复性司法在理念上、功能上、甚至构成要素上都相当的不成熟。在我国现有的环境下，推行恢复性司法必须谨慎、冷静。"〔1〕还有的学者偏爱其所蕴含的深刻智慧，认为恢复性司法未必是无懈可击的，更不是万能的，但却是智慧的，它击中了现代刑事司法制度的要害，它向社会提出了如何对犯罪做出反应的新问题并寻求回答，是一种崭新的范式或者说是一种崭新的思维模式，是对古典主义刑事法学理论和实证主义刑事法学理论的双重超越，可谓之"第三只眼"看刑事司法。〔2〕笔者认为尽管恢复性司法与中国目前的社会观念、制度设计存在诸多的碰撞之处，但从长远角度和深层蕴涵进行思考，其在中国还是存在广阔的适用空间。当然，如何实现其与中国本土的有机结合，是一个需要进行广泛讨论的问题。笔者认为在现有的国情下，在社区矫正中引入恢复性司法理念，采取各种措施，为社区服刑人员创造重新为社会所接纳的机会，不失为一个可行的思路。为此，在对缓刑犯、假释犯的义务设定中，应该增加一些蕴涵恢复性司法理念的条款，如赔偿被害人的损失、承担对家庭的责任，履行赡养、抚养和扶助义务、参与一定时间的社区服务等，一方面赋予我国社区矫正试点中一些创新的矫正措施以合法的身份，防止社区服刑人员在矫正过程中对其的逃避，乃至对抗，另一方面促使其与被害人、家庭、社区的沟通、谅解以恢复因犯罪而造成的社会关系的损害，重新融入社会。

二、完善社区矫正奖惩体系

基于我国社区矫正奖惩体系中的不足，尤其是奖惩失衡的现象，很多省份结合实际情况，就社区矫正行政奖惩的类型进行了一定程度的探索，但这一问题的根本解决，有赖于通过国家层面的立法，建立多元化的、结构合理

---

〔1〕 邹积超："论'恢复性司法'应该缓行"，载《华东政法学院学报》2004 年第 6 期。

〔2〕 参见王平："卷首语：第三只眼看刑事司法"，载王平主编：《恢复性司法论坛（2005 年卷）》，群众出版社 2005 年版，第 6~7 页。

的奖惩体系，以发挥其应有的作用。下面仍以缓刑、假释为典型，就具体制度的完善进行分析。

（一）建立缓刑、假释保证金制度

为了更好约束缓刑、假释者的行为，避免失控漏管、违法犯罪行为的发生，我们可以参照国外立法经验，建立缓刑、假释保证金制度。其主要内容是：人民法院在宣告被告人缓刑后，或者准予罪犯假释后，可以令其交纳一定数额的保证金，保证其履行必要的服刑义务。具体数额可以根据社区服刑人员的实际经济状况、原始刑罚的轻重，缓刑、假释的考验期等进行设定，但须设定最高限额，以免给服刑人员及其家庭造成过重的负担。对于保证金分三种情况处理：一是矫正期间表现良好，顺利解矫的，保证金予以返还；二是在矫正期间因违法违规行为，受到警告、治安管理处罚的，酌情对保证金予以扣减；三是因诸种原因被撤销缓刑、假释的，保证金则予以没收。

（二）确立缩短或延长矫正期制度

在国际上，通过延长或缩短矫正期调节社区矫正的期限，提高矫正效果，节约国家刑事司法资源，为一些国家所采用。如《美国模范刑法典》第305-2条规定："遵守假释条件而保持善行之假释中的人犯，按每月缩短6日之比例缩短其假释期间。"[1]基于缩短矫正期在促进犯罪人改过自新、维护社会秩序、节约社会资源方面的积极意义，在我国社区矫正试点中，一些地方以规范性文件的形式对此予以肯定。比如在社区矫正伊始，北京市曾经探索这一制度，规定"矫正对象在参加社区矫正期间，如果认真遵守法律法规及矫正制度，服从管理，接受教育，积极参加公益劳动，且升为一级宽管满6个月无违纪，可建议减短矫正期1~3个月。[2]

我国刑法没有对社区服刑人员是否可以延长或者缩短矫正期作出规定，只是在司法解释中规定，罪犯在缓刑考验期内有重大立功表现的，可以参照刑法第78条的规定予以减刑，同时应当依法缩减其缓刑考验期。可见，缓刑

─────────────

[1] 中华人民共和国司法部编：《外国监狱法规汇编（二）》，社会科学文献出版社1988年版，第24页。

[2] 北京市社区矫正工作领导小组办公室、北京市司法局编：《北京市社区矫正工作手册》（2003.7~2006.4），2006年4月，第134页。

不能离开原判刑罚而独立存在。所以，在社区矫正实践中，若想缩短缓刑犯的考验期只能通过减刑来进行操作，但如前文所述，司法解释对缓刑犯规定的减刑条件是比较苛刻的，必须要有"重大立功表现"才可以获得减刑。与缓刑犯相比较，最新的司法解释对假释犯减刑不置可否。正是由于这些制度障碍，在社区矫正实践中能够获得减刑的只是极少数人。所以，为了更好地激励社区服刑人员，在刑法中一方面需要放宽其减刑条件，另一方面需要明确规定，对于满足一定条件的社区服刑人员，可以直接给予缩短矫正期的奖励。

在社区矫正过程中，部分缓刑、假释人员大法不犯、小错不断，消极对待矫正活动，针对这种情况，一个比较好的方案是延长矫正期，这在国际上也是一个比较通行的收监过渡性措施。比如《俄罗斯联邦刑法典》第 74 条规定：如果被判缓刑的人逃避履行法院责令他履行的义务，或者又破坏社会秩序并因此受到行政处罚，法院可以根据本条第 1 款所规定及官的报告延长考验期，但延长的部分不得超过 1 年。[1]的确，基于监禁的高昂成本及负面效应，对于缓刑、假释人员违法违规行为简单予以收监并非最好的选择，基于此，笔者建议借鉴其他国家和地区一些成熟的做法，对违反监督管理规定的缓刑、假释人员延长矫正期。

(三) 完善缓刑、假释撤销制度

在确立一些中间奖惩措施的基础上，仍然无法避免某些缓刑、假释人员重新犯罪、发现漏罪或者违反法律、行政法规以及监管规定的情况发生，而这将使缓刑、假释人员面临缓刑、假释被撤销的局面，尽管这一惩罚机制以其严厉性而具有强大的震慑力，但毕竟涉及缓刑、假释人员人身状态的巨大改变，所以在运用的过程中需要谨慎。《刑法》第 77 条规定："被宣告缓刑的犯罪分子，在缓刑考验期限内，违反法律、行政法规或者国务院有关部门关于缓刑的监督管理规定，或者违反人民法院判决中的禁止令，情节严重的，应当撤销缓刑，执行原判刑罚。"这一规定尽管十分必要，但如何判断"情节严重"，很难具体操作。《刑法》第 86 条规定："被假释的犯罪分子，在假释考验期限内，有违反法律、行政法规或者国务院有关部门关于假释的监督管理规定的行为，尚未构成新的犯罪的，应当依照法定程序撤销假释，收监执

---

〔1〕 参见黄道秀译：《俄罗斯联邦刑法典》，北京大学出版社 2008 年版，第 29 页。

行未执行完毕的刑罚。"应该说，这一规定对于强化假释犯的规范意识，积极履行其在假释期间的义务，起到了一定的积极作用。但不容否认，不问假释犯违法、违规情节，而一律取消假释，无疑过于严苛，与假释所承载的人道、谦抑精神背道而驰。另外，我国刑法把假释犯违法、违规作为假释撤销的强制性根据，导致司法机关在进行相关裁量时，难以根据刑罚个别化的原则，做到区别对待。

为了弥补这一缺陷，《社区矫正实施办法》细化了撤销缓刑、假释的条件："（一）违反人民法院禁止令，情节严重的；（二）未按规定时间报到或者接受社区矫正期间脱离监管，超过一个月的；（三）因违反监督管理规定受到治安管理处罚，仍不改正的；（四）受到司法行政机关三次警告仍不改正的；（五）其他违反有关法律、行政法规和监督管理规定，情节严重的。"[1]但由于《社区矫正实施办法》自身法律地位较低，仍然影响其具体运用。期待在未来的"社区矫正法"中对此加以明确。

三、改善社区矫正监督管理的具体环节

（一）完善社区矫正风险评估

如前所述，我国已基本建立起社区矫正风险评估体系。但由于种种原因，依然存在诸多不足。对于评估主体、评估对象、评估程序等问题需要未来国家立法予以完善。这里就评估具体问题的改进进行分析。尽管刑事法律通过禁止性规定、限制性规定以及调查评估制度，对社区矫正的入口进行了控制。但与守法群体相比，社区服刑人员仍然具有一定的人身危险性。所以，在相应的措施实施之前，对社区矫正服刑人员进行风险评估无疑是必要的。目前，我国社区矫正的风险评估工作，已经取得一定进展，但总体来看，还存在诸多问题，表现在：评估指标的构建缺乏严谨的论证，评估方法的科学性不强，并且各地做法不一，缺乏规范性。目前，国外社区矫正评估已发展到比较成熟的阶段，可以给我们提供很多借鉴。

加拿大犯罪学家安德鲁斯和詹姆斯·邦塔提出了 9 条"犯罪人评估指

---

[1]　最高人民法院、最高人民检察院、公安部、司法部《社区矫正实施办法》第 25 条，发布时间：2012 年 1 月 10 日。

南"，认为这是在对犯罪人进行评估时最应当关注的 9 个方面：①使用危险的精算方法；②危险评估应当有预测效度；③评估工具应当直接与矫正事务有关；④使用根据有关理论编制的评估工具；⑤评估犯因性需要；⑥可以用一般人格测验和认知测验来评估对应性；⑦使用多种方法进行评估；⑧使用多领域抽样方法；⑨在评估中讲究专业性和伦理性。[1] 这一观点，无疑给我国的社区矫正评估诸多启迪。当前，在社区矫正风险评估已取得一定成果的基础上，适宜组织专门力量，开发在全国范围内普遍适用的社区服刑人员风险评估量表，以提高风险评估的科学化、专业化水平。

通过风险评估，鉴别出社区服刑人员中危险程度较高的罪犯，进行重点管理。并根据社区矫正服刑人员的不同需求，制定有针对性的矫正方案，以促进行刑资源的合理配置。当然，对社区服刑人员的管理是一个复杂的过程，既要根据社区服刑人员的人身危险性不断调整管理等级，又要根据管理机关自身条件、社区服刑人员的个性特点选择管理方法。在我国社区矫正实践中，根据社区服刑人员的风险等级，进行高、中、低档管理是一种普遍的做法，在此基础上，针对社区服刑人员的复杂结构，探索更加具有针对性的矫正方案，是促进社区矫正风险管理绩效提高的一个重要举措。

（二）进一步完善社区矫正监督管理制度

社区矫正风险防范需要以日常的管理工作为依托，所以，严密社区矫正日常监督管理体系势在必行。根据《社区矫正实施办法》等有关规定，目前社区矫正日常监督管理制度已基本确立。为了适应复杂多变的监管形势，更好地维护公共安全，应在现有规范的基础上，进一步健全监督管理制度，如信息共享制度、异地托管制度，等等。

社区服刑人员身份特殊，状态也起伏不定。因此，在社区服刑人员的特殊时期，如遭遇生活危机、心理状态不稳定，或行为异常的时期，都要加强监督管理的密度与强度，防止意外发生，所以，健全突发性事件处置制度，提高操作化水平，具有重要的意义。根据有关学者的观点，可以采取以下步骤进行：首先，建立健全突发事件管理机制。社区矫正突发事件预防机构在纵向上要形成体制，成立组织，落实措施，明确责任。在横向上要注重与社

---

〔1〕 参见吴宗宪：《社区矫正比较研究（上）》，中国人民大学出版社 2011 年版，第 339~341 页。

区内各种组织，尤其是公安部门加强联系与协作，建立与公安机关的联络制度，把社区矫正工作纳入社会治安防控体系建设内容，构筑协同防控机制。其次，畅通突发事件信息渠道。为及时发现突发事件，需要合理布建情报网络、扩展信息渠道。在日常危险管理中，对重点人员，除利用刑罚强制力加强日常监控、利用矫正措施加强教育转化以外，还应积极布建突发事件情报网络。最后，制定应急处置预案。一是成立组织机构网络，做到职责明确，措施严密；二是安排好突发事件的处置程序；三是注意建立与有关部门或单位的协作关系；四是各县（市区）矫正机构编定好各类突发事件应急总预案，乡镇（街道）矫正机构还应制定子预案，并且保证制定的各子预案与总预案要保持一致。[1]在此基础上，还应针对预案进行演练，以培养迅速反应能力。另外，为防止意外发生，还应就预案有备用方案。

（三） 重视对信息技术的深度开发与应用

社区矫正实践中，电子监控已十分普遍。为了充分发挥电子监控的作用，首先，通过立法的形式，对电子监控的具体事宜，比如适用对象、适用时间、适用程序等作出明确规定，并将伦理因素纳入考量的范围内，以避免对社区服刑人员个人权益的侵犯。其次，为了避免电子监控中"人机分离"现象带来的不利影响，应该在借鉴国际经验的基础上，研发新技术，优化电子监控的方式，以发挥其应有的效能。随着信息化由 IT（信息技术）时代向 DT（大数据技术）时代的跨越，采用虚拟周界、轨迹跟踪、数据共享、数字画像等[2]途径解决电子监控中出现的问题，是未来的一个发展方向。最后，要将人力管理和技术管理有机地结合起来。在建立电子监控系统的基础上，还要建立快速反应系统，以便发现问题能够迅速处理，避免事态的严重化，以更好地维护公共安全。

与此同时，促进大数据技术与社区矫正监督管理的深度融合，"采取数据关联分析、异常行为分析，决策树分析等算法模型，对社区服刑人员的定位

---

〔1〕 参见赵新东主编：《社区矫正管理实务》，法律出版社 2006 年版，第 154~157 页。

〔2〕 参见谭庆芳、陈雪松："大数据环境下社区矫正监管模式创新研究"，载《河南司法警官职业学院学报》2019 年第 1 期。

信息、案件信息、相关行为信息等进行多维度的数据挖掘。"[1]并运用数据挖掘结果对服刑人员的行为趋向进行分析、预判，制定有针对性的监管方案。促进社区矫正监督管理向精细化、科学化、智能化方向发展。事实上，一些试点较早、基础条件较好的省市已开始对信息技术进行更为深度的开发与应用。比如浙江，全面推广使用"司法E通"和"手机APP"，实时将走访排查文字、图像等信息资料传送至县级社区矫正指挥中心和司法所信息监管平台，实时固定证据，实时开展检查考核。建立社区矫正安全稳定工作定期会商研判机制；研发应用"大数据"分析研判系统，完善预警、分析、预测模块，加强智能化数据分析，切实提高预警预测预防能力。探索"互联网+"和"传统+现代"的网上网下立体化监管体系建设，全面推广应用"手机定位+电子腕带"双管控措施，筑牢"电子围墙"；为工作人员"司法E通"和"手机APP"研发设置定位监管、警示告知、短信通知、出行记录、电子档案、考核管理等功能，推动日常监管从"八小时内"向"八小时外"延伸，努力实现动态监管无死角、无盲区。信息化建设的推行，极大地改善了传统人力资源管理的局限，提高了管理效能。[2]

综上所述，经过十余年的探索，我国目前已形成了社区矫正监督管理的基本制度，并呈现出风险评估与风险管理的结合、常态管理与特殊管理结合、人力管理与技术管理结合鲜明特色。但基于种种原因，社区矫正监督管理中依然存在着风险评估的质量有待提升、监管内容存在缺失与不足、电子监控面临技术与伦理的双重拷问等诸多问题。为了进一步完善社区矫正监督管理体系，首先，应充实社区矫正监督考察的内容；其次，应完善社区矫正奖惩体系；最后，应通过提高风险评估质量、细化日常监管制度、深度开发信息技术等途径实现具体环节的改善。

---

[1] 谭景信、王亚军："数据分析技术在社区矫正信息系统中的应用"，载《计算机工程与应用》2017年第20期。

[2] 参见"浙江省创新开展社区矫正工作"，载司法部网站，http://www.moj.gov.cn/organization/content/2018-08/06/sqjzjsjxw_38015.html，最后访问时间：2019年7月8日。

社区矫正社会适应性帮扶的运行机制研究

社区矫正的社会适应性帮扶是社区矫正机构组织或者直接实施的，旨在帮助社区服刑人员解决就业、生活、法律、心理等方面遇到的困难和问题，促进其顺利回归社会的一系列措施。社会适应性帮扶充分体现了社区矫正所彰显的人道主义精神，在满足社区服刑人员基本生活需要，促进其顺利度过矫正期，并提升适应社会的能力方面发挥着重要的作用。本章拟在对其特点进行总结的基础上，就其存在的不足及进一步完善进行分析。

第一节　社区矫正社会适应性帮扶的特点

一、帮扶内容具有广泛性，生存型帮扶得到格外关注

社区服刑人员作为特殊群体，在服刑过程中面临诸多困境。据有关学者对上海市社区服刑人员的调查，其在初回社区后面临的主要困难为：心理或思想观念问题（43.9%）、技能培训或推荐就业（35%）、低保申请（30.6%）、家庭关系（25.1%）、人际关系（24.4%）、住房（18.9%）、劳动手册的办理（15%）、其他（6.7%）。[1]可见，社区服刑人员在服刑过程中所遇到的困难是多元的，既包括物质上的，也包括精神上的；既有个人心理问题，也有社会交往问题。由此决定了社会适应性帮扶的内容的广泛性。根据帮扶的内容不同，可以分为就业帮扶、生活帮扶、法律帮扶、心理帮扶，等等；根据帮扶是否由矫正机关实施，可以分为直接帮扶和间接帮扶；根据帮扶所发挥的作用，可以分为生存型、支持型和发展型三种类型。

在对社区服刑人员的社会适应性帮扶中，生存型帮扶得到了格外的关注。

---

〔1〕　参见曾守锤：“服务对象眼中的社区矫正社工及其服务——以上海为案例的调查研究”，载《华东理工大学学报（社会科学版）》2007年第1期。

《中华人民共和国监狱法》（以下简称《监狱法》）明确规定，监狱服刑罪犯的衣、食、居、医等均由国家保障。社区服刑人员在社区服刑，在基本生活方面则面临直接考验。根据有关学者调查，社区服刑人员的需要虽然呈现出多方面、多层次的特点，但随着社区服刑生涯的发展，这种多层次的需要开始在某一方面集中展现：服务对象初回社区时，其面临的最主要的困难是心理或思想观念的问题，如被社会和家庭的抛弃感、无助感、不公平感，等等。"当他们稍微安顿下来时，才发现自己'面临的最大困难'是基本的物质需要无法得到满足。"[1]笔者对北京市社区服刑人员的调查也得出了同样的结论。可见，与监狱服刑人员相比，人身相对自由的社区服刑人员在核心需要方面发生了显著的变化，即"自由"开始让渡于"基本生活需要"。基于此，社区矫正机构通过发放临时救助资金、建立过渡性安置基地、帮助办理最低生活保障、帮助参加城镇居民基本医疗保险等方式致力于其物质困难的解决，以为其顺利度过服刑期，并重新回归社会创造条件。

二、社会适应性帮扶主体多元化，并形成多种模式

对社区服刑人员帮扶，充分体现了社区矫正的社会参与性，国家力量与社会力量的通力合作。与监督管理的不可转让性相比较，对社区服刑人员的帮困扶助更加的灵活，既可以由社区矫正机构直接实施，也可以在社区矫正机构的组织下，通过与相关的机构与人员签订服务合同进行，或者发动社会志愿力量参与。在社区矫正实践中，各地探索出了多种社区矫正帮扶模式。比如，山东省近些年重点打造4大社区矫正参与模式：一是"部门+"模式，联合团省委组织青年志愿者、青少年社工参与社区矫正工作，召开现场会，总结推广经验做法，探索形成长效工作机制。二是"专业+"模式，推动将社区矫正纳入政府购买服务范围，总结推广东营市按与社区服刑人员1：20比例配备专职社工的做法，努力为社区服刑人员提供专业化、持续化帮教。三是"村居+"模式，加快推进农村司法行政工作室建设，将社区矫正工作延伸到基层社会治理的第一线。四是"基地+"模式，加强与企事业单位、社会组

---

〔1〕 曾守锤："服务对象眼中的社区矫正社工及其服务——以上海为案例的调查研究"，载《华东理工大学学报（社会科学版）》2007年第1期。

织、民间团体开展合作，使之成为帮扶社区服刑人员的重要平台。[1]这些多元帮扶方式的有机组合，为更好满足社区服刑人员多样化的需求创造了条件，同时也极大地推动了社会力量参与社区矫正帮扶的广度和深度。

第二节　社区矫正社会适应性帮扶存在的问题

一、社区服刑人员物质困难的解决缺乏长效机制

笔者调查发现，社区服刑人员在矫正过程中所遇到的困难集中在物质困难、心理上的不适应、居住、与家人的关系等几个方面。这些困难中，物质困难的解决无疑处于首要地位，因为毕竟生存是第一位的，而且这一困难的解决有助于缓解与家人关系、解决住房问题、消除因生活问题而产生的焦虑、沮丧情绪。事实上，为促进社区服刑人员顺利回归社会，社区矫正组织在帮助其解决物质困难方面作出了很多的努力。比如为物质困难的社区服刑人员办理低保、提供临时救济、进行职业培训、推荐就业等，从这些举措的落实来看，就业问题的解决是最为棘手的。而事实上，无论从预防犯罪还是从满足社区服刑人员的需要来看，这都是一个关键点，因为临时救济、低保等虽然在一定程度上解决了社区服刑人员的物质困难，但毕竟都属于暂时性的解决方案，只有稳定的职业能够改变其无所事事的状况，避免无事生非的发生，另外因职业而带来的稳定收益、社会保障、社会地位的提升有助于其自尊心和自信心的提升，深度回归社会，但从社区服刑人员及矫正工作人员的反映来看，这一问题的解决明显属于薄弱环节。之所以会出现这种现象，原因在于：

（一）社会适应性帮扶内容存在制度缺失

社区矫正是对社区服刑人员监督管理、教育矫正、社会适应性帮扶的一个系统整体。但从我国现行《刑法》《刑事诉讼法》的有关规定来看，其刑罚内容集中于对于相关人员的监督管理，缺乏一套系统化、规范化的更生保护

---

〔1〕　参见"山东省推动社区矫正工作创新发展"，载司法部网站，http://www.moj.gov.cn/organization/content/2018-07/06/sqjzjsjxw_ 21815.html，最后访问时间：2019 年 7 月 8 日。

措施。社区矫正试点以后，对这一缺失通过社区矫正法律文件一定程度上进行了弥补。比如《关于开展社区矫正试点工作的通知》规定："通过多种形式，加强对社区服刑人员的思想教育、法制教育、社会公德教育、矫正其不良心理和行为，使他们悔过自新，弃恶从善，成为守法公民；帮助社区服刑人员解决在就业、生活、法律、心理等方面遇到的困难和问题，以利于他们顺利适应社会生活。"〔1〕并在《司法行政机关社区矫正工作暂行办法》第4条、第33条就社区矫正帮扶的内容、路径作了原则性规定。〔2〕2012年两院、两部发布的《社区矫正实施办法》再次强调："司法行政机关应当根据社区矫正人员的需要，协调有关部门和单位开展职业培训和就业指导，帮助落实社会保障措施。"〔3〕其主要问题是社区矫正作为一项刑罚执行制度，涉及刑事立法、司法和执行等一系列环节，仅仅用司法解释、部委规章加以规定不能产生应有的法律效力。而且内容太过笼统，缺乏可操作性，又没有相应的责任、监督、反馈以及奖惩机制做保障，使得众多规定实际上只是字面上的"具文"。

在2016年12月发布的《征求意见稿》中，将"教育帮扶"列为专门一章，并从帮助的主体、帮助的内容、帮助的途径等方面进行了较为详尽的规定，〔4〕具有一定的操作性，其不足之处在于与教育矫正一起进行规定，缺乏独立的地位。而事实上，作为我国社区矫正的三大任务之一，帮扶工作具有自己的特点与独立的价值，与教育矫正在内容、目标、具体操作方面还是有一定差别，对于这一问题的忽略，一定程度上会影响帮扶的效果。

（二）社区服刑人员就业面临制度壁垒

与普通公民相比，社区服刑人员在就业方面受到诸多限制。比如《刑法》第100条规定了"受刑记录"报告制度：即依法受过刑事处罚的人，在入伍、就业的时候，应当如实向有关单位报告自己曾受过刑事处罚，不得隐瞒。《中

---

〔1〕 最高人民法院、最高人民检察院、公安部、司法部《关于开展社区矫正试点工作的通知》，发布时间：2003年7月10日。

〔2〕 参见《司法行政机关社区矫正工作暂行办法》，发布时间：2004年5月9日。

〔3〕 最高人民法院、最高人民检察院、公安部、司法部《社区矫正实施办法》第18条，发布时间：2012年1月10日。

〔4〕 参见《中华人民共和国社区矫正法（征求意见稿）》，国务院法制办公室2016年12月1日发布。

华人民共和国法官法》《中华人民共和国检察官法》《中华人民共和国警察法》，均规定"曾因犯罪受过刑事处罚的""不得担任法官""不得担任检察官""不得担任人民警察"。《中华人民共和国律师法》第 7 条规定"申请人有下列情形之一的不予颁发律师执业证书：……（二）受过刑事处罚的，但过失犯罪的除外……"《中华人民共和国教师法》第 14 条规定："受到剥夺政治权利或者故意犯罪受到有期徒刑以上处罚的，不能取得教师资格；已经取得教师资格的，丧失教师资格。"这些限制性规定虽然属于"前科"后遗"效应"，但对于正处于"服刑期"的社区服刑人员来讲，当然不存在免受影响的可能。而且这种职业上的阴影会随着矫正的结束而自动延续，这种状况无疑黯淡了他们的生活前景，为其就业、升学、生活等带来诸多困难，影响他们重新做人的信心，延缓他们复归社会的进程。而《刑法修正案（八）》创设的禁止令制度，以及《刑法修正案（九）》创设的职业禁止，虽然是预防一部分社区服刑人员再犯罪的必要性措施，但客观上也确实对其直接设定了职业壁垒，导致他们在就业市场上空间更加狭窄、面临更为严峻的挑战。

从上述法律规定来看，"犯罪"标签的"后遗效应"还是比较突出的。社区服刑人员虽然以合法的途径（社区矫正）重新进入社区，但依然被套之以沉重的枷锁，他们因为"罪错"而不得不为自己的过去承担双重的压力——"法律失权"和"社会性失权"。[1]从而被排斥在主流社会之外，成为社会边缘群体，尤其在就业市场上处于不利地位。

（三）社区服刑人员的需求趋同于普通公众

社区服刑人员在社区服刑，一方面因服刑身份受到诸多限制，另一方面无法脱离普通公众在民生领域的共同难题。调查显示，社区服刑人员的核心需要在偏离了监狱矫正罪犯以后，与普通公众的需求趋于相同。民政部组织的"全国百城社区建设情况调查"显示，无论从政府、居委会还是社区居民的角度来看，社区居民的需求出现了趋同的现象。对 96 名城区负责人的调查显示，辖区内社区居民最主要的需求是"就业"和"帮贫救助"，所占比例分别为 77.08%、59.38%，社区居民中的最大困难是"缺乏公共活动场所和公益活动设施""没钱看病"和"没有工作"，所占比例都在 70% 以上。可见，从

---

〔1〕　参见金碧华："对社区矫正假释犯对象在社会保障方面的社会排斥问题研究"，载《社会科学》2009 年第 5 期。

政府的角度来看，有很大一部分居民还处于低层次的生活水平，他们最主要的需求还是生存需求。对 291 名社区居委会负责人调查问卷反馈的信息与政府问卷基本一致：认为当前自己辖区内居民的需求或困难主要是 "没有工作、无钱看病、缺乏活动空间"，所占比例分别为 65.98%、58.42%、67.01%。对 2824 名社区居民问卷调查显示：自己和家庭目前生活中最大的困难主要为 "收入太低不能养家、没有工作、没有社会保险"，所占比例分别为 42.07%、36.61%、37.64%。从中可以看出，虽然当前城市社区居民的需求正在出现多元化趋势，但居民的需求主要还是以低层次的基本生存需求为主，如就业、住房、医疗、保险等，这与居委会问卷反映出的信息和政府问卷所反映出的情况基本一致。[1]经过多年的建设，我国在民生领域已经取得了巨大成就，人民生活不断改善。但 "民生" 问题依然是社会公众最为焦虑的问题。据国务院发展研究中心 "中国民生调查" 课题组的调查报告，2015 年城乡居民对个人和家庭生活最不满意的领域依次为收入水平、医疗、住房、就业、子女教育和养老。[2]可见，在开放行刑的条件下，社区服刑人员的需求更多的与普通居民裹挟在一起，受到宏观社会环境的影响和制约。所以社区服刑人员的就业困难一定程度上是整个社会就业形势的一个缩影。

（四）社区服刑人员处于社会弱势地位

1. 社区服刑人员是一个文化素质相对较低的群体

据统计，社区服刑人员是一个以男性为主、以青壮年居多的群体，在生理上处于相对强势，但却很难改变他们在社会结构中的不利地位，主要原因在于其文化素质相对较低。2015 年 1 月辽宁省社区服刑人员统计表显示："大专以上学历 589 人，占全体的 2.13%；中专或高中学历的 6189 人，约占 22.18%，初中及以下学历的有 21 115 人，约占 75.69%。"[3]从中可以看出，在社区服刑人员的受教育程度还是比较低的，而且这一数据是这一群体普遍状况的一个缩影。根据司法部社区矫正局统计数据，2015 年 5 月社区矫正人

---

〔1〕 参见詹成付：《社区建设工作进展报告》，中国社会出版社 2005 年版，第 373~375 页。
〔2〕 参见国务院发展研究中心 "中国民生调查" 课题组："中国民生调查 2016 综合研究报告——经济下行背景下的民生关切"，载《管理世界》2016 年第 10 期。
〔3〕 李美荣、雷小欣："社区矫正对象再就业支持体系的构建"，载《辽宁公安司法管理干部学院学报》2016 年第 1 期。

数 733 210 人，其中初中及以下的有 540 275 人，占到 73.7%；高中135 223 人，占到 18.4%。[1]可见，社区服刑人员以初中及以下文化程度者为主，受过高等教育者极其罕见。而文化素质是个体素质的基础。文化素质低，影响了他们的判断力，使其容易受到不良因素的影响。文化素质低，本身需求层次也低，很容易受钱、物等最接近个人利益的东西的诱惑，从而导致财产犯罪的发生。文化素质低，自身约束力较差，法制观念淡薄，一旦遇到外界的刺激，往往感情用事，不能冷静地处理发生在自己周围的矛盾，从而导致激情犯罪的发生。可见，社区服刑人员较低的文化素质是其犯罪的重要原因，而与此同时，也是他们复归社会的巨大障碍。当前，我国日益向知识社会迈进，一个人的知识水平对其职业前景具有重要的影响。所以，尽管在实践中，社区矫正组织积极为社区服刑人员提供培训机会、推荐就业，但由于其自身文化素质偏低，在职业能力的提升与就业范围的选择方面都会受到一定的限制。

2. 社区服刑人员的社会资本比较有限

在社区服刑人员解决困难的过程中，国家层面的正式支持固然重要，以家人、亲属、邻居、朋友为代表的非正式社会支持同样不可缺少。比如，在其就业的过程中，为其提供就业信息、信誉担保、资金支持，等等。但调查发现，社区服刑人员自身的社会资本是非常有限的。当然，这与我国目前社会资本整体呈下降趋势有关，而这一趋势与他们自身状况的结合，更加剧了这一局面。

从社会变迁的视角来看，当社会由传统向现代变迁时，人际关系结构相应表现为由"差序格局"向"紧缩圈层结构"转化的过程，即人际关系结构一般是由以人情、人缘、人伦为基础而建构的人际关系结构向以财富、权力、声望为基础而建构的人际关系结构转化的。分布的变化表现为：人际关系结构的中心和上层社会资本分布的密度越来越大，边缘和底层社会资本日渐减少，从中心到边缘，上层到下层，社会资本的分布呈现出逐步递减的趋势。居于人际关系结构上层和中心的人，成为社会资源拥有量越来越多的人，而居于底层和边缘的人则社会资源日益贫乏，最后成为徘徊于人际关系结构边

---

[1]　参见冯建仓："社区服刑人员劳动权问题研究"，载《犯罪与改造研究》2018 年第 10 期。

缘的资源贫乏者。[1]

社区服刑人员作为文化素质较低、社会形象欠佳的一个特殊群体，在人际关系中无疑处于不利地位，能够获得的社会支持自然比较有限。因为"社会支持不仅仅是一种单向的关怀或帮助，它在多数情形下是一种社会交换。"社会支持的实质是施者与受者两个有意识个体之间的资源交换。交换的资源是社会网络中有"价值的资源"，在林南看来，这类有价值的资源是由地位、财富和权力单位或符号单位构成的。[2]社区服刑人员由于自身条件所限，在与其他人的社会交往中，很难回报有"价值的资源"，所以在社会资本的拥有方面不可避免地沦为弱势群体，而这反过来又影响了其以一种积极的心态去提升自身的社会资本。笔者访谈发现，社区服刑人员对于邻居这一传统社会资本普遍持一种戒备心理，即使有什么困难，也不会向邻居求助，从而影响了其社会支持网络的建立。

二、社区矫正社会适应性帮扶缺乏合理的边界

从理想状态来看，监督管理、教育矫正、社会适应性帮扶这三项任务是一个有机的整体，社区矫正目的的实现，有赖于三个方面的有机结合、动态平衡。但社区矫正实践中，这三者的结合，还没有达到理想的状态。在社区矫正运行中，一个值得关注的倾向就是对社区矫正的惩罚功能认识不足，不少地方的矫正管理部门更多扮演的是"慈善机构"的角色，从而没有很好的实现报应正义，对朴素的正义观造成冲击。比如北京市自开展社区矫正以来，提出了人性化管理的要求。一些基层司法所在实施"人性化"这一要求时不仅十分到位，甚至出现了一种刻意追求"人性化"的倾向。如在节假日去看望社区服刑人员、为不符合低保条件的社区服刑人员"开绿灯"办低保、帮助社区服刑人员办理营业执照等。以至于社区服刑人员形成了对司法所的依赖，有任何问题都找司法所解决，而无论这些问题是否在司法所职责范围内。久而久之，导致某些社区服刑人员严重缺乏服刑意识，甚至因为一些要求没有得到满足而无理取闹。针对这一现象，有识之士发出了社区服刑人员是

[1] 参见周建国：《紧缩圈层结构论：一项中国人际关系的结构与功能分析》，上海三联书店2005年版，第133页。

[2] 参见卜长莉：《社会资本与社会和谐》，社会科学文献出版社2005年版，第334~335页。

"罪犯"还是"功臣"的质疑。[1]之所以造成这种现象，其原因在于：

（一）　对社区矫正的性质缺乏准确的理解与把握

虽然从官方的角度来看，一直强调社区矫正的性质是"非监禁刑罚执行活动"。但理论界对于社区矫正的性质颇多争议。其中一个重要的观点是强调社区矫正的"福利性"。典型表述包括：由社区矫正的对象和目的决定，社区矫正具有四重性质，即社区矫正是刑罚执行活动和过程；是矫正犯罪人员的偏差行为和思想观念的活动和过程；是预防和减少犯罪的活动和过程；是社会福利活动和过程，由此决定社区矫正是一种复合型制度。[2]社区矫正具有矫正和社会福利、社会保障性，我国目前的社区矫正是由社区矫正组织针对非监禁刑和其他非监禁措施罪犯行刑与矫正的活动，是与监狱矫正相对应的更倾向于矫正与福利性质的矫正制度与方法。[3]"社区矫正具有刑罚执行和社会福利双重属性。"[4]"社区矫正的性质应当定性为一种对刑罚的改良制度，是一种最大化利用社会资源，人性化地和解矛盾，有步骤地解禁权利的救济制度。"[5]在刑事基本法律未对社区矫正的性质进行明确之前，这些争议在丰富社区矫正理论的同时，不可避免地对于社区矫正实践产生一定的影响。的确，对社区服刑人员提倡人性化管理体现了国家对于罪犯主体地位的尊重，能够促使他们重新适应社会生活。但过犹不及，社区矫正在运行过程中虽然纳入了社会工作的元素，但刑事制裁性仍然是其首要特征，如果当前过分强调对社区服刑人员的人文关怀，则容易淡化刑罚属性而导致工作重心的偏差。

（二）　社区矫正工作者妥协执法的结果

如前所述，司法所工作人员作为社区矫正日常事务的管理者，身兼法律执行者、行政官员、社会工作者的角色，如何平衡三者之间的关系，一直是困扰这一群体的一个难题。所以，在缺乏足够的工作经验积累的情况下，对社会适应性帮扶的边界难以把握一定程度上可以理解。但与此同时，需要注

---

[1]　此情况系笔者在调研时获取。

[2]　参见张昱："论复合型社区矫正制度"，载《学习与探索》2005 年第 5 期。

[3]　参见王顺安："社区矫正的法律问题"，载《政法论坛》2004 年第 3 期。

[4]　史柏年："刑罚执行与社会福利：社区矫正性质定位思辨"，载《华东理工大学学报（社会科学版）》2009 年第 1 期。

[5]　李德友："社区矫正性质研究"，载《湖北警官学院学报》2012 年第 2 期。

意的是，这可能是部分社区矫正工作者妥协执法的结果。由于目前司法所工作人员缺乏社区矫正执法者的合法身份，导致社区矫正日常工作举步维艰。为了避免因为执法不力导致服刑人员信访、闹事甚至违法犯罪，而被行政问责，一些执法人员陷入了"以服务换取执法"的怪圈。执法角色很大程度受制于服务角色，往往是要想开展规定执法动作，必须先做好服务工作，甚至出现了不能给社区服刑人员办理低保、申请救济，执法人员就"亏欠"了矫正人员的心理，引发了执法者的内在焦虑和外在功能失调。[1]从而导致在社区矫正运行中偏离正常轨道，影响了公平与正义价值的实现。

第三节　社区矫正社会适应性帮扶的完善

一、完善社区服刑人员更生保护的制度设计

社区矫正作为积极的"特殊预防"的产物，追求社区服刑人员在心理和行为上真正回归社会，为了达到这一效果，应当在职业、教育、心理、居住等方面加强对社区服刑人员的辅导援助，避免其在矫正期间居无定所、衣食无着、工作难寻、社会歧视等问题的产生，促使他们顺利度过矫正期，重新适应社会生活。这一点，在国际范围内得到广泛倡导。

《德国刑法典》第56条中规定，如被判刑人接受考验帮助即可防止其犯罪，法院应在全部或者部分考验期间将其置于考验帮助人的监督与指导之下。[2]日本《犯罪者预防更生法》第36条详细规定了对假释犯的辅导援助：（1）协助教养训练计划的实施；（2）协助其得到医疗及给养；（3）协助其得到固定的住所；（4）进行职业辅导，协助寻求就业机会；（5）调整、改善环境；（6）为更生目的实现而协助其前往适当的地点居住；（7）采取其他对于假释犯更生改过具有必要意义的措施。同时，该法第40条规定，在特殊情况下，假释犯可以得到有关部门的紧急救护：（1）保护观察所长在交付保护观察者因伤或无适合的临时住所而可能妨碍其改过更生时，应帮助其得到公共卫生福利机构

---

〔1〕　参见刘颖、宋国立："打造社会资源参与社区矫正工作新模式的思考"，载《中国司法》2016年第6期。

〔2〕　参见徐久生、庄敬华译：《德国刑法典（2002年修订）》，中国方正出版社2004年版，第22页。

及其他机构提供的医疗、膳食、居住、职业等必要服务。上述机构必须在法规规定和自身应负责任范围内提供上述帮助。（2）对认为必要的紧急救护，在不能得到前款规定的帮助时，保护观察所长应在预算范围内支付必要的费用对其进行救护。[1]

可见对社会内处遇罪犯进行帮助保护，已经为一些国家以法律的形式确认，而我国刑法典中相关内容的缺失，则很大程度上影响了社区矫正实践中帮困扶助任务的落实。基于更生保护的非强制性、非权力性和福利性的色彩，在刑法典中补充原则性规定的基础上，应当通过其他法律法规加以细化。在此，笔者赞同在总结地方实践经验的基础上，出台一部包括社区服刑人员在内的"回归人员社会保护法"。[2]以便使对这一群体的帮助有章可循，促进其顺利回归社会。

此外，为了改善社区服刑人员的生存环境，还应致力于消除因为"犯罪"标签而带来的制度性歧视。比如因为"前科"的影响，犯罪人可能在面临就业、入伍、上学等问题时，会因为法律法规的具体规定而丧失诸多的资格、权益，遭受到来自法律法规层面上的排斥。所以，建立"前科消灭"制度，是消除罪犯回归社会制度壁垒的一个重要举措。另外，对于社区服刑人员"禁止令""职业禁止"的司法适用，也要保持节俭和克制的态度，以"必要性"为原则，以避免社区服刑人员矫正陷入"生活困境"，从而带来更多的社会问题。

二、完善社区服刑人员的物质支持网络

（一）完善对社区服刑人员的临时救助

1. 发放临时救助资金

发放临时救助资金，是指社区矫正机构协调相关部门，对符合一定条件的社区服刑人员给予临时性资金救助，以帮助其渡过难关，避免意外发生。在社区服刑人员生活困难，衣食无着的情况下，发放临时救助无疑是最为

---

〔1〕　参见中华人民共和国司法部编：《外国监狱法规汇编（二）》，社会科学文献出版社1988年版，第431~432页。

〔2〕　参见柳忠卫：《假释制度比较研究》，山东大学出版社2005年版，第242~243页。

"立竿见影"的救助方法。由于我国社区矫正立法还比较粗疏，加之各地经济发展水平不一，在临时救助的条件、发放标准、资金来源等方面存在较大差异。一般来讲，拟发放人员必须是由于某种原因，经济上陷入困顿，难以维持正常生活；启动源于本人或者近亲属的申请；从救助资金的来源来看，有的是从社区矫正专项经费中划拨的，有的是协调民政部门发放的。从长远来看，由社区矫正机构协调，民政部门发放比较顺理成章，因为对困难群体进行临时救助，原本是民政部门的一项法定职责。民政部门应当将社区矫正纳入社区建设和社区管理之中，为家庭困难的社区服刑人员提供临时救助和生活帮扶。

2. 建立过渡性安置基地

由于诸种原因，一部分社区服刑人员无家可归，无业可就、生活无着，或者存在着较为严重的心理问题，急需进行临时安置，以避免一系列问题的产生。从社区矫正实践来看，一些省市对此已展开积极探索。2008 年，北京市朝阳区建立了首家社区服刑、刑释解教人员过渡性安置基地——朝阳区阳光中途之家，此后迅速推广到全市 16 个区县。截至 2011 年 6 月，"全市已投入运行的阳光中途之家对'两类'人员共开展教育服务 12 200 余人次。其中集中教育 4200 余人次，社会适应指导 1800 余人次，心理咨询和辅导 1600 余人次，组织公益劳动 2400 余人次，就业帮助 1400 余人次，食宿救助 800 余人次。"[1]为社区服刑人员度过生存危机，顺利回归社会发挥了重要的作用。需要注意的是，这些过渡性机构虽然一定程度上吸纳了民间力量，但总体还是在国家的主导下进行的。在社区矫正试行的初期，这种运作模式有一定的必要性和合理性。但随着社区矫正的深入发展，这种一律由政府推导的模式很难适应我国的复杂情况，在资金筹集、运作方式上会存在很多操作性的问题，推广起来的难度还是比较大的。基于此，鼓励热心公益事业的企事业单位对社区服刑人员进行过渡性安置，不失为符合我国社区矫正的未来发展方向的一种选择，也是对社会管理创新的一种更深层次的探索。一些省市在这一领域的探索已初见成效。比如江苏省为了形成对社区服刑人员结对帮扶、安置就业的长效机制，积极促进社区矫正协会的建立。目前，全省 50%以上的县

---

〔1〕 北京市司法局："全面推进阳光中途之家建设创新社区服刑和刑释解教人员社会管理"，载《人民调解》2011 年第 7 期。

（市、区）建立社区矫正协会，动员组织 1500 多家企事业单位、86 个社会组织等加入。[1]这些针对社区服刑人员的帮扶措施，极大地增强了这一群体融入社会的信心和能力。

3. 确保社区服刑人员最低生活保障制度的落实

按照两院、两部《关于在全国试行社区矫正工作的意见》的要求，在社区矫正过程中，要积极协调民政、人力资源和社会保障等有关部门，将符合最低生活保障条件的社区服刑人员纳入最低生活保障范围，为符合条件的农村籍社区服刑人员落实责任田。[2]随着社区矫正实践的推进，社区矫正帮扶工作逐渐得到相关部门的重视与支持，并通过具体制度进行落实。这些举措，对于保障社区服刑人员的生存，无疑发挥了重要作用。

（二）对社区服刑人员提供就业支持

为物质困难的矫正人员办理低保、提供临时救济，虽然能解燃眉之急，但毕竟属于"输血式"帮扶，若想促进其深度回归社会，还需培养起"造血"机能。在这一过程中，相对于临时救助，就业帮扶无疑更具有价值与前景。主要内容包括以下几个方面：

1. 对社区服刑人员进行就业指导

就业指导可从以下几个方面进行：一是针对社区服刑人员的具体情况，帮助其对自身就业形成准确的定位，以免因期望过高而引起心理落差。二是针对社区服刑人员的特点，帮助其拟订个性化的就业方案。在这个过程中，要根据社区服刑人员的自身情况和市场行情，引导其正确认识个人条件和外部环境的关系。三是对社区服刑人员提供就业政策咨询，提醒他们注意求职应聘后劳动合同的签订、社会保险的缴纳等方面的事宜，以避免其合法权益受到侵犯。

2. 对社区服刑人员进行职业培训

对社区服刑人员进行职业培训，是提高其就业竞争能力的重要措施。各地在职业培训的方式上进行了积极探索，有的地方由政府举办免费的职业培

---

[1] 参见"江苏打造社区矫正风险防范体系升级版"，载 http://sft. jiangsu. gov. cn/art/2015/7/9/art_ 48526_ 4138066. html，最后访问时间：2019 年 7 月 22 日。

[2] 参见最高人民法院、最高人民检察院、公安部、司法部《关于在全国试行社区矫正工作的意见》，发布时间：2009 年 9 月 2 日。

训班，还有的地方积极利用社会资源，通过政府采购的方式，与资质较好的培训机构合作，对社区服刑人员开展职业培训。也有的地方与有公益心的企业联手，建立培训与就业基地，都收到了良好的效果。

3. 鼓励社区服刑人员进入非正规就业体系

社区服刑人员身处社会环境中，其就业就不能不受整体社会状况的影响。当前我国经济发展已经进入由高速增长阶段转向高质量发展阶段。整体就业形势虽然保持基本稳定，但依然面临着诸多挑战，主要表现为：劳动力需求和供给的深层次不匹配，容易造成结构性就业难的困境；世界经济格局正在发生深刻调整，产业布局在不断调整，产业链、价值链和供应链正在面临新一轮的"洗牌"，必然会对我国经济发展产生一定程度的冲击，进而影响到就业领域；科技革新对就业的影响既有"促进效应"，也有"替代效应"，且两种效应正在我国劳动力市场上叠加显现；新经济形态日渐成为扩大就业的重要渠道，但也带来了一些潜在矛盾和现实问题。[1]可见，在经济新常态的背景下，我国社区服刑人员作为"弱势群体"在就业市场上并无明显的优势，反而面临更大的风险。基于这一群体文化素质相对较低、职业技能相对缺乏的现状，鼓励他们进行非正规就业，是一个可行的途径。

根据国际劳工组织的定义，非正规就业具有以下特征：容易进入或没有进入障碍、主要依赖于本地资源、家庭所有制或自我雇佣、经营规模较小、采用劳动密集型的适用性技术、劳动技能不需要在正规学校获得和较少管制或竞争比较充分。[2]目前，非正规就业已经成为我国一种重要的就业形式，其绝对规模由1990年的2984万人增至2011年的2.26亿人，在劳动力市场中的比重也由17.51%增至63.52%。[3]但调查显示，非正规就业者的生存境遇并不乐观。据有关学者利用1997~2011年CHNS数据库，对城镇非正规就业者和正规就业者收入差距进行实证研究的结果显示：二者收入存在显著差异，且呈现不断扩大的趋势，表明我国城镇非正规就业者的生存境遇正不

---

〔1〕 参见莫荣、陈云："高质量发展阶段就业形势、挑战与展望"，载《中国劳动》2019年第1期。

〔2〕 参见冯小茹："非正规就业：弱势群体就业的有效途径"，载《河南科技大学学报（社会科学版）》2005年第2期。

〔3〕 参见王丽平："我国非正规就业发展探析"，载《宏观经济管理》2013年第9期。

断恶化，劳动力市场向着不利于非正规就业的方向发展。[1]基于此，非正规就业尽管其前景广阔，却很难为人青睐。在调查中，笔者发现，虽然社区服刑人员就业艰难，但在就业项目的选择上，灵活多样、门槛较低的非正规部门也远非其首选。其中的原因固然很多，但与非正规就业不体面、不正规、工资低、劳动条件差、社会保障不足存在着密切的关系，而这种状况又往往是由相关制度的缺失与不足所造成的。所以，完善非正规就业的制度设计，是改善非正规就业环境，促使包括社区服刑人员在内的劳动力转入其中的重要举措。为此，一是要确定非正规就业的法律地位，二是进一步规范非正规就业的劳动关系，三是构建非正规就业的社会保障体系，四是消除就业歧视，以改善非正规就业环境，促使包括社区服刑人员在内的劳动力转入其中。

三、社区矫正社会适应性帮扶中应注意的问题

（一）注意吸纳社会的力量

在社区服刑人员困难的解决过程中，除了从国家政策、法律的角度增强其正式社会支持以外，以家人、亲属、邻居、朋友为代表的非正式社会支持同样不可缺少。比如，在社区服刑人员就业的过程中，社会资本在提供就业信息、提供信誉担保、提供资金支持方面发挥着重要作用。新中国成立以来，我国曾一度实行国家包揽福利的制度，其结果是普遍贫穷，充其量只能满足人民最低层次的生存条件。当前，"福利多元主义"（welfare pluralism）已成为西方国家的主流。它主张社会福利是全社会的产物，国家只是福利来源的组成部分，而不是全部。[2]西方国家对政府在推进社会福利中角色的重新定位，对我国确定多元主体在社会救助中的角色具有重要的启示。我们应借鉴国外经验，在对社区服刑人员的救助过程中，除了发挥国家的力量，还应当积极发挥阳光社区矫正服务中心等社会组织的作用，同时注重运用家庭、亲属、邻里等传统社会资本的力量，以便为社区服刑人员构建起全方位、多层

---

〔1〕 参见王庆芳、郭金兴："非正规就业者的境况得到改善了么？——来自 1997~2011 年 CHNS 数据的证据"，载《人口与经济》2017 年第 2 期。

〔2〕 参见黄黎若莲："'福利国''福利多元主义'和'福利市场化'对中国内地和香港社会福利发展的意义和思考"，载曾家达等主编：《21 世纪中国社会工作发展国际研讨会论文集》，中国社会科学出版社 2001 年版，第 311~312 页。

次的社会救助体系。

调查发现，社区服刑人员自身的社会资本是非常有限的。当然，这与我国目前社会资本整体呈下降趋势有关，而这一趋势与社区服刑人员自身状况的结合，更加剧了这一局面。为了充分运用社区资源，首先，社区矫正机构需要对社区资源的整体状况进行摸底调查，并做出中长期规划，对社区资源的运用做出制度安排。并在此基础上，通过广泛宣传，制度激励，激活沉睡中的社区资源，以发挥其应有的作用。其次，优化社区参与模式。基于村（居）民委员会在当前基层社会治理中的特殊角色与重要地位，在解决社区服刑人员困难的过程中，尤其要注重发挥基层群众性自治组织的作用。最大限度地发挥其聚合社会资源的作用，以帮助社区服刑人员顺利度过服刑生涯。

（二）注重与监狱矫正保持连续性

1. 切实提升监狱服刑罪犯适应社会生活的能力

恢复性司法理论认为犯罪在很大程度上是犯罪人某种能力缺陷所致，因此认为能力培养是恢复犯罪人，预防其重新犯罪的重要保证。[1]在监狱行刑过程中，可以秉承恢复性司法的精神，对罪犯个人情况进行调查，在此基础上，分别制定罪犯个人服刑计划，以提高其生存能力、增进其人际交往能力、恢复其公民能力等多种适应社会生活的能力。根据恢复性司法理念，对罪犯的能力培养是在强调他们主动性的基础上进行的，所以在改造罪犯的过程中，应注意发挥他们自身的能动性，变消极改造为积极改造。在实施罪犯"恢复性"改造方案的过程中，应采取各种方式，加强罪犯与社会的联系与沟通，利用社会力量对其进行法律上的、心理上的以及其他方面的援助使之恢复常态。

监狱利用社会资源改造罪犯的主要途径包括两种，一是无偿利用社会资源改造罪犯，主要是指利用社会志愿人员到监狱中从事罪犯改造工作的情况；二是有偿利用社会资源，主要指通过"花钱买服务"的方式利用社会资源到监狱中进行罪犯改造工作。[2]目前中国监狱系统在利用社会资源改造罪犯的

---

〔1〕 参见张庆方："恢复性司法研究"，载王平主编《恢复性司法论坛（2005 年卷）》，群众出版社 2005 年版，第 293 页。

〔2〕 参见吴宗宪：《罪犯改造论——罪犯改造的犯因性差异理论初探》，中国人民公安大学出版社 2007 年版，第 299 页。

过程中，往往把重点放在社会志愿者那里，而较少通过资金投入获得所需要的社会资源。尝试利用志愿人员改造罪犯的方法固然很好，但由于我国经济发展水平、社会传统及志愿者自身素质的原因，这种低成本的利用社会资源的方式有很多的不足。为了弥补这种缺憾，笔者赞同监狱系统应当"花钱买服务"的观点，[1]即监狱系统有意识地投入一部分资金，利用专业机构中的人力、物力、信息、技术等资源，对罪犯进行文化培训、职业技能培训、心理矫治以及其他服务，以切实提升罪犯各方面的能力，为其顺利回归社会创造条件。

2. 充分发挥罪犯劳动报酬制的作用

我国《监狱法》第72条规定，"监狱对参加劳动的罪犯，应当按照有关规定给予报酬"。我们可以在严格贯彻这项规定的基础上，尝试以罪犯劳动所得建立起赔偿制度与储蓄制度。具体方案是将罪犯劳动报酬分为两部分。一部分上缴国库，用于建立受害人赔偿基金；另一部分用于罪犯在狱中生活所需，或用于帮助罪犯履行必要的家庭义务，以维系亲情。余下的由监狱暂时保管，在罪犯释放时一次性发放，这样即使其在释放后短期内找不到工作，有了这笔钱作缓冲，也不至于为了生存而很快地重蹈覆辙。

3. 促进监狱服刑罪犯与正常社会保障体系的衔接

目前，在社区服刑人员中，管制和缓刑人员因始终在社区服刑，没有与社会脱节，原有的医保、社保基本能够延续。而假释人员与暂予监外执行人员因在监狱服刑，无法与正常的社会保障体系衔接。于是在进入社区服刑以后，面临极大的困难，尤其是保外就医人员，虽然按照有关规定，保证人有义务："为被保证人的治疗、护理、复查以及正常生活提供帮助"，但保外就医范围内的疾病，很难简单治愈，治疗周期很长，长此以往，保证人往往难以负担。为了确保这两类人员能及时纳入社会保障体系，应加强监狱、社区矫正机构与医保部门的衔接，确保假释、暂予监外执行尤其是保外就医人员及时纳入社会保障体系，以避免一系列社会问题的发生。

社区服刑人员医疗保障问题，已经开始在地方政府层面进行探索。如北京市司法局会同市人力资源和社会保障局出台了《关于社区服刑人员参加城

---

[1]　参见吴宗宪：《罪犯改造论——罪犯改造的犯因性差异理论初探》，中国人民公安大学出版社2007年版，第299页。

乡居民基本医疗保险有关问题的通知》（以下简称《通知》）。《通知》规定，管制、缓刑、假释、暂予监外执行的本市户籍罪犯无其他基本医疗保障的，可以参加本市城乡居民基本医疗保险，并享受待遇；上年度参保的社区服刑人员在本年度连续参保缴费的可享受门（急）诊、住院医疗保险待遇，未连续参保缴费的不享受门（急）诊医疗保险待遇，只享受住院医疗保险待遇。针对假释、保外就医罪犯前期在监狱内服刑，无法参加或者已中断医疗保险等问题，规定当年假释或暂予监外执行且参保缴费的，视为连续缴费，可于参保当年一并享受门（急）诊和住院医疗保险待遇；执行生效之日起 90 日内，持有效身份证明和相关证件到街道（乡镇）社保所办理参保缴费手续。[1]从而为从监狱释放出的社区服刑人员与社会保障体系的衔接提供了一个可资借鉴的范例。

（三）注重公平与效率的协调统一

1. 准确把握社区服刑人员帮扶的边界

作为人道精神的体现，对社区服刑人员进行帮扶，始于社区矫正试点工作的开展，其运行过程，也是其内涵不断得到完善，定位不断准确的过程。自从 2003 年 7 月我国开展社区矫正试点工作以来，在社区矫正内容方面有所拓展，由单纯的对社区服刑人员的监督，扩展到"监督""教育""帮助"三个方面。2004 年《司法行政机关社区矫正工作暂行办法》规定，"社区矫正的任务……帮助社区服刑人员解决在就业、生活和心理等方面遇到的困难和问题，以利于其顺利适应社会生活。"2009 年，两院、两部联合发布了《关于在全国试行社区矫正工作的意见》将社区矫正的任务进一步明确为"监督管理""教育矫正""帮困扶助"三个方面。从而在内容上更加明确，表述上更加简洁。而从"帮困扶助"转变为"社会适应性帮扶"，始于 2014 年 8 月，两院、两部在《关于全面推进社区矫正工作的意见》中予以确定，具体表述为："严格执行刑罚，加强监督管理、教育矫正和社会适应性帮扶，是社区矫正的基本任务。"

由此可以看出，"社会适应性帮扶是直接为刑罚执行服务的，它'附丽'

---

[1] 参见"北京出台社区服刑人员参加医疗保险制度 加大社会适应性帮扶力度"，载司法部网站，http://www.moj.gov.cn/organization/content/2018－12/29/sqjzjsjxw＿182331.html，最后访问时间：2019 年 7 月 8 日。

于刑罚执行活动之上，没有刑罚执行就无所谓适应性帮扶，它在整个社区矫正工作中处于从属的、跟进的、服务的地位。"其"目标是帮助社区矫正人员顺利完成刑期，为他们成功完成社区矫正创造条件。"其"广度和深度都是由刑事执行的有关法律、法规决定的。"[1]可见，从制度导向来看，帮扶既不是一项"福利"，也不是毫无原则的满足社区服刑人员的各种要求，而是为了辅助刑罚的顺利执行，而提供的基本保障性措施，其在社区矫正中的地位始终是从属的，次要的地位。其意义在于通过整合制度资源、物质资源、人力资源，着力解决社区服刑人员在服刑过程中遇到的各种问题，促进其顺利度过刑期，以更为积极的姿态重新回归社会。如果一味强调"温情脉脉"，甚至"姑息迁就"，就会影响社区矫正工作的严肃性、权威性。

2. 及时向社区服刑人员伸出援助之手

社会救助工作对于维护求助对象——社区服刑人员的基本生活权益具有重要作用。社区服刑人员的需要往往具有紧急性，而迟到的社会救助不仅会使需要救助者的生存权或其他权利面临威胁，而且不利于社会秩序的维护和社会稳定。在工作中，有些地方进行帮扶工作仅是走过场，以至于造成形式浮夸，内涵失效的帮扶。有的地方只重视重要的节假日，一到节假日操办得很隆重，拍照片，上电视，而忽视了平时对服刑人员应有的关注和关怀。因此，各类社会救助机构在工作过程中要注重工作效率，及时向社区服刑人员伸出援助之手，避免搞形象工程。

综上所述，为了实现社区矫正的人道价值，促使社区服刑人员顺利回归社会，社区矫正运行中针对服刑人员的困难提供了广泛的帮助，并形成了各具特色的帮扶模式。但由于诸种原因，依然存在着物质困难的解决缺乏长效机制、社会适应性帮扶缺乏合理的边界等不足。为了进一步提高社区矫正帮扶效果，首先，应完善制度设计、补充更生保护的内容；其次，应构建社区服刑人员的物质支持网络；最后，应整合多种资源、把握帮扶的合理边界、兼顾效率与公平，等等。

---

〔1〕 参见许振奇："《社区矫正实施办法》实施中要正确处理的十大关系"，载司法部社区矫正管理局编《社区矫正研究论文集（2013）》，法律出版社2013年版，第50~51页。

第六章
Chapter6

未成年人社区矫正运行机制研究

社区矫正，作为未成年人犯罪刑罚处遇的"中间"形态，具有非常独特的价值。一方面，作为一种非监禁的刑罚执行方式，社区矫正能够最大限度地保护犯罪的未成年人，促使其以一种积极的姿态重新回归社会。另一方面，未成年人社区矫正的积极探索、成功实践，能够为社区矫正的整体发展开辟新的道路。目前，我国未成年人社区矫正已经获得一定的发展，但与应然期待相比较，仍然存在一定差距，本文拟在对其现状进行分析的基础上，就其进一步完善进行分析。

第一节　未成年人社区矫正的现状

一、未成年人社区矫正运行已经获得一定的制度空间

（一）社区矫正的立法发展为未成年人社区矫正开辟了空间

社区矫正作为我国犯罪治理现代化的探索、宽严相济刑事政策的具体落实，自 2003 年 7 月开始进行试点，已经取得了初步成效，并逐渐扩展到全国。但由于制度设计的滞后，一直遭遇"合法性"危机，甚至遭受"合宪性"质疑。在这一"整体性危机"之下，未成年人社区矫正作为其中的组成部分不可避免地受到影响与制约。社区矫正的立法呼唤成为一种普遍的声音。基于此，《刑法修正案（八）》规定："对判处管制的犯罪分子，依法实行社区矫正。""对宣告缓刑的犯罪分子，在缓刑考验期限内，依法实行社区矫正。""对假释的犯罪分子，在假释考验期限内，依法实行社区矫正。"2012年修正的《刑事诉讼法》规定："对被判处管制、宣告缓刑、假释或者暂予监外执行的罪犯，依法实行社区矫正，由社区矫正机构负责执行。"从而确立了社区矫正的合法身份，明确了社区矫正的类型。

为了促进社区矫正的精准适用，《刑法修正案（八）》对缓刑、假释的适用条件进行了重新建构：对于其实质条件的判断，由"不致再危害社会"，改为"没有再犯罪的危险"。同时，严格考量社区矫正适用对社区的影响，规定："宣告缓刑对所居住社区没有重大不良影响"，"对犯罪分子决定假释时，应当考虑其假释后对所居住社区的影响。"为了强化社区矫正效果，《刑法修正案（八）》设立了针对管制、缓刑人员的禁止令，并在《刑法修正案（九）》中规定对假释人员可以适用"职业禁止"。并在 2012 年《刑事诉讼法》的修正案中，对暂予监外执行的适用条件、适用程序、具体执行等问题进行了完善。刑事立法对社区矫正的法律地位、适用范围、适用条件、辅助措施等一系列问题的确立和完善，化解了一直以来社区矫正所面临的诸多制度困境，为社区矫正的全面发展奠定了基础，未成年人社区矫正作为其中的组成部分自然也因此获得了发展机遇。

（二）未成年人刑事处遇的调整促进了这一群体社区矫正的发展

基于对未成年犯罪人的特殊保护，我国《刑法》规定对已满 14 周岁不满 18 周岁的人犯罪，应当从轻或者减轻处罚，为未成年人犯罪处遇的非监禁化创造了空间。而近些年来对未成年人刑事法律的完善，则进一步促进了这一群体刑事案件的分流，促进了这一群体社区矫正的发展。为了扩大未成年人社区矫正的适用，《刑法修正案（八）》规定在符合一定条件的情况下，对于不满 18 周岁的未成人犯罪人，应当宣告缓刑。并规定不满 18 周岁的人犯罪不构成累犯，使其在刑罚裁量和执行中摆脱了这一身份所带来的种种不利影响，为社区矫正的适用进一步释放了空间。

同时，为了更好保护未成年犯罪人的诉讼权利，2012 年的《刑事诉讼法》的修正案专章设立未成年人刑事案件诉讼程序，建立了未成年人犯罪案件"审前社会调查制度""合适成年人参与制度"，并规定"对被拘留、逮捕和执行刑罚的未成年人与成年人应当分别关押、分别管理、分别教育。"并在刑法有条件免除未成年犯罪人前科报告义务的基础上，建立了"犯罪记录封存制度"。从而规范了未成年人社区矫正的运行，为更好地保护这一群体提供了法律依据。

二、未成年人社区矫正运行的积极探索

自从 2003 年 7 月，两院、两部联合发布《关于开展社区矫正试点工作的通知》以来，社区矫正作为"非监禁刑"的重要执行方式，已在全国范围内全面展开，由此带来未成年人犯罪社会化处遇的新契机。在《刑法》《刑事诉讼法》《监狱法》，以及《关于开展社区矫正试点工作的通知》《司法行政机关社区矫正工作暂行办法》《社区矫正实施办法》等一系列社区矫正法律文件的支持之下，我国目前已基本建立起了社区矫正领导机构和组织网络，并形成了一支专、兼职相结合的社区矫正工作队伍，制定了一系列的矫正工作制度。依托于社区矫正运行的整体框架，各地在未成年人社区矫正方面进行了积极的探索，主要特点如下：

（一）注重对未成年社区服刑人员的特殊保护

在我国社区矫正运行中，延续了对未成年犯罪人予以特殊保护的传统。《联合国非拘禁措施最低限度标准规则》第 3.11 条规定，"在适用非拘禁措施时，应尊重罪犯的以及其家庭成员的隐私权"。对于未成年社区服刑人员来讲，这一点尤为重要。因为其在开放的社会环境下服刑，如果被公开标定为"犯罪人"，容易受到社会歧视，产生自暴自弃的心理，难以融入正常的社会生活。为了避免这一问题，在我国的社区矫正实践中，未成年人的隐私权得到了一定关照。比如在公益劳动的过程中，未成年社区服刑人员以志愿者的身份参加。

随着未成年人轻罪犯罪记录封存制度的建立，未成年社区服刑人员的隐私权进一步得到保护。2012 年颁布的《北京市社区矫正实施细则》明确规定：对未成年人的社区矫正应当与成年人分开进行；对未成年社区矫正人员给予身份保护，其矫正宣告不公开进行，除司法所工作人员、抽调监狱劳教人民警察、社区民警、村（居）民委员会工作人员和其监护人以外不得允许其他人员在场，其矫正档案应当保密。[1]从而为更好地保护未成年社区服刑人员隐私权，消除其回归社会的壁垒，提供了操作规范。

江苏省淮阴区针对未成年人的特殊性，创新工作方法，成立了"阳光在

---

[1] 参见《北京市社区矫正实施细则》第 36 条，发布时间：2012 年 5 月 21 日。

线——淮阴区未成年社区服刑人员成长中心"。并按照修正后的《刑法》《刑事诉讼法》规定，给予未成年社区服刑人员单独的矫正空间，由专门人员负责他们的报到、日常工作管理和资料管理，并设计了与之相配套的报到证明等档案文书。中心在未成年人报到入矫之初便用粉红色纸张作为未成年人的报到证明，以示区别。在结束为期两周的跟班教育之后，未成年人将持粉红色报到证明到司法所继续接受教育矫正，司法所在接到粉色证明后即将其档案分开保存，进行必要的封存处理。中心对未成年人档案同样进行密级保护封存。此外淮阴区还在全区司法所规范了未成年人社区服刑人员档案资料管理的操作程序，从而保证他们的资料从入矫报到至解矫各个环节不被泄露，真正实现关心和保护未成年人合法权益。[1]

（二）积极探索社会力量参与模式

虽然目前我国社区矫正的社会参与存在诸多问题，但相对而言，社会力量对未成年人社区矫正的关注程度与参与力度都是比较高的，并形成了一定的模式。比如2005年1月，北京市宣武区社区矫正工作领导小组办公室（司法局）、区检察院、团区委、首都师范大学团委针对未成年社区服刑人员的实际情况，共同推出"为了明天——未成年人社区矫正"活动。受聘的21名首都师范大学心理专业的大学生志愿者发挥自身优势和专业特长，在调研的基础上，对未成年人社区服刑人员进行心理辅导、学习引导、带领他们开展有利于身心健康的公益劳动，以引导、帮助这一特殊群体矫正不良思想和行为习惯，提高道德水平和法制观念，形成健康人格，顺利回归社会。[2]

而上海等地推行的"2+3"矫正模式则是针对犯罪未成年人量身定做的一种矫正方式。"2"即建立社区矫正公益劳动基地和社区矫正教育基地。"3"即利用三种力量，一是司法专职矫正工作人员，二是社区矫正社工，三是社区矫正对象的亲属、亲友、心理医生、高校教师、学生以及志愿者等社会力量。两个基地的建立和三种力量的整合，不仅为社区矫正工作建立了较为固

---

〔1〕　参见淮阴区司法局："强化社区心理矫正工作，促进社区管理 ——以淮阴区司法局未成年服刑人员社区矫正工作为例"，载江苏省社会科学界联合会编：《江苏省第八届学术大会学会专场论文哲学社会类论文汇编》2014年11月出版，第1784~1790页。

〔2〕　"宣武区未成年人社区矫正工作有了心理专业大学生志愿者"，载http://www.bjyouth.gov.cn/special/wcnrsxddjs/4/19076.shtml，最后访问时间：2019年7月22日。

定的平台，而且也为社区矫正工作建立了长效化的机制。[1]未成年人社区矫正过程中多方力量的参与，不仅节约了国家的行刑资源，而且对于未成年犯罪人诸多问题的解决奠定了基础。尤其是在校大学生的参与，为未成年社区服刑人员提供了正向的人生引导，为其顺利回归社会创造了条件。

（三）积极探索未成年人社区矫正的方式、方法

在社区矫正运行中，各地针对包括未成年人在内的社区服刑人员开展了一系列的监督管理、教育矫正、社会适应性帮扶活动，个案矫正、心理矫正等矫正方法得到广泛推行。为了提升社区矫正质量，江苏省南通市崇川区司法局社区矫正中心作为省司法厅设立的25家"社区矫正损害修复项目研究基地"之一，就未成年人社区矫正损害修复进行积极探索。"通过购买服务引进专业的未成年人帮教社会组织共同参与项目，并依托区检察院未成年人帮教观护基地成立了未成年社区矫正损害修复基地，初步形成了'社区矫正机构+社会组织+损害修复基地'的未成年人社区矫正损害修复城区模式。"[2]这一模式，旨在通过诸种方式，达成未成年犯罪人与被害人、与社区等关系的恢复和重建，促进其深度回归社会，收到了良好效果。

为进一步提高对未成年社区服刑人员的教育矫正水平，"司法部社区矫正管理局与国家关心下一代工作委员会儿童发展研究中心、联合国儿童基金会开展为期5年（2016~2020年）的合作项目，从江苏省、北京市、陕西省西安市选取部分社区矫正中心进行未成年人回归社会指导、心理教育、心理干预、就业指导、社会适应性训练等项目的试点工作。"[3]这一项目的开展，对于总结未成年人社区矫正的成熟经验，形成行之有效的回归社会模式，将发挥积极的作用。

据统计，截止到2017年3月底，各地正在接受社区矫正的未成年社区服

---

〔1〕 参见石先广："建立未成年犯区别矫正制度的思考"，载《中国司法》2006年第6期。

〔2〕 "江苏省司法厅重视提高社区矫正质量"，载司法部网站，http://www.moj.gov.cn/organization/content/2018-07/06/sqjzjsjxw_21814.html，最后访问时间：2019年7月8日。

〔3〕 "司法部对十二届全国人大五次会议第4440号建议的答复"，载司法部网站，http://www.moj.gov.cn/government_public/content/2017-12/28/142_11313.html，最后访问时间：2019年7月8日。

刑人员共计 12 471 人，再犯罪率一直处在 0.2% 的较低水平。[1] 从而展示了在十几年的社区矫正实践中，未成年人社区矫正取得了良好的效果。

第二节　未成年人社区矫正存在的问题

一、未成年人社区矫正的适用存在偏差

随着宽严相济刑事政策的落实，社区矫正立法的推进，未成年社区服刑人员的数量呈现上升的态势。据统计，目前全国未成年社区服刑人员已经超过未成年犯管教所在押未成年犯人数。[2] 显示出未成年人社区矫正整体向好的趋势。但综合观察，因为各地适用社区矫正的力度不同，社区矫正对监禁矫正的超越并非一种普遍的现象。比如有学者对某地法院 2011 ~ 2015 年的调查显示，从总体态势看，5 年间未成年人非监禁刑适用比例略有攀升，但仍以监禁刑为主。[3] 由此可以判断，由于种种原因，未成年人社区矫正的适用中，保守与激进同在，其适用的制度空间并没有被完全激活，规模效益仍然有待提高。

从我国未成年社区服刑人员的类型结构来看，缓刑人员成为规模最大的一个群体。比如，根据某法院 2011~2015 年的数据，缓刑在未成年人每年的非监禁刑适用中均占绝对优势，比例高达 95%。[4] 这表明社区矫正制度设计中对未成年人缓刑的特殊关照已经开始发挥作用。但管制作为典型的非监禁刑，基本处于"僵尸"状态，制度优势无法得以展现，不能不说是一个十分遗憾的现象。《联合国少年司法最低限度标准规则》第 19.1 条规定："把少年投入监禁机关始终应是万不得已的处理办法，其期限应是尽可能最短的必要时间。"从我国现状来看，监禁刑仍然是犯罪的未成年人承担刑事责任的一种

---

〔1〕"司法部对十二届全国人大五次会议第 4440 号建议的答复"，载司法部网站，http://www. moj. gov. cn/government_ public/content/2017-12/28/142_ 11313. html，最后访问时间：2019 年 7 月 8 日。

〔2〕参见姚建龙："中国少年司法的历史、现状与未来"，载《法律适用》2017 年第 19 期。

〔3〕参见夏艳："未成年人犯罪非监禁刑适用的实证分析与展望——以 S 市 A 区人民法院 2011~ 2015 年审判实践为样本"，载《青少年犯罪问题》2016 年第 4 期。

〔4〕参见夏艳："未成年人犯罪非监禁刑适用的实证分析与展望——以 S 市 A 区人民法院 2011~ 2015 年审判实践为样本"，载《青少年犯罪问题》2016 年第 4 期。

重要方式。据统计，2015 年 1 月 1 日至 2016 年 12 月 31 日，我国未成年人犯罪案件中，判处 3 年以上有期徒刑的比例占全部有期徒刑比例的 25.8%。[1]这意味着，四分之一的未成年犯罪人将有一个较长时间的监禁生涯。基于监禁刑的种种弊端，畅通其走出监狱的制度出口十分必要。虽然最新司法解释规定，对未成年罪犯适用减刑、假释、暂予监外执行可以适度从宽。但由于责任追究制度的存在，实践中对包括未成年人在内的假释适用十分谨慎保守。多年来，假释适用一直在低水平徘徊。数据显示，2016 年全国假释率为1.28%，25 个省（自治区、直辖市）的假释率不足 1%，为近 10 年最低水平。[2]虽然未成年犯罪人不再受累犯不得假释的限制，但因故意杀人、强奸、抢劫、绑架、放火、爆炸、投放危险物质或有组织的暴力型犯罪被判处 10 年以上有期徒刑、无期徒刑的未成年犯罪人，依然被排除在假释之列。所以，对于监禁中未成年人来讲，通过"减刑"获得"真释"的几率更大，"假释"作为其回归社会的重要缓冲方式基本处于虚置状态，从而带来诸多的隐患。

二、未成年人社区矫正的执行程式化明显

在我国社区矫正从局部试点、扩大试点、全面试行到最终全面展开的背景下，依托于现有社区矫正制度体系、组织体系，我国未成年人社区矫正的工作流程已基本确立，并在矫正过程中，结合未成年人身心特点，采取有针对性的措施，为这一群体社区矫正的正常运行奠定了基础。但深入考察，就会发现实际执行中监管内容单一，矫正内涵挖掘不足，程式化问题突出。虽然一定程度上体现了对于未成年人的区别对待，但从总体上来看，"盆景"效应明显。

究其原因，主要在于社区矫正立法虽已得到一定发展，但应然期待与制度供给不足的矛盾依然存在。比如没有明确社区矫正的执行机关、社区矫正的内容空泛、虚化，社区矫正的程序不够明确具体。这些问题，在未成年人社区矫正中体现得尤为突出。首先，我国刑事基本法律缺乏对未成年社区服

---

〔1〕 此数据根据司法大数据研究院、司法案例研究院：《司法大数据专题报告之未成年人犯罪》有关数据综合而成，载最高人民法院网，http://www.court.gov.cn/upload/file/2017/11/30/13/20/20171130132016_65864.pdf，最后访问时间：2019 年 7 月 8 日。

〔2〕 参见林仲书："关于完善假释适用的思考"，载《中国司法》2017 年第 9 期。

刑人员权利义务的特别规定。实践中主要依托一般性规定开展工作，内容高度雷同。其次，教育矫正与社会适应性帮扶虽然是我国社区矫正的三大任务之一，但在刑事基本法律中缺乏相应规定。因而在实践中只能摸索前行。

为了改善这一状况，两院、两部先后联合发布了一系列社区矫正法律文件，以指导社区矫正的运行。尤其在《刑法修正案（八）》出台以后，颁布了《社区矫正实施办法》，以进一步规范社区矫正的运作。值得关注的是，在《社区矫正实施办法》中就未成年人社区矫正进行了专门的规定，明确对未成年人实施社区矫正，应当遵循教育、感化、挽救的方针，按照下列规定执行："（一）对未成年人的社区矫正应当与成年人分开进行；（二）对未成年社区矫正人员给予身份保护，其矫正宣告不公开进行，其矫正档案应当保密；（三）未成年社区矫正人员的矫正小组应当有熟悉青少年成长特点的人员参加；（四）针对未成年人的年龄、心理特点和身心发育需要等特殊情况，采取有益于其身心健康发展的监督管理措施；（五）采用易为未成年人接受的方式，开展思想、法制、道德教育和心理辅导；（六）协调有关部门为未成年社区矫正人员就学、就业等提供帮助；（七）督促未成年社区矫正人员的监护人履行监护职责，承担抚养、管教等义务；（八）采取其他有利于未成年社区矫正人员改过自新、融入正常社会生活的必要措施。"[1]为实践中未成年人社区矫正的运行提供了基本依据。但《社区矫正实施办法》，终归只是具有司法解释性质的法律文件，法律位阶太低，效力自然有限，而且规定的内容仍然不够细化、操作性有待提高，难以达到应有的效果。

社区矫正，作为未成年人基于犯罪而承担的刑事义务，应以其服刑表现为依据，适时进行调节，以避免刑罚的过剩与不足，并产生激励和引导的作用，提升矫正效果。从我国现行法律的规定来看，社区矫正奖惩体系内容单一，重惩罚、轻奖励，对社区服刑人员而言，行为失范达到一定程度，直接撤销缓刑、假释，收监执行，在社区矫正与监禁矫正之间缺乏必要的缓冲地带。未成年社区服刑人员作为其中的组成部分，也不可避免地呈现一种僵化的状态，难以在保护社会和保护犯罪未成年人之间达成最佳的平衡状态。

---

〔1〕　最高人民法院、最高人民检察院、公安部、司法部《社区矫正实施办法》第33条，发布时间：2012年1月10日。

三、未成年人社区矫正项目不够丰富

我国社区矫正实践中，虽然对未成年人社区矫正模式进行了积极的探索，但与自身的复杂状况相比较，社区矫正项目不够丰富。在美国、英国等西方国家，经过多年的发展，已经形成了比较完善的未成年人社区矫正体系。比如在美国关于犯罪未成年人的社区矫正项目主要包括：缓刑；释放安置；其他项目，如离家出走项目、对未成年人团伙的调解处理、养育之家、转换项目、日处遇项目、小组之家以及在荒野的学习经历项目，等等。[1]在英国，对犯罪未成年人的非监禁刑包括罚金、缓刑、社区服务、复合命令（将缓刑和社区服务结合）、电子监控、赔偿、有条件的解除指控、完全解除指控、责令犯罪人行为平和守规矩、判决暂不生效、警察警告等多种选择。[2]与国外这些丰富多彩的矫正项目相比，我国的社区矫正项目相对贫乏，在少数的几种选择中，适合未成年人的更加有限。因而难以适应未成年人社区矫正的需要，成为影响其运行效果的重要原因。

第三节　未成年人社区矫正运行机制的优化

一、整合已有的制度资源，推进未成年人社区矫正顺利运转

（一）充分发挥审前社会调查的作用

从未成年人社区矫正运行过程观察，其规模优势未得到充分展现，类型结构存在偏差，执行过程过于程式化，影响了未成年人深度回归社会。而这种状况之所以存在，除却制度设计的原因，另外的一个重要因素是对犯罪未成年人的人身危险性缺乏科学考量，因而在社区矫正运行中相关主体选择消极保守立场，以免因特殊预防失败受到公众苛责，并因责任追究导致职业生涯受损。因而造成不必要的"羁押"，保守的量刑，僵化的执行。所以，建立

---

〔1〕　参见刘强编著：《美国犯罪未成年人的矫正制度概要》，中国人民公安大学出版社2005年版，第89页。

〔2〕　参见王运生、严军兴：《英国刑事司法与替刑制度》，中国法制出版社1999年版，第73~75页。

系统的、动态的未成年犯罪人调查评估体系，为社区矫正的适用与执行提供科学的依据极为必要。我国未成年人审前社会调查制度的确立，以及《刑法修正案（八）》对缓刑、假释条件中社区因素的纳入，为未成年人社区矫正评估体系的完善提供了法律依据。从社区矫正实践来看，社区矫正评估体系已取得一定进展，但总体来看，还有待进一步提高。

社区矫正评估是一个复杂的过程，既需要深厚的理论做支撑，又需要科学的方法来运作；既需要构建科学的指标体系，又需要制定可行的操作化方案。在未成年人社区矫正评估过程中，一项基础性工作是选择科学的指标体系。十几年来，在我国未成年人社区矫正的实践中，已经积累了极其宝贵的数据资料。所以，一个高效的途径是运用大数据分析技术，筛选出影响再犯的相关因子，然后根据评估目标的不同，进行组合并赋予不同的权重。鉴于未成年人的特殊身心状态，对于家庭、学校、社区等微观环境高度依赖，所以无论哪个阶段的评估，这些因素都不可忽视。为了实现对未成年犯罪人的特殊保护，发挥犯罪记录封存制度的应有功效，在评估过程中应注意保护其隐私。最终，通过一系列操作过程，产生评估报告，促进未成年人社区矫正的精准适用与执行。

（二）充分发挥禁止令的作用

基于当前社区矫正内容的虚化，《刑法修正案（八）》建立了禁止令制度，以促进社区矫正的适用与执行。在未成年人社区矫正立法尚未完备的情况下，应充分发挥这一"刑罚辅助措施"——禁止令的作用，加固预防其重新犯罪的防火墙。为此，应注意把握以下方面：首先，设定有针对性的禁止内容。据统计，网吧成为未成年人犯罪案件高发场所。2016 年 1 月 1 日至 2017 年 12 月 31 日，全国法院审结的未成年人犯罪案件中，有相当数量的案件发生在网吧、KTV、酒吧等娱乐场所（排名前三）。另外，深夜和凌晨为未成年人犯罪高发时间。未成年人犯罪案件中，案发时间主要集中在 21 时至凌晨 3 时，深夜和凌晨作案占比较高。[1]所以，禁止相关的未成年人进入网吧等娱乐场所，对某些未成年人宣告宵禁极为必要。鉴于未成年人犯罪中，团

---

〔1〕 参见中国司法大数据研究院："从司法大数据看我国未成年人权益司法保护和未成年人犯罪特点及其预防"，载最高人民法院网，http://www. court. gov. cn/upload/file/2018/06/01/10/12/2018060 1101246_ 54227. pdf，最后访问时间：2019 年 7 月 8 日。

伙犯罪比较突出，为了避免受到不良交往的影响，禁止接触同案犯亦应纳入
选择范围。其次，探索禁止令的执行，真正做到令行禁止。在这个过程中，
坚持正式控制与非正式控制的结合，尤其发挥父母等监护人的作用。同时做
到人力管理与技术管理的结合，注重采用电子监控等技术，强化对未成年人
的行为控制，以预防再犯的发生，提高社区矫正的效果。

二、完善未成年人社区矫正立法，为其进一步发展创造条件

《联合国少年司法最低限度标准规则》第2.3条规定："应努力在每个国
家司法管辖权范围内制订一套专门适用于少年犯的法律、规则和规定。"可
见，基于未成年犯罪人的特殊身心状态，建立独立的司法制度是国际社会的
一种强烈呼吁。近些年来，随着对未成年人犯罪问题的关注，以及对其犯罪
原因的深刻认识，建立独立的未成年人司法制度，强化对未成年犯罪人的保
护已经成为我国学术界一种重要的声音。典型的表述包括："少年司法的特殊
性决定了其应从刑事司法中分离出来，保持必要的独立性，而不应淹没于刑
事司法或者依附于刑事司法之中。"[1]但基于立法的渐进性，"我国少年司法
制度尚未定型，仍然处于初始阶段，在理论研究、立法规范和组织体系建设
等方面还有很长的路要走，建立中国特色的少年司法制度还需要我们积极的
探索和付出艰苦的努力。"[2]在我国刑事法律尚需完善、司法体制尚在调整的
背景之下，未成年犯罪人独立司法体系的建立任重而道远。

目前，一个可行的方案是：依托于社区矫正立法，完善未成年人社区矫
正制度。自党的十八届三中全会明确提出要"健全社区矫正制度"以来，我
国社区矫正立法一直处于推进状态，2016年12月1日国务院法制办公室公布
了《征求意见稿》。可见，目前社区矫正立法已基本进入最后一公里的节奏。
这是完善未成年人社区矫正制度的一个非常良好的契机。《征求意见稿》在第
25条专门就未成年人社区矫正进行了规定，下面就结合这一规定，对未成年
人社区矫正的完善提出建议：

---

〔1〕 姚建龙："中国少年司法的历史、现状与未来"，载《法律适用》2017年第19期。
〔2〕 孙谦："关于建立中国少年司法制度的思考"，载《国家检察官学院学报》2017年第4期。

（一）赋予未成年人社区矫正独立的法律地位

在《征求意见稿》中，未成年人社区矫正作为第三章监督管理最后一个条款加以规定，但是在监督管理的标题下，无法统摄未成年人社区矫正的全部内容，造成逻辑上的混乱，也无法充分体现对于这一群体的区别对待，所以赋予未成年人社区矫正独立的法律地位势在必行。建议就未成年人社区矫正设立独立的一章，标题为"未成年社区服刑人员"。并明确对未成年人实施社区矫正，应当遵循教育、感化、挽救的方针，以便与《中华人民共和国预防未成年人犯罪法》《刑事诉讼法》的相关条款保持一致，体现对未成年犯罪人的一贯立场。并确立对未成年人的社区矫正应当不公开执行、与成年人分开进行的原则。《征求意见稿》规定："监督管理应当与成年社区矫正人员分开进行"，为了更好地保护未成年社区服刑人员的隐私权，不仅在监督管理，而且在集中教育、社区服务等环节也要与成年社区服刑人员分开进行。所以在这个问题上要进行一般性规定。并在此基础上，就未成年人社区矫正的内容、程序、适用范围、工作人员配置、法律监督等作出明确的规定。下面将就一些问题进行具体探讨。

（二）完善未成年人社区矫正的具体内容

首先，明确未成年社区服刑人员的权利。《中华人民共和国宪法》（以下简称《宪法》）《刑法》《监狱法》《中华人民共和国未成年人保护法》等诸多法律中，对未成年犯的权利作了原则性规定。为了保护社区矫正中的未成年人，在立法过程中必须结合这一群体身心特征，促使其权利由隐到显，并且明确具体，具有操作性。根据有关学者观点，以下几项权利应该重点予以关注：（1）正常、稳定成长环境权。矫正主体之外在干预必须适宜与适度，以不影响未成年犯正常的升学、就业，维系其家庭、生活和学习之相对稳定为原则。（2）成长的受扶助权。未成年犯的再社会化是在外部力量指引与帮助下完成，所以，未成年犯"自助"所需之"外在帮助"，对未成年犯而言，必须内化为其一项权利，如获得心理辅导、物质帮助与生活扶助，等等。（3）正当权益的保障权，包括法定权利不被侵害以及对权益侵害时的救济。[1]本书赞

---

〔1〕　参见孟红："未成年犯社区矫正中的法律主体研究"，载《华东政法学院学报》2006年第5期。

同这一思路，并且认为为了保护犯罪未成年人，促使其重新回归社会，应该以明确的方式列举未成年人在这几个方面都具体享有哪些权利，以维护其身心健康，促使其顺利完成再社会化。

其次，完善未成年社区服刑人员的义务。在对未成年社区服刑人员进行权利保护的同时，亦应严格约束其行为，以维护公共安全，促使其心理、行为向良性发展。具体可从两个方向进行考虑：（1）以命令的方式要求他们积极做出某些行为，如报告自己的有关行为、固定居住、参加社会训练，等等。其中，增加接受学校教育的义务极为必要。按照《宪法》《中华人民共和国教育法》等有关规定，"受教育"既是公民的一项权利，同时又是一项法定义务，所以在通过各种各样方式保障有就学愿望的未成年人获得教育机会的同时，以义务的方式责令一部分厌学、逃学、辍学的未成年人接受学校教育极为必要。另外，对于存在酒瘾、毒瘾的未成年社区服刑人员，可以经其监护人和法定代理人同意，要求其接受戒酒、戒毒的治疗。（2）以禁令的方式规定其不得做出某些行为。尽管刑法禁止令一定程度上弥补了监管措施的不足，但其仅仅适用于管制、缓刑人员，对于假释人员的职业禁止，基本上对未成年人缺乏意义。为了优化未成年人社区矫正类型结构，促进假释的适用，一个可行的途径是将禁止令适用范围扩大到未成年假释人员，以扩大法官的裁量空间。

最后，丰富未成年人违反义务的法律后果体系。美国的一种包含违规后果的缓刑规则规定，如果不能遵守相关的命令性、禁止性规则，会导致下列一种或多种后果：不准离家外出；收紧宵禁令时间、安排社区服务工作时间；跟踪和监督；在少年法庭学校联络员的监督下参加并完成学校反暴力计划；日间治疗计划；与少年法庭官员的额外会见；未经允许缺课的话，缺课1小时或不到1小时安排2小时的社区服务工作；拘留48小时；送回法庭修改上次的法庭令。[1]虽然我国与美国的社区矫正制度存在差异，但这一多元化的思路值得借鉴。在我国未成年人社区矫正与监禁矫正之间应该建立一些过渡性的违规处遇方案，促进未成年人社区矫正累进处遇的形成，改善执行过程中的刚性状态。

---

〔1〕 参见吴宗宪：《社区矫正比较研究（下）》，中国人民大学出版社2011年版，第657页。

(三) 适度扩大未成年人社区矫正的范围

首先,犯罪的时候不满 18 周岁,被判处 5 年有期徒刑以下刑罚,接受矫正时已满 18 周岁,不满 20 周岁的服刑人员,适用关于未成年社区服刑人员的相关规定。《联合国少年司法最低限度标准规则》第 3.3 条规定:"还应致力将本规则中体现的原则扩大应用于年纪轻的成年罪犯。"《德意志联邦共和国少年法院法》第 1 条规定:(1) 少年或未成年青年实施的违法行为,根据普通法规定应判处刑罚的,适用本法。(2) 少年是指行为时已满 14 岁不满 18 岁者,未成年青年是指行为时已满 18 岁不满 21 岁者。从这些规定可以看出,将少年司法的规则应用于年纪轻的成年罪犯,以促进其顺利回归社会,已经成为国际潮流。

其次,将未成年人附条件不起诉的监督考察纳入社区矫正范围。目前我国社区矫正的官方定性是:非监禁刑罚执行活动。尽管很多学者指出,囿于官方定义的狭窄,无法充分展现社区矫正的价值,因而建议重构社区矫正概念,扩大其适用范围。将社区矫正界定为包含行政制裁与刑事制裁的社区制裁。[1]但基于我国目前的国情,短期内其外延难以扩张,但这并不意味着其缺乏成长的空间。所以,在某些领域适度放开先行探索,具有一定的价值。而选择未成年人社区矫正作为"试验田",具有一定的可行性。我国台湾著名学者林纪东先生认为:"少年法之理论,与传统刑事法之理论,虽多距离,然对旧日之刑事法,正有推陈出新之作用,刑事法之改正,均可见少年法之检讨,见其端倪。"[2]基于此,将未成年人附条件不起诉的监督考察纳入社区矫正范围,具有合理性。而事实上,这一做法,也具有一定的可操作性。按照《人民检察院办理未成年人刑事案件的规定》规定:"被附条件不起诉的未成年犯罪嫌疑人,应当遵守下列规定:(一) 遵守法律法规,服从监督;(二) 按照考察机关的规定报告自己的活动情况;(三) 离开所居住的市、县或者迁居,应当报经考察机关批准;(四) 按照考察机关的要求接受矫治和教

---

〔1〕 具体论述可见:万菁、王利荣:"社区矫正制度化的若干建议",载《河南司法警官职业学院学报》2005 年第 3 期;连春亮:"社区矫正概念的多维思考与选择",载《河南司法警官职业学院学报》2007 年第 2 期。

〔2〕 参见姚建龙:《少年刑法与刑法变革》,中国人民公安大学出版社 2005 年版,第 4 页。

育。"[1]而这一规定，和我国社区服刑人员的服刑义务基本是一致的。将这一群体纳入未成年人社区矫正监督管理体系之下，在促进刑事司法资源合理配置，促进社区矫正发展方面无疑具有重要的意义。

三、选择适宜的未成年人社区矫正方式

（一）个案矫正

作为刑罚个别化的具体体现，个案矫正无疑是未成年犯罪人社区矫正过程中的首选方式。在我国社区矫正实践中，对这一方式也进行了尝试。为了更好掌握未成年人的特点，以便有的放矢，制定矫正方案之前的评估就显得尤为必要。在罪犯评估实践中，由于统计式评估更加简便易行，中立客观，因而在历史的发展中逐渐取得了优势地位。在评估量表的研发过程中，在理念方面的一个重要的变化是从消极的危险鉴定到积极的危险防范，所以在评估内容中，服刑人员的需要，尤其是"犯因性需要"得到格外关注。在我国未成年社区服刑人员的评估内容的设定中，应当对此予以重视。另外，未成年人犯罪与其成长环境有着很大的关系，他们的成长经历、家庭背景、朋友关系等也是关系到矫正效果的重要因素，对此应予全面调查，并在此基础上分析其犯罪原因，明确矫正工作目标，制定个案矫正计划。

（二）分类矫正

随着社区矫正的发展，相关法律法规的完善，未成年人社区服刑的人数必将是一个上升的趋势，结构也日趋复杂。在这种情况下，根据未成年人的犯罪性质、人格特点、处遇级别等标准划分类别，分类矫正就显得尤为必要，而且未成年人乐群性的特点也有助于良好的矫正效果的取得。对此，我国学者认为，根据未成年犯所面临的共性问题，将其纳入不同的矫正小组，分别进行矫正，是一个适宜的选择。具体可分为以下小组：（1）教化小组。确立明确的小组目标，以角色引导和行为规范为重点，通过营造小组气氛，在道

---

[1]《人民检察院办理未成年人刑事案件的规定》第 41 条，2002 年 3 月 25 日最高人民检察院第九届检察委员会第一百零五次会议通过，2006 年 12 月 28 日最高人民检察院第十届检察委员会第六十八次会议第一次修订，2013 年 12 月 19 日最高人民检察院第十二届检察委员会第十四次会议第二次修订。

德品质、行为规范、纪律要求等方面给予引导，加强指教，提升组员的自觉意识和自律能力。（2）治疗小组。将有共同问题的少年犯组成小组，以问题为靶子，自我反省，相互帮助，关注问题的改正效果，动员和鼓励小组成员，彼此鼓励，相互支持，坚持不放弃，直到问题解决。（3）社会化小组。帮助组员学习社会适应技巧，提高社会适应能力，改正不良习气，顺利融入社会。（4）学习小组。学习专门的文化知识、技术技能，帮助组员提高文化修养，掌握专业技能，为他们升学、就业、自食其力、恢复自信创造条件。（5）成长小组。深刻促进组员互动，使他们在思想、感情、精神等方面有所感悟、有所觉醒。鼓励组员展示潜能，彼此欣赏，增强自信，大胆表达，挖掘生命的力量，达到个人的良性整合，实现人生意义。[1]小组活动对于节约行刑资源，促进未成年人社区矫正将发挥良好的功效，在社区矫正中值得提倡。

（三）集体活动

未成年人正处于身心急剧变化时期，与父母、师长的关系逐渐疏离，喜欢在与同辈群体交往的过程中获得认同，寻求归属感。与之相适应，在未成年人犯罪中，单独犯罪的很少，团伙性犯罪突出。可见，同辈群体是影响他们行为选择的一个重要因素。高度效忠群体是他们犯罪合理化的一个重要心理机制。在社区矫正过程中，一个好的措施是切断犯罪未成年人与不良团体的交往，在积极的团体中受到好的熏陶、感染。在这个过程中，应当积极发挥作为同辈群体的大学生志愿者的作用。

四、探索未成年人社区矫正方法

（一）心理学方法

未成年人犯罪的原因固然很多，但其在认识、情感、意志方面的缺陷无疑是重要的内在因素。而服刑人员的特殊身份，也会给他们带来很多的心理压力。调查显示，青少年社区服刑人员在矫正初期面临以下心理问题：（1）想得到外界认可又得不到，缺少家庭支持，意识到必须自己独立，但目前还不能独立，还要听家长的。家长不支持自己的想法时，容易产生抑郁情绪。（2）担心

---

[1]　参见田国秀："社会工作理念在社区矫正青少年罪犯中的运用"，载《中国青年研究》2004年第11期。

自己的犯罪记录会影响今后的职业发展。（3）存在对父母的不满情绪，渴望家庭温暖、情绪的稳定性差。（4）防御性很强，玩世不恭、抑郁。（5）孤独，内心得不到支持和帮助等。[1] 可见，未成年社区服刑人员在个人心理、家庭关系及社会交往方面存在一些比较突出的问题，如不能及时解决，很容易影响其回归社会的进程。所以运用心理学方法，促进未成年社区服刑人员个人及家庭环境的改善，对于解决其心理问题，促进其思维方式的良性转化，具有积极的意义。

1. 心理学方法在未成年社区服刑人员个人层面的应用

（1）心理健康教育

未成年人处于身心急剧变化时期，加上服刑人员的特殊身份，造成他们具有经常性的内心冲突、消极性格特征时常显现、情绪不稳定、容易冲动等。针对这种情况，应注重提升他们的情感智商。通过情感教育，以及情感技能培训，让他们学会在行动之前，先控制好自己的冲动情绪，用理智来作出更恰当的行为决策。

（2）心理咨询

国外学者研究发现，在刑事司法系统，对青少年罪犯做心理咨询非常困难，原因有七个方面：①青少年处于儿童向成人发展的过渡期。他们在变得越来越独立的过程中，很少愿意或能够承认自己无力控制自己的生活或把对问题的解决与控制交给咨询者。②他们很少会自己主动向咨询者寻求帮助。③他们很难接受要为自己的行为负责。④他们的生活阅历有限，使他们无法从中汲取、学习与获得洞察力与智慧，从而无法使他们成熟。⑤他们只为此时此地而活着，只关心即时的快乐与欲望，而不关心未来。⑥他们对同伴过分忠诚及过多地受同伴压力的影响。⑦他们认为咨询者更忠于少年法庭或司法机关，更关心它们的要求，而不是青少年罪犯的需要。基于此，研究者建议在对青少年罪犯咨询的过程中，咨询者应注意把握以下三个方面：①不应试图通过恐吓改变青少年罪犯。②随着长大、成熟，他们会学会承担责任，从而不再犯罪。所以咨询者要成为青少年的榜样，促使他们的生活风格加以改变，这样才会收到满意的效果。③咨询者要用各种方法来鉴别青少年罪犯

---

[1] 参见刘勇、王亚军、李越镕："社区矫正人员初始心理状态调查"，载《犯罪与改造研究》2013 年第 10 期。

可能有的问题。[1]可见，基于未成年人的特殊身心状态，在未成年社区服刑人员心理咨询的过程中，咨询者不仅要选择适当的方法与技巧，而且还要注重自身言行，为未成年人良好的思维方式和行为模式的养成发挥示范作用。

（3）心理治疗

在当前监狱罪犯心理治疗的实践中，主要运用以下几种方法：一是精神分析治疗法。在治疗中可以采用自由联想、梦的解析、移情和解释等。二是行为疗法。主要包括系统脱敏法、厌恶疗法、漫灌或冲击法、代币强化法、发泄疗法、模仿疗法、生物反馈疗法等。三是以人为中心疗法。该疗法以当事人为中心，注重与当事人建立健康、和谐的关系，强调对当事人的潜能和自我发展、自我觉醒能力的信任和尊重。[2]这些治疗方法无疑对社区矫正中的未成年人具有重要借鉴意义。在心理治疗的过程中，可以根据未成年犯的实际情况、选择适宜治疗方案。比如，通过参与和体验式的音乐活动，对涉罪的未成年人进行奥尔夫团体音乐心理治疗，可有效地提高其人际交往能力和自控能力，进一步改善其心理健康状况。[3]当然，由于未成年犯心理的差异性和极端复杂性，单一的心理治疗方法往往有很大的局限。在具体的治疗实践中，要注意各种疗法的相互衔接和补充，以达到良好的治疗效果。

2. 心理学方法在未成年社区服刑人员家庭层面的应用

多丽兹教授对美国未成年罪犯矫正项目的评估结果显示，在系统性矫正项目、居住项目和社区监督项目中，系统性矫正项目（MST）在降低累犯方面的效果是显著的。[4]这一项目针对的是具有严重反社会行为的未成年人。其理论基础在于个人务必为一个包含着家庭、同伴、学校、邻居的复杂的社会关系网所关注，社会关系网络能够促进一个人的行为向积极的方向发展。系统性矫正项目（MST）帮助家长有效地处理孩子的问题，同时帮助孩子处理在家庭、同伴、学校和邻居方面遇到的问题。在系统性矫正项目（MST）

---

〔1〕　参见［美］Ruth E. Masters 著，杨波等译：《罪犯心理咨询》，中国轻工业出版社2005年版，第78~81页。

〔2〕　参见章恩友主编：《中国监狱心理矫治规范化运作研究》，中国市场出版社2004年版，第283~291页。

〔3〕　参见王佳："涉罪未成年人心理矫正中奥尔夫团体音乐治疗的应用效果"，载《黄河之声》2015年第11期。

〔4〕　参见 Doris Layton Mackenzie, *What Works in Corrections: Reducing the Criminal Activities of Offenders and Delinquents*, Cambridge: Cambridge University Press, 2006, p. 185.

中，一个由治疗师或者案件管理人以及其他参与者组成的专业团队被分配给矫正人员，这一团队为矫正对象提供全天候的服务，不仅帮助未成年人，而且包括他们的父母。家庭干预力求提高父母控制和教育孩子的能力。同辈群体干预致力于促使未成年人远离社会边缘群体，与亲社会群体发展关系。教育/职业干预在于为未成年人将来的职业生涯和经济上的成功创造条件。这一项目通常持续 4 个月，其中包括与家庭 60 个小时的直接接触。[1]

可见，未成年人能否成功回归社会，不仅在于对其自身不良心理及行为的矫正，还在于对其具体生活环境的矫正，在于由父母、老师、兄弟姐妹、邻居或者社区工作者所组成的社会关系网络所发挥的支持性作用。鉴于家庭环境的重要性，在对未成年犯进行心理治疗的同时，进行家庭治疗，以充分发挥家庭的功能无疑是必要的。

（二）社会工作方法

社区矫正既是刑罚执行过程，又是通过解决社区服刑人员的问题，恢复其社会功能，促进其回归社会的过程。无论从社区矫正的理念与社会工作的理念看，还是从社区矫正的功能与社会工作的功能看，二者都存在内在的统一性。[2]所以，在社区矫正过程中，运用社会工作的理念与方法，无疑能够在帮助社区服刑人员恢复偏离、断裂、失衡的社会联结和自我联结、促使其重新回归社会的过程中发挥重要的作用。在这个过程中，针对个人层面的直接介入方法和针对家庭、社区、社会环境的间接介入方法都是必要的。这里仅就未成年人个人层面社会方法的运用进行介绍。

1. 个案工作方法

在采用个案工作方法对未成年人进行矫正的过程中，应把握以下原则：①个别化原则：把每一个犯罪未成年人都看成是一个独特的人，对每一个未成年人案主的自身特质、生活环境以及所面临的问题进行具体深入的分析，并采用灵活的方式进行矫正。②尊重关怀原则：给予案主足够的尊重，同时真诚地关怀案主，使矫正关系不仅仅是一种"公事公办"，而且是一种充满

---

〔1〕 参见 Doris Layton Mackenzie, *What Works in Corrections: Reducing the Criminal Activities of Offenders and Delinquents*, Cambridge: Cambridge University Press, 2006, p. 175.

〔2〕 参见张昱、费梅萍：《社区矫正实务过程分析》，华东理工大学出版社 2005 年版，第 3、23 页。

人情味的专业关系。③案主自决的原则：要求社会工作者在矫正工作中，要尊重未成年人的自我决定权利。④保密性原则：指对犯罪未成年人案主的个人资料注意做好保密工作。[1]

2. 小组社会工作方法

"社会小组工作是一种方法，它是由知识、了解、原则、技巧所组成。透过个人在社区机构中的各类小组，借助小组工作者的协助，引导小组成员在小组活动中互动，促使组员彼此建立关系，并以个人能力与需求为基础，获得成长的经验，旨在达成个人、小组、社区发展的目标。"[2]在未成年人社区矫正小组社会工作中，应注意坚持平等原则、群体互动原则、个别化原则以及安全原则。在具体实施过程中，既要让未成年社区服刑人员感受到团体的温暖，又要促进彼此之间的良性互动，防止不良信息的传递和犯罪亚文化的习得。

综上所述，在我国犯罪治理体系整体转型的背景之下，随着宽严相济刑事政策的落实以及刑罚结构的调整，未成年人社区矫正已经获得一定的发展空间，并积累了宝贵的实践经验。但由于立法渐进性的特点，目前未成年人社区矫正中制度缺失的现象依然比较突出，从而影响了其运行效果。为了优化其运行机制，一方面要充分整合已有的制度资源，激发其应有的制度功效；另一方面，要牢牢把握社区矫正专门立法的历史机遇，充实、完善未成年人社区矫正的相关内容，以进一步提升矫正质量，促使其价值蕴涵更为充分地展现。

---

〔1〕　参见金艾裙、黄海燕："青少年犯罪社区矫正的社会工作方法探讨"，载《社会工作》2006年第7期。

〔2〕　刘梦：《小组工作》，高等教育出版社2003年版，第3页。

社区矫正视角下刑法禁止令实证研究

自 2011 年 5 月 1 日、2015 年 11 月 1 日《刑法修正案（八）》《刑法修正案（九）》相继生效以来，刑法禁止令作为一项制度，不仅正式确立，而且适用范围进一步拓展，其运行状况如何，是影响其功能和价值实现程度的重要问题。鉴于刑法禁止令的适用对象主要针对的是我国社区矫正中的管制、缓刑、假释人员。[1]基于此，笔者收集了 242 份包含刑法禁止令的刑事判决书，[2]结合对 210 名法官、刑事法学研究人员的问卷调查，[3]以及其他数据资料，在社区矫正的视角之下就刑法禁止令的运行情况进行审视，并就其进一步优化进行建构。

第一节　社区矫正视角下刑法禁止令适用的描述性研究

一、刑法禁止令适用的基本状况

（一）刑法禁止令适用谨慎、以缓刑禁止令为主

自刑法禁止令制度确立以来，受到理论界的广泛关注，但多种调查方式显示，在司法实践中对这一制度的适用呈谨慎、保守的状态。"从中国裁判文书网公布的判例来看，截至 2016 年 4 月 17 日，全国宣告禁止令的刑事判决书

---

〔1〕　根据《刑法修正案（八）》规定，"判处管制，可以根据犯罪情况，同时禁止犯罪分子在执行期间从事特定活动，进入特定区域、场所，接触特定的人。""宣告缓刑，可以根据犯罪情况，同时禁止犯罪分子在缓刑考验期限内从事特定活动，进入特定区域、场所，接触特定的人。"根据《刑法修正案（九）》规定，"因利用职业便利实施犯罪，或者实施违背职业要求的特定义务的犯罪被判处刑罚的，人民法院可以根据犯罪情况和预防再犯罪的需要，禁止其自刑罚执行完毕之日或者假释之日起从事相关职业，期限为 3 年至 5 年。"

〔2〕　裁判文书来源于中国裁判文书网、北大法宝，经过关键词查询、筛选而得。

〔3〕　问卷时间为 2017 年，问卷对象为山东省法官培训班学员、中央司法警官学院研究生。

共计 7089 份。"[1]可见，在海量的刑事裁判中，对刑法禁止令的适用极其有限。笔者对 210 名法官、刑事法学研究人员的问卷调查显示，分别有 43.8%、39.5%、40.9%的人认为管制禁止令、缓刑禁止令、职业禁止令的数量很少或者没有，而另有 25.7%、25.7%、28.8%的人表示不了解。从而进一步佐证了这一判断。按照《刑法修正案（八）》的规定，管制、缓刑裁量时均可宣告禁止令。但从司法实践来看，禁止令与缓刑的结合更为密切。管制禁止令则基本处于"僵尸"状态。在 7089 份刑法禁止令裁判文书中，"判处缓刑同时宣告禁止令的刑事判决书有 7036 份，约占 99.25%；判处管制同时宣告禁止令的刑事判决书有 53 份，约占 0.75%。"[2]笔者收集刑法禁止令裁判文书过程中，也发现了同样的现象。随着《刑法修正案（九）》的实施，已经出现了对刑罚执行完毕或假释之日起予以某种职业禁止的处分，但总体寥寥。可见，作为一项新兴的制度，刑法禁止令对于管制、缓刑、假释的依附处于极度不平衡的状态。缓刑与禁止令的结合，成为司法实践中一个非常突出的现象。

（二）适用罪名相对集中、以食品安全犯罪为主

在笔者收集的 242 份刑事判决书中，适用最多的是食品安全犯罪，合计 87 个。具体罪名包括生产、销售有毒、有害食品罪；销售不符合安全标准的食品罪；其次是重大责任事故罪、重大劳动安全事故罪等责任事故类犯罪，共计 19 个；故意伤害罪 19 个；生产、销售假药罪 17 个；危险驾驶罪 12 个；交通肇事罪 11 个；信用卡诈骗罪 8 个；寻衅滋事罪 7 个；污染环境罪 6 个；滥伐林木罪 6 个；非法经营罪 6 个；容留、介绍卖淫罪、容留卖淫罪 5 个；盗窃罪 5 个；开设赌场罪、赌博罪 4 个；非法行医罪 3 个；强奸罪、强制猥亵罪、猥亵儿童罪 3 个；其他罪名 24 个。从以上分析可以看出，虽然刑法禁止令适用的罪名呈现多样化，但总体集中在食品、药品、重大责任事故等几个罪名，尤其以食品安全犯罪适用最为频繁。

（三）适用的内容相对集中，以禁止从事特定活动为主

在 242 份刑法禁止令中，20 份为禁止接触特定的人，包括禁止接触被害

---

[1] 秦智贤："论职业禁止与禁止令之关系"，载《福建法学》2017 年第 1 期。
[2] 秦智贤："论职业禁止与禁止令之关系"，载《福建法学》2017 年第 1 期。

人、同案犯、有犯罪前科的人、吸毒人员，等等。23 份为禁止进入特定领域场所，主要为禁止进入夜总会、酒吧、迪厅、网吧等娱乐场所，大型群众性活动场所；个别为禁止携带火种进入林区，进入林区采伐林木，进入对方居所，等等。其余 199 份均为禁止从事特定活动（包括禁止从事特定职业）。

（四）禁止令与职业禁止的组合成为一种最新动向

在 242 份刑事判决书中，有 56 个案件属于共同犯罪。从犯罪学的角度来看，主犯作为共同犯罪中的核心和骨干，人身危险性较高，适用禁止令的必要性明显高于其他共同犯罪人。在《刑法修正案（八）》确立禁止令制度初期，由于适用对象限于管制、缓刑人员。在刑罚裁量过程中，出现了从犯适用缓刑，同时宣告禁止令；主犯被判处有期徒刑，不予缓刑，反而不能适用禁止令的现象。虽然不能否认在刑罚执行过程中，主犯的犯罪心理会发生变化，人身危险性会有所降低，但也不能排除其再次犯罪的可能性，但《刑法修正案（八）》显然没有为法官预防刑的裁量预留足够的空间。《刑法修正案（九）》确立的职业禁止制度，适用对象为刑罚执行完毕的犯罪人或者假释人员，扩大了刑法禁止令的适用范围，为不同禁止令的组合裁判提供了可能性。比如刘某、张某、王某等重大劳动安全事故罪中，禁止被告人刘某自刑罚执行完毕之日或者假释之日起 3 年内从事与安全生产相关的职业；禁止被告人张某、王某在缓刑考验期限内从事与安全生产相关联的活动。从而为预防安全事故的再次发生构筑了更为牢固的防线。

（五）刑事司法解释成为刑法禁止令适用的重要依据

根据笔者统计，在所收集的判决书中，在适用刑法禁止令时，援引的法律依据包括刑法第 72 条、第 72 条第 2 款，第 37 条之一，与此同时，有 73 份判决还同时或者单独援引了相关的司法解释，主要包括：《关于对判处管制、宣告缓刑的犯罪分子适用禁止令有关问题的规定（试行）》《关于办理危害食品安全刑事案件适用法律若干问题的解释》《关于办理危害药品安全刑事案件适用法律若干问题的解释》《关于办理危害生产安全刑事案件适用法律若干问题的解释》。可见，相关司法解释成为法官适用刑法禁止令的重要法律依据。

二、刑法禁止令适用中存在的问题

（一）刑法禁止令的形式合理性令人质疑

首先，刑法禁止令的法律依据援引不够科学。比如唱某因销售假药，被宣告职业禁止，适用的依据之一是《刑法修正案（九）》之规定，而刑法修正案宣布以后，已纳入刑法典当中，不能作为法官裁量的直接依据。

其次，刑法禁止令的措辞不够严谨。一是刑法禁止令的期限不够明确。比如在苏某诈骗罪判决书中，判处其有期徒刑 1 年，缓刑 1 年；禁止其从事高消费活动。只是表述了禁止的内容，但其具体期限是和缓刑期限相同，还是短于缓刑时间，则没有明确，容易让人产生歧义。二是刑法禁止令的生效时间表述不一致。就缓刑禁止令而言，其生效时间有的是从判决确定之日起计算，有的则是从缓刑执行之日起计算。而二者是否是同一时间，则是仁者见仁，智者见智。

最后，禁止令的组合裁判表述缺乏规范。随着职业禁止制度的建立，法官对两种禁止令的组合运用成为裁判过程中的一种最新动向。具体表述包括以下几种方式：一是一体表述，不加区分。比如唱某因销售假药罪判处有期徒刑 10 个月，缓刑 1 年，禁止其自缓刑考验期开始之日起 3 年内从事药品销售行为。二是分别表述，体现区别。比如禁止被告人陈某、高某在缓刑考验期内及刑罚执行完毕以后 3 年以内从事保健食品的销售及相关活动。三是不予明确、留下空白。比如黄某犯销售假药罪，判处有期徒刑 1 年，宣告缓刑 2 年，并处罚金 6 万元；禁止其自刑罚执行完毕之日起 3 年内从事药品销售活动。而缓刑期间是否需要禁止，则没有明确。可见，在综合运用刑法禁止令的过程中，表述方式各具特色，但总的来说，不够严谨、规范。

（二）刑法禁止令的实质合理性需要拷问

1. 宣告时间过于僵化

从笔者收集的 242 份判决书来看，刑法禁止令的宣告无一例外与刑罚的裁量同时进行。对于管制、缓刑类人员而言，因为面临着监督、考察任务，禁止令与判决书同步确有必要。而职业禁止与刑事判决的同步是否科学，需进一步推敲。因为其适用对象为假释人员或刑罚已经执行完毕的犯罪人，在禁止令实施前往往要经历几年甚至十几年的服刑生涯，人身危险性不断地发生变化，对此，法官是很难准确预见的。

2. 禁止期限过于刚性

按照司法解释，禁止令的期限，既可以与管制执行、缓刑考验的期限相同，也可以短于管制执行、缓刑考验的期限。从缓刑禁止令观察，除了因为措辞不严谨，没有明确禁止期限的以外，其余无一例外地与缓刑考验期相同。如此刚性的裁量，有可能造成禁止令的过剩或者不足，实际上是裁决缺乏个别化的一种表现。

3. 禁止内容缺乏个性

从判决书来看，法官在刑法禁止令适用中，一定程度上关注到了犯罪人之间的差异。比如在共同犯罪中，顾某、许某因重大责任事故罪被判处有期徒刑、缓期执行，并根据犯罪情况的不同，禁止顾某在缓刑考验期内从事废旧物品收购销售活动，禁止许某在缓刑考验期内从事切割焊接工作，从而做到了区别对待。在87份食品安全类犯罪禁止令中，有29份根据犯罪情况设定了具体的禁止范围，如禁止在一定期限内从事油条、猪头肉、牛肉、卤肉、蛋糕、蔬菜、食盐、面粉加工等生产、销售及相关活动。与此同时，不容忽视的一种现象是，另外58份判决书禁止的内容是一样的，均为笼统地禁止在一定期限内从事食品生产、销售及相关活动。事实上，虽然同为食品安全犯罪，但从犯罪动机、犯罪形态、犯罪过程、犯罪后表现来看，却存在各种各样的差别，而这种笼统的裁判，显然没有关注适用对象的个体差异，在禁止内容的精准度方面仍然有待提高。而且因为单一的侵害食品安全行为，而被整个食品行业拒之门外，很可能带来一定的负面效应。从所收集到的案例来看，适用对象基本为个体经营者，在劳动力市场上优势不足，缺乏谋生技能，对其职业壁垒的设置过高，会影响其再社会化的进程，一旦面临生存危机，很可能重新走上犯罪道路，从而与禁止令的初衷背道而驰。

4. 禁止内容操作性不强

刑法禁止令旨在通过对诱发犯罪条件的控制，在犯罪心理和犯罪行为之间建立"隔离带"，以避免重新犯罪的发生，禁止的内容，一定是与犯罪的发生存在因果关系的因素。但从判决书观察，一些禁止令的内容明显与犯罪的发生没有必要的联系。比如被告人郑某因危险驾驶罪，被判处拘役2个月，缓刑6个月，在缓刑考验期内禁止进入夜总会、酒吧、迪厅、网吧等娱乐场所；未经执行机关批准，禁止进入举办大型群众性活动场所。从判决书对犯罪过程的描述来看，娱乐场所和大型群众性场所与其危险驾驶行为的发生之间毫无联系，禁止的合理性令人质疑。为了能够实现令行禁止，刑法禁止令的内容应该具有操作的空间。但就某些禁止令而言，无疑很难操作，比如禁止高消费、禁止在公共场所饮酒、禁止接触有犯罪前科之人，等等，需要进一步进行推敲。

第二节　社区矫正视角下刑法禁止令适用的解释性研究

刑法禁止令作为一种全新的制度，丰富了犯罪的法律后果，在预防重新犯罪方面被赋予了很高的期待。但刑事判决书显示，法官对刑法禁止令的适用比较谨慎，总体适用偏低。在具体适用中，形式合理性和实证合理性均面临拷问。笔者对 210 名理论与实务界人士的调查显示，对于影响刑法禁止令适用的原因，主要集中表现为，性质模糊、适用标准很难把握、衔接配合难度大、适用效果不明等。这一回应可谓击中要害。刑法禁止令的司法适用以完备的刑事立法为前提，虽然目前的立法确立了刑法禁止令的适用对象、适用内容、法律后果，标志着这一制度基本确立起来。但仔细审视，就会发现这一制度处于初创时期，简单、粗疏，明确性严重不足，因而影响了这一制度的法律适用。具体表现如下：

一、刑法禁止令性质模糊

从立法观察，刑法禁止令分散规定在《刑法》第 37 条、38 条、72 条，按照传统的刑法理论，这些禁止性规定分别依附于非刑罚措施、刑罚方法、量刑制度，而且由于针对管制、缓刑的禁止令与职业禁止确立于不同的修正案中，所以如何定位这一制度，或者如何看待这几种禁止令之间的关系，甚至如何称谓，在理论界都莫衷一是，争论不休。[1]

---

〔1〕　对于《刑法修正案（八）》规定的禁止性规定，在学界有"禁止令""刑事禁止令""刑法禁止令"等称谓，对《刑法修正案（九）》的禁止性规定，则称为"职业禁止""从业禁止"等。在行文中，如引用资料以外，无特别说明，在统一的刑法禁止令的表述之下，针对管制、缓刑的禁止令通称禁止令；以与职业禁止相区分。

（一）管制、缓刑禁止令性质的一体观察

对于管制、缓刑禁止令的性质，虽然有学者因其依附的制度不同，对二者有所区分。但绝大部分将管制、缓刑禁止令一体观察，而结论并不相同。其观点主要有：监管措施说[1]、刑罚内容说[2]、刑罚选择性附随后果说[3]，等等。但没有一种观点能够达成共识。如针对监管措施说，有学者反驳说："监管措施的革新应当表现在监管手段、方式的更新和进步上，为了保证监外执行的效果可以也应当只体现在工具的先进及方式的严格上，不应当为了追求效果给罪犯增加额外的负担和义务。"[4]而对于刑罚内容说，则有观点认为：如果是作为管制或者缓刑的内容，立法将禁止令规定为《刑法》第 39 条或者第 75 条中的一项或者一款更为合适。[5]

（二）职业禁止性质的观点聚讼

就职业禁止而言，有的学者基于其在刑法体系中的位置，认为它肯定不属于刑罚制度，而是我国刑法规定的一种非刑罚性处置措施。[6]有的学者则认为，"将'禁止从事特定职业'的资格刑纳入我国刑法典，无疑增强了我国刑罚体系的科学性与完整性。"[7]但这一观点受到批判，因为如果承认从业禁止属于新的刑罚种类，一是与刑罚种类不符，二是违背了"禁止双重危险原则"。[8]还有的学者认为，职业禁止不是刑罚种类，也不是刑罚的执行方式或者内容，考虑到这一措施与刑罚的紧密相连，可以将其称为刑罚的附带处

---

〔1〕 参见胡云腾等："《关于对判处管制、宣告缓刑的犯罪分子适用禁止令有关问题的规定（试行）》解读"，载《人民检察》2011 年第 13 期。

〔2〕 参见余作泽："刑事禁止令探析"，载《湖北警官学院学报》2012 年第 6 期。

〔3〕 参见孙建保："刑法'禁止令'：求解与质疑"，载《云南大学学报（法学版）》2012 年第 1 期。

〔4〕 朱玉华："刑事禁止令的基本问题"，载《湖北警官学院学报》2012 年第 8 期。

〔5〕 参见皇甫长城："刑事禁止令的法律性质及执行机关"，载《检察日报》2011 年 5 月 23 日，第 3 版。

〔6〕 参见于志刚："从业禁止制度的定位与资格限制、剥夺制度的体系化——以《刑法修正案（九）》从业禁止制度的规范解读为切入点"，载《法学评论》2016 年第 1 期。

〔7〕 康均心、秦继红："关于'禁止从事特定职业'若干问题的思考——以《刑法修正案（九）》为视角"，载《社会科学家》2016 年第 4 期。

〔8〕 参见赵德传、杨杨："《刑法修正案（九）》视野下的从业禁止条款适用规则"，载《改革与开放》2016 年第 1 期。

分。[1]但在学术界也并未得到广泛响应。

(三) 禁止令与职业禁止性质的统一观察

在传统的刑法理论与刑法体系之下，无论禁止令，还是职业禁止，都很难安身立命。于是，突破现有法律框架的理论冲动油然而生，保安处分说得到了广泛的赞同，并在对禁止令与职业禁止一体观察的视野下得到统一。典型表述包括：《刑法修正案（八）》新增的禁止令是保安处分的试金石，[2]此次《刑法修正案（九）》增设从业禁止的规定，"可以说是我国刑法迈向'刑罚与保安处分'双轨制刑事制裁体系的关键步骤。"[3]在我国废除劳动教养之后，职业禁止与禁止令的相继出台，标志着我国刑法（典）中犯罪防控的'双轨制'（二元制）正式形成与逐步成熟。[4]尽管保安处分说在一定程度上达成了共识，但是，基于我国刑法的现状，尽管在正确处理责任刑和预防刑关系的基础上，研究刑罚与保安处分作为犯罪的双重法律后果，在刑法中予以确认具有必要性和可能性，但禁止令、职业禁止作为保安处分措施在《刑法修正案（八）》和《刑法修正案（九）》中目前只是"隐约可见"。[5]可见，从规范角度进行观察，"保安处分说"的合法性仍然有待确证。

由于刑事立法对刑法禁止令定位模糊，导致理论界与实务界对这一问题的定性争议颇多。而这种状况，必然影响到法官对这一问题的理解与适用，所以出现表述不规范、内容欠妥当的现象不足为奇。与此同时，虽然刑法禁止令依附于管制、缓刑、假释等社会化处遇方式，但毕竟涉及适用对象人身自由的限制，在尚未对这一制度充分理解并积累相当经验的基础上，更多的法官采取保守的态度，谨慎裁量不失为一种理性的选择。

---

〔1〕　参见林维："刑法中从业禁止研究"，载《江西警察学院学报》2016 年第 1 期。

〔2〕　参见张勇："禁止令：保安处分刑法化的试金石"，载《湖南师范大学社会科学学报》2011年第 6 期。

〔3〕　童策："刑法中从业禁止的性质及其适用"，载《华东政法大学学报》2016 年第 4 期。

〔4〕　参见魏东："刑法总则的修改与检讨——以《刑法修正案（九）》为重点"，载《华东政法大学学报》2016 年第 2 期。

〔5〕　参见梁根林："刑法修正：维度、策略、评价与反思"，载《法学研究》2017 年第 1 期。

二、刑法禁止令运行的基本要素缺失

（一）刑法禁止令的适用依据难以把握

根据刑法规定，判处管制、宣告缓刑，可以根据"犯罪情况"宣告禁止令，对于"因利用职业便利实施犯罪，或者实施违背职业要求的特定义务的犯罪被判处刑罚的，人民法院可以根据犯罪情况和预防再犯罪的需要，禁止其自刑罚执行完毕之日或者假释之日起从事相关职业。"可见，刑法禁止令适用的要旨不是对于已然犯罪的报应，而是对于未然犯罪的预防。其适用的根据不是行为人对法益造成的侵害，而在于行为人的"人身危险性"。所以能否科学判断行为人的人身危险性，就成为影响这一制度准确适用的关键因素。为此，启动专门的调查程序，对拟适用对象的人身危险性进行评估，以辅助法官的裁量，尤为必要。笔者收集的 242 份刑事判决书中，只有 33 份适用缓刑的判决辅助运用了调查评估，但论证的重点在于缓刑适用的可行性，而对于禁止令，则语焉不详。所以，刑法禁止令的适用明显依据不足，说理不清。究其原因，尽管《刑法修正案（八）》规定宣告缓刑、决定假释，需要对社区因素进行考量，在 2012 年《刑事诉讼法》的修正案中确立了未成年人审前社会调查制度，但调查评估制度在刑事基本法中并没有得到明确，只是在司法解释中有所体现，且操作性比较差，因而难以推行。

（二）刑法禁止令的执行工作难以落实

刑法禁止令的价值与功能在执行中得以实现。但综观我国刑事立法，对刑法禁止令的执行机关、执行程序没有作出明确规定。只是在司法解释中规定管制、缓刑禁止令由司法行政机关指导管理的社区矫正机构负责执行，而对于职业禁止的执行机关，则在司法解释中都没有体现。事实上，即便在司法解释中对于管制、缓刑禁止令的执行机关进行了规定，但其实际面目依然模糊不清。自 2003 年我国开展社区矫正试点工作以来，司法行政机关一直承担着社区矫正的具体工作，但其合法身份一直没有得到确认。虽然通过《刑法》《刑事诉讼法》修正案确立了社区矫正制度，并取消了公安机关作为管制、缓刑、假释、暂予监外执行等 4 种社区矫正类型执行机关的规定，并规定对被判处管制、宣告缓刑、假释或者暂予监外执行的罪犯，依法实行社区矫正，由社区矫正机构负责执行。但对于由此造成的空白由哪家机关进行递补，则没有明确，刑法禁止令的执行工作不可避免地遭遇尴尬。

三、刑事司法解释功能扩张带来的负面效应

（一）探索性立法背景下刑事司法解释的功能扩张

按照权威解释：在《刑法修正案（八）》增设禁止令制度前，由于缺乏严格有效的监管措施，对一些犯罪情节较轻的罪犯并不适宜判处管制、宣告缓刑，而禁止令制度增设后，因通过适用禁止令能够有效解决监管问题的，可以依法判处管制、适用缓刑。[1]可见，从其立法初衷来看，禁止令制度设立的一个重要的原因是解决缓刑、管制执行虚化的问题，促进管制、缓刑的适用。所以，一定程度上讲，刑法禁止令与社区矫正是一种相辅相成的制度。作为两项密切相关的制度，其共同之处是探索性立法的特征明显。

对于社区矫正试点的意义，在我国社区矫正法律文件中已经得到明确阐释。2003年7月两院、两部联合发布《关于开展社区矫正试点工作的通知》中明确提出："在试点工作取得经验的基础上，促进有关社区矫正方面的立法工作，为改革和完善中国特色的刑罚执行制度提供法律保障。"可见，社区矫正虽然属于刑事法律运行的终端环节，但却承载着重构刑事制裁体系的重任，所以具有探索性、渐进性的特点。其实际运行，主要依据的是两院、两部联合发布的具有司法解释性质的法律文件。旨在通过试点运行，积累立法经验，进而对刑罚执行方式、刑罚内容、刑罚种类甚至整个刑罚体系的科学与完善奠定基础。虽然《刑法修正案（八）》确立了社区矫正的合法地位，但诸多的实体、程序等问题仍未得到具体规范，社区矫正立法依然"在路上"。

而对于刑法禁止令，权威人士在阐释《关于对判处管制、宣告缓刑的犯罪分子适用禁止令有关问题的规定（试行）》（以下简称《规定》）这一司法解释的出台背景时指出："考虑到禁止令系《刑法修正案（八）》增设的新制度，缺乏足够的立法背景资料和可资借鉴的司法经验。""《规定》的相关内容必然带有一定的探索性。""对一些一时把握不准、各方面认识分歧较

---

[1] 参见胡云腾、周加海、刘涛等："《关于〈中华人民共和国刑法修正案（八）〉时间效力问题的解释》的理解与适用"，载《人民司法》2011年第13期。

大的问题，或者通过弹性条款予以解决，或者暂予回避。待试行一段时间后再作进一步的修改、完善。"[1]尽管这只是对禁止令司法解释理由的阐述，但无疑也是对刑法禁止令本身状况及发展前景的一个注解。对于职业禁止，我国学者肯定其强化了刑法中的预防性措施，是对我国刑事制裁体系的结构性调整，反映了我国刑法由惩罚走向惩罚与预防相结合的功能转型。但在立法形式上，它主要是基于我国现行刑罚体系所作的技术性选择，具有暂时性。[2]

综上所述，由于"社区矫正"与"刑法禁止令"均属于探索性立法，具有渐进性的特点，在初创时期简单、粗疏，其实际运行，主要依靠相关的司法解释，而这些解释的内容，往往超越上位法的规定，具有了"立法"的属性，体现了在特殊的历史条件下刑事司法解释功能的扩张。

（二）刑事司法解释的扩张难以抵消刑事立法的不足

1. 刑事司法解释面临"合法性危机"

无论是社区矫正，还是刑法禁止令，均涉及对于适用对象人身自由的限制。对于这一领域，主要依靠司法解释进行规范，难免面临"合法性危机"。《中华人民共和国立法法》（以下简称《立法法》）规定：犯罪和刑罚、诉讼和仲裁制度应当通过全国人民代表大会及其常务委员会通过制定法律予以规范。虽然按照《立法法》的规定，在立法缺失的情况下，授权国务院可以根据实际需要，对其中的部分事项先制定行政法规，但是有关犯罪和刑罚、对公民政治权利的剥夺和限制人身自由的强制措施和处罚、司法制度等事项除外。所以，无论社区矫正、还是刑法禁止令的司法解释，均难以避免"合法性"的诘责。多份判决书显示，不管具体表述如何，缓刑期间的职业禁止和缓刑考察期满以后的职业禁止的结合成为一个新的趋向。毫无疑问，这种组合的一个前提，是将缓刑视为一种刑罚而加以运用。因为职业禁止的适用条件是刑罚执行完毕或假释之日起才可以适用，不然无法进行解释。但是，这种解释，在传统刑法理论之下是没有空间的，因为根据《刑法》第 76 条的规

---

[1] 胡云腾、周加海、喻海松："《关于对判处管制、宣告缓刑的犯罪分子适用禁止令有关问题的规定（试行）》解读"，载《人民检察》2011 年第 13 期。

[2] 参见袁彬："从业禁止制度的结构性矛盾及其改革"，载《北京师范大学学报（社会科学版）》2017 年第 3 期。

定：对宣告缓刑的犯罪分子，在缓刑考验期限内，如果没有本法第77条规定的情形，缓刑考验期满，原判的刑罚就不再执行，并公开予以宣告。显然，原判刑罚不再执行不能等同于刑罚执行完毕。鉴于缓刑属于我国社区矫正的类型，一个可能的解释是，这一裁决的根据，来自于社区矫正的官方定义，即按照两院、两部发布的社区矫正文件，社区矫正的性质是"非监禁刑罚执行活动"。[1]在这一定性之下，缓刑作为非监禁刑罚就顺理成章了。而这一定性，在刑事基本法律中并未得到确认，从而造成理论界与实务界一定程度的混乱。

2. 刑事司法解释的"超强"地位影响了法官的能动裁判

刑法禁止令的适用罪名之所以集中在食品、药品、责任事故方面，是因为在《关于办理危害食品安全刑事案件适用法律若干问题的解释》《关于办理危害药品安全刑事案件适用法律若干问题的解释》《关于办理危害生产安全刑事案件适用法律若干问题的解释》中对刑法禁止令的适用进行了规定。尤其是《关于办理危害食品安全刑事案件适用法律若干问题的解释》中强调："根据犯罪事实、情节和悔罪表现，对于符合刑法规定的缓刑适用条件的犯罪分子，可以适用缓刑，但是应当同时宣告禁止令，禁止其在缓刑考验期限内从事食品生产、销售及相关活动。"[2]所以，食品安全犯罪一旦适用缓刑，宣告禁止令就成为当然的法律后果。这实际上是刑事司法解释在法律适用中超强地位的彰显。这一现象，一直为我国理论界所诟病。"这些数量众多、形式多样的抽象性刑法解释将一部刑法典包围起来，以致司法者常常看不清甚至忘记了刑法典的真实全貌而沦为根据'司法解释'裁判案件。"[3]事实上，"司法解释是具有中国特色的法律性文件，其中系统的、大篇幅、集中发布的司法解释更具特色，迄今，我国最高人民法院制定发布司法解释的历史已逾20年。司法解释具有法律效力，可以被裁判引用，在一定程度上构成了我国的'法律渊源'。"[4]

司法解释的存在，固然为法官司法裁判提供了明确的指引，但一定程度

---

[1] 最高人民法院、最高人民检察院、公安部、司法部《关于开展社区矫正试点工作的通知》，发布时间：2003年7月10日。

[2] 《最高人民法院、最高人民检察院关于办理危害食品安全刑事案件适用法律若干问题的解释》第18条，2013年4月28日由最高人民法院审判委员会第1576次会议、2013年4月28日由最高人民检察院第十二届检察委员会第5次会议通过，自2013年5月4日起施行。

[3] 唐稷尧："中国当前刑法司法解释公信力刍议"，载《政法论丛》2016年第4期。

[4] 曹士兵："最高人民法院裁判、司法解释的法律地位"，载《中国法学》2006年第3期。

上也影响了法官的自由裁量权，导致法官被动司法，在案件裁判过程中思维陷入惰性，"脑力劳动"降低为"体力劳动"。刑法禁止令之所以千篇一律、一定程度上是法官在惯性之下，被动司法的一种结果。而且，更为严重的是，因为司法解释的地位过于强大，一些不足会在司法实践中成倍放大，影响法官的公正裁量。如前所述，在全部的刑法禁止令中，食品安全类犯罪所占的比例最大，与司法解释的刚性规定存在必然联系。而根据《刑法修正案（八）》《刑法修正案（九）》的规定，法官在对犯罪人判处管制、宣告缓刑、裁定假释的情况下，是否附加禁止令，不是"必须"，而是"可以"，司法解释对适用缓刑的食品安全犯罪，必须同时宣告禁止令的刚性规定，则剥夺了刑法修正案为法官预留的自由裁量空间。其实质是忽视了食品安全犯罪背后，千差万别的犯罪原因，以及不同程度的人身危险性，难以做到"罚当其罪"、公平量刑。同时，为适用对象的后续社会化带来一定的障碍。

可见，在社会转型的整体背景下，探索性立法的存在虽然存在一定的必要性，刑事司法解释的超强地位也具有一定的合理性，但其缺陷与不足也是非常突出的。所以，刑法禁止令和社区矫正作为探索性立法的典型示范，尽管相互依存，但因为不利因素的叠加效应，在实际运行中很难做到相辅相成、相互促进，反而成为彼此的制约性因素，因而难以达到应有的制度功效。

第三节　社区矫正视角下刑法禁止令运行机制的优化

一、完善刑法禁止令的刑事立法

（一）完善以刑法禁止令为组成部分的保安处分立法

1. 我国刑法禁止令符合保安处分的一般特征

保安处分作为近代刑罚改革的产物，在世界范围内影响很大，目前为西方国家刑法普遍采用。保安处分的概念虽然具体表述存在差异，但在主旨精神上是相同的，"即都是以人身危险性为基础，以对行为人的预防、矫正、改善为主要手段，以消除行为人的将犯或再犯可能性为主要目的。"[1]因此，保安

---

〔1〕　柳忠卫、秦瑞东："论保安处分中国化——以立法模式为分析视角"，载《安徽警官职业学院学报》，2008年第2期。

处分具备以下几个要素：前提特征——基于社会危险行为；内容特征——矫治、改善、监禁隔离；关系特征——代替刑罚、补充刑罚；目的特征——预防犯罪保护社会，等等。这些特征，原则上阐明了保安处分的适用条件、适用对象、具体种类，并折射出保安处分的理论基础、基本原则，成为保安处分的核心内容。[1]我国刑法禁止令的性质虽存在种种争议，但从保安处分的核心要素分析，"保安处分说"无疑是最有说服力的一种观点，具体如下：

（1）我国刑法禁止令适用的前提

保安处分基于社会危险行为而适用，具体是指行为人所实施的危害行为与行为人内在的危险性的组合。对于管制、缓刑禁止令以及假释职业禁止令来讲，其适用的前提是行为人行为已被认定为犯罪，并已确定刑罚（无论具体如何执行）的情况下，由法官按照法定程序，根据"犯罪情况"和"预防再犯罪的需要"所作的裁量。可见，从刑法禁止令的适用条件来看，是在行为人的行为已经造成法益侵害的情况下，综合考察其犯罪前后的表现，作出人身危险性的判断，进而进行犯罪法律后果裁量的一种制度。

（2）我国刑法禁止令适用的内容

从国际范围内来看，保安处分措施包括剥夺自由的保安处分与限制自由的保安处分。前者包括治疗监禁处分、强制禁戒处分、保安监禁处分等；后者包括保护观察、更生保护、限制居住处分、禁止出入特定场所、禁止职业处分，等等。根据我国《刑法》规定，管制、缓刑禁止令的内容是进入特定区域、场所，接触特定的人。假释职业禁止的内容是禁止从事相关职业。从外在形态上观察，我国管制、缓刑、假释禁止令无疑与限制自由的保安处分更加相似。

（3）我国刑法禁止令与刑罚的关系

从国际角度来看，保安处分是作为刑罚的补充或替代措施而存在的。虽然刑法禁止令作为犯罪法律后果，具有刑事制裁性，但根据我国现行立法，刑法禁止令并不是一项独立存在的制度。具体来讲，其是作为一项刑罚的补充措施而存在的。其适用于行为人已经判处一定刑罚的情况，为了满足刑罚执行中特殊预防的需要，或者为了巩固刑罚执行完毕后的特殊预防效果，而采取的一项补强性措施，是刑罚与保安处分措施相结合的二元化的犯罪法律

---

〔1〕　参见张小虎：《刑罚论的比较与建构（下卷）》，群众出版社2010年版，第948~951页。

后果。

(4) 我国刑法禁止令的目的

对于刑法禁止令不仅要从外在形态进行观察，还要从适用目的进行观察。保安处分着眼于未然之罪，以保护社会为宗旨。这是保安处分与刑罚最根本的区别。刑罚固然也要考虑预防犯罪，但报应始终是其裁判的基础，以实现罚当其罪，避免法外施刑。对于刑法禁止令的目的，我国立法非常明确，是为了预防犯罪的需要，这一点无疑与保安处分也是一致的。

2. 保安处分制度具有一定的立法价值

作为一种刑法思想，保安处分萌芽于古罗马法；作为一种刑法理论，发端于十八世纪末叶德国刑法学家克莱茵的保安处分理论的提出；作为一种刑事政策和刑法制度，勃兴于二十世纪。并在相当程度上被视为刑法规范化、现代化的标志。[1]但由于其功利主义的立法观与难以确定的人身危险性，从产生之日起，赞誉与责难兼而有之，而"二战"中"保安处分"被滥用的历史更是加剧了其争议。尽管"二战"结束以后保安处分制度得到进一步完善，更加注重对适用对象权利的保障，但曾经的阴影挥之不去。1997年《刑法》修订过程中，曾有"保安处分以专章形式进入刑法典"的建议，但最终未被采纳。[2]从刑法总则确立的收容教养、强制医疗、刑事没收等进行观察，法律虽未清晰地界定其制度归属，但从其适用条件、功能定位来分析，高度符合保安处分的核心要素，可以明确地将之归入保安性措施当中。

因此，正视我国保安处分的已然存在，在刑法总则中专章设立保安处分制度，将刑法禁止令在内的诸多保安处分性措施纳入其中，并对其适用对象、依据、内容、程序、法律后果、执行机关等基本构成要素予以明确和完善，是避免这些制度被滥用，促进刑事法治发展的最好选择。

(2) 促进社区矫正立法由"量"的积累向"质"的飞跃

从社区矫正法律渊源来看，虽然质疑声音不断，但司法解释事实上已然成为支撑社区矫正运行的重要存在。作为探索性立法的典范，这一现象具有合理的一面。若将法律的立、改、废视作法律发展与完善过程中的质变，那

---

〔1〕 参见屈学武："保安处分与中国刑法改革"，载《法学研究》1996年第5期。

〔2〕 参见时延安："保安处分的刑事法律化——论刑法典规定保安性措施的必要性及类型"，载《中国人民大学学报》2013年第2期。

么抽象司法解释就是这种质变前的量的积累，为立法工作"增厚土壤"。[1]尽管如此，但其面临的"合法性"危机，"合宪性"质疑依然难以忽略不计。所以，梳理社区矫正工作经验，将"立法型"司法解释通过法律程序，上升为正式的渊源，促进其由"量"的积累向"质"的飞跃，势在必行。自党的十八届三中全会明确提出要"健全社区矫正制度"以来，我国社区矫正立法一直处于推进状态，2016 年 12 月 1 日国务院法制办公室公布了《征求意见稿》，标志着社区矫正立法已进入最后一公里的状态。但《征求意见稿》只有短短 36 个条文，与社区矫正运行中对实体、程序与组织的规范需求相比较，远未能满足需要。从刑法禁止令的角度观察，只是在第 21 条规定："社区矫正人员在社区矫正期间应当遵守法律、行政法规…以及人民法院禁止令。"在第 24 条规定："社区矫正机构发现社区矫正人员正在实施违反监督管理规定或者违反禁止令行为的，应当立即制止；制止无效的，应当立即通知公安机关处理。"[2]对于司法解释中已经确立并已在实践中加以运用的刑事禁止令的调查评估、执行机关、执行程序等并没有吸纳，显然是一个很大的缺憾，期待在正式的立法中能够对这一现象予以关注，并注意吸收司法解释中的合理成分，以真正发挥刑法禁止令对社区矫正的补充作用，加固特殊预防的堤坝，维护社区安全。

二、确立刑法禁止令适用的原则

（一）必要性

刑法禁止令是在犯罪人责任刑已然确定的情况下，对预防刑的裁量。量刑时需要兼顾一般预防，但在这个环节基本上考虑的是特殊预防的目的，因此，不能为了威慑潜在犯罪人或促进普通公民刑法规范意识的形成而刻意加以运用。在社区矫正的视角下，刑法禁止令是针对管制、缓刑、假释人员的一种补充性措施。因此，适用过程中，需要进行两次必要性的判断。一是在对犯罪人已然定罪的情况下，对适用何种刑罚及其执行方式进行判断；二是在拟判处管制、裁定缓刑、假释的情况下，是否需要附加特定的禁止性命令

---

〔1〕　参见黄星："刑法抽象司法解释的时代定位与纠偏"，载《法学评论》2017 第 1 期。
〔2〕　《中华人民共和国社区矫正法（征求意见稿）》，国务院法制办公室 2016 年 12 月 1 日发布。

以强化特殊预防效果。因此，应该在量刑规则统一的前提下，赋予法官一定的自由裁量空间，允许其基于案件的特殊情况，作出适当偏离量刑规则的裁决，而不是简单笼统地"一刀切"。

（二）针对性

犯罪学的研究表明，犯罪原因系统非常复杂，在应对犯罪的策略中，消除犯罪产生的社会土壤，瓦解犯罪心理虽然是治本之策，却是一项长期、艰巨的任务。所以，针对犯罪行为发生机制，运用情境预防理论，有针对性地屏蔽犯罪诱因、隔离被害对象、限制活动范围成为现代社会控制犯罪的重要行动策略。虽然在管制、缓刑、假释的执行过程中，所采取的常规监督管理措施均具有预防再犯的蕴意，但从制度设计来看，刑法禁止令是在对犯罪情况进行综合性分析的基础上，为预防犯罪的发生所采取的强化措施，所以，在适用的过程中，首先应对犯罪发生的背景性因素进行全面分析，找准着力点，避免禁止的方向偏离。无论是禁止从事特定活动，还是进入特定的领域场所，接触特定的人，或者禁止从事特定的职业，都必须具有直接的控制犯罪发生的意义。其次，从禁止的内容来看，应是与其犯罪的发生存在因果关系的因素，而不是漫无边际的。最后，从禁止的期限来看，应是恰如其分的，预防其再犯罪所必需的期限，而不是对于管制、缓刑、假释的简单依附。

（三）明确性

刑法禁止令的内容必须明确，这也是罪刑法定原则实质侧面在刑事司法领域的体现。无论从一般预防，还是从特殊预防的意义上来看，判决书的明确性都具有重要的意义。因为"事实上，刑法虽然具有行为规范的一面，但一般人并不直接阅读刑法条文，而是通过起诉书、判决书（包括刑事裁定书）了解刑法内容。""判决书是对刑法的活生生的解读，解读的越明确，刑法的内容就越容易被一般人理解，刑法就越能发挥一般预防的作用。"[1]从特殊预防的角度来看，判决书越明确，越能为犯罪人内心认同，起到教育和警示的作用。

刑法禁止令的明确性首先体现在裁判事实的明确，其次是法律依据的明确，对相关法律条文的援引要具体到款，而不是只笼统地到条，最后是刑法

---

[1] 张明楷：《刑法学（上）》，法律出版社 2016 年版，第 54 页。

禁止令内容明确、期限明确，且具有操作性。对于禁入特定领域场所的，一定要划定场所的具体边界。对于禁止接触特定的人，鉴于其立法精神在于截断其犯罪诱因，避免受到同案犯的刺激，或者对被害人再次造成伤害。在裁判过程中，就要对其犯罪心理形成机制和犯罪原因发生机制进行分析，确认"特定的人"在其犯罪过程中发挥的作用，然后进行裁判。比较难以把握的是禁止从事特定的活动。实践中予以禁止的主要是禁止申领信用卡、禁止高消费、禁止从事特定的生产经营活动。有的范围过于宽泛，很难操作，这一问题，在食品安全犯罪的职业禁止中比较突出。所以在具体适用中，划定职业的合理"边界"十分必要。应当肯定，"相关职业"的范围存在最大边界，"最大边界"的设定应符合法治国家所一贯遵循的保障国民自由的原则。其具体标准，可以参照《中华人民共和国职业分类大典》对职业的分类，除职业本身涉及多个大类的情况，原则上不得超出每一大类所包含的中类的范围。"相关职业"的范围虽然不得超过最大边界，但是不能为其划定一个最小的边界。换言之，对于某些特殊的犯罪人如绝大多数过失犯、避险过当构成的故意犯，不仅可以只禁止其从事犯罪之时从事的职业（相同职业），甚至可以限缩到禁止犯罪人从事相同职业中的某些职位或岗位，只要达到足以消除犯罪人再犯罪的危险性即可。[1]另外，作为判决书的组成部分，刑法禁止令应当规范、严谨，具备形式合理性。人民法院在作出刑法禁止令时，应当仔细推敲、反复斟酌，尽量避免模糊性、歧义性用语的出现，从而为其执行打下坚实的基础。

三、建立立体化的刑法禁止令执行体系

（一）国家力量和社会力量的结合

目前，刑法禁止令已嵌入社区矫正实践中，成为司法行政机关的一项新的职责，但"令行禁止"绝非司法行政机关能够独立实现的。首先，在刑法禁止令执行过程中，司法行政机关与公、检、法的合作非常重要，四个机关的衔接配合是其顺利运行的基础。其次，刑法禁止令的执行需要相关职能机

---

[1]　参见武晓雯："论《刑法修正案（九）》关于职业禁止的规定"，载《政治与法律》2016年第2期。

构的支持。比如，对教师、律师、医护人员等正规从业人员的职业禁止，需要教育、司法、卫生等主管部门的配合；对于保姆、月嫂、看护之类的非正规就业的从业人员，则需要劳动局来予以协助；对于从事个体经营的食品加工、生产、销售、餐饮、美容等，工商局的作用不可忽视。

刑法禁止令旨在通过对适用对象日常活动的干预，建立起预防重新犯罪的"隔离带"。鉴于在执行过程中，以家人、邻居、朋友等为主体的非正式社会控制更能快速、准确地了解其动态，所以应注意发挥这些社会力量的作用，而在禁止接触被害人的执行中，被害人更是进行合作的第一人选。

（二）一般管理和特殊管理的结合

在社区矫正过程中，对附加"刑法禁止令"服刑人员管理，一方面要以常规的日常管理为基础，又要兼顾这一群体的特殊情况，予以特别管理。在社区矫正宣告中，司法行政机关要向禁止对象宣告被禁止的事项，以及违反规定的法律后果。在日常的报告、走访、检查中，对于禁止对象的状况进行格外关注。对于人民法院禁止令确定需经批准才能进入的特定区域或者场所，社区服刑人员确需进入的，应做好审批工作，并告知人民检察院。发现其存在违反禁令的行为，司法行政机关应当及时派员调查核实情况，收集有关证明材料，并固定证据，为后续处理奠定基础。

（三）注重引入高科技的手段

在社区矫正过程中，与其他服刑人员相比，"刑法禁止令"对象在人身自由、职业自由方面等方面受到了更多限制，但与监狱矫正的罪犯比较，自由度仍然是比较大的，很难掌握其动态信息。基于此，在对"刑法禁止令"对象进行监督管理过程中，社区矫正机构除了可以发挥人力资源的作用，还要注重引入高科技的手段。根据国务院司法行政部门的规定，经过严格的批准手续，可以对符合条件的社区矫正人员进行电子定位，电子监控不失为一种高效便捷的辅助控制方式。

（四）消极的特殊预防与积极的特殊预防的结合

在管制、缓刑、假释人员社区矫正的过程中，为预防再犯罪的发生，通过附加"刑法禁止令"这样一种限制自由的措施来保障社会公共安全，虽然是必要的，但无疑也给适用对象回归社会造成了一定的障碍。如何在保证

"令行禁止"的同时，将因之而带来负面影响降到最低，是在刑法禁止令的执行中需要考虑的更深层次的问题。调查发现，刑法禁止令适用最多的犯罪类型是食品安全犯罪，而禁止的内容主要是在一定期限内禁止从事食品生产、销售及相关活动。从这类犯罪的主体来看，绝大部分属于个体经营者，文化程度低下，在劳动力市场缺乏竞争优势。一旦固有的职业被禁，生活立刻陷入困顿，并造成一系列的连锁反应。与其他社区服刑人员相比，被宣告职业禁止的社区服刑人员所面临的生存压力更为明显。为此，社区矫正机构应当在其因为"职业禁止"而生计艰难时，帮助其获得应有的社会救助，以解燃眉之急。通过就业指导、职业培训等方式帮助其重新进行职业定位，帮助其在较短的时间内获得重新就业的能力，以避免因"职业壁垒"而带来的负面效应。并努力挖掘"刑法禁止令"的教育蕴涵，将对适用对象的监督管理、教育矫正及社会适应性帮扶综合考虑，促进消极的特殊预防与积极的特殊预防的结合。促进其深度回归社会。

综上所述，刑法禁止令作为我国犯罪法律后果的最新形态，对于促进社区矫正发展具有重要意义。实证调查显示，当前刑法禁止令适用谨慎、以缓刑禁止令为主；适用罪名、内容相对集中。由于刑法禁止令性质模糊，运行的基本要素缺失、刑事司法解释功能扩张带来的负面效应等原因，其形式合理性和实证合理性均令人质疑。为了进一步改善其运行效果，首先，应完善刑法禁止令和社区矫正的刑事立法。其次，要明确刑法禁止令适用中需遵循必要性、针对性、明确性等原则。最后，应建立立体化的执行体系，注重多种管理方式和手段的运用，挖掘其教育内涵，避免因"职业壁垒"而带来的负面效应，促进适用对象深度回归社会。

社区矫正知识生产路径探析

社区矫正作为我国犯罪治理体系的一个重要环节，目前已经由局部试点、全面试行进入到全面展开阶段。作为刑事法学领域的一个新兴话题，社区矫正研究伴随国家和社会双本位犯罪预防模式实践的推进而热度攀升。的确，作为国家"善治"的组成部分，社区矫正研究具有独特的价值。因此，本文拟从知识社会学的视角，梳理我国社区矫正知识生产的发展历程，并在此基础上，对社区矫正知识生产的路径进行探析，以提高社区矫正知识产品的内在品质，并进而为提升我国犯罪治理体系和治理能力现代化略尽绵薄之力。

第一节 社区矫正知识生产状况的比较研究

作为对社区矫正较早关注的学者之一，笔者曾经以中国期刊网上刊载的350篇论文为观察视角（时间跨度为1999年1月~2007年4月）[1]，对社区矫正知识生产状况进行过系统研究。经过十几年的发展，我国社区矫正已进入全面展开的新阶段，在这一全新的历史背景下，对社区矫正知识生产状况进一步进行梳理、总结，比较分析，无疑对于社区矫正的良好发展前景具有重要推动作用。基于此，笔者仍然以中国知网中期刊论文为研究平台，以经过查询获得的3090篇期刊论文（时间跨度为2008~2018年）[2]为蓝本，以时间为脉络，对前后两个阶段社区矫正知识生产的状况进行比较研究。

一、社区矫正知识生产数量逐渐走向繁荣

从中国期刊网上刊载的信息来看，在1999年以前，社区矫正是一个无人

---

〔1〕 具体操作如下：在中国期刊网上以社区矫正为主题进行查询，从出现社区矫正相关研究的1999年，到2007年4月份，共获得文章644篇文章，筛选标准：论文字数超过3000字，对社区矫正的论述超过1/2的篇幅，非短讯、随笔，最终获得论文350篇。

〔2〕 本次查询范围为中国知网2008~2018年以"社区矫正"为篇名的期刊论文，共3090篇。

涉足的领域。社区矫正的研究，最初是作为行刑社会化、监狱行刑改革的相关话题进入到学术界视野的；作为专门研究的社区矫正是伴随着 2003 年社区矫正试点的开展逐渐起步的（见表 1）。2008 年以来，社区矫正研究继续保持了良好的势头。虽然与主题搜索相比，篇名遴选更加严格，但从 2008~2018年的查询结果来看，社区矫正知识生产无疑处于快速发展期。尽管社区矫正论文年度分布并非绝对递增，但基本呈现出一条上升的曲线。（见表 2）。可见，随着社区矫正实践的深入、社区矫正立法的发展，社区矫正研究作为刑事法学领域的一个新兴话题，得到了学术界的广泛关注，已经形成了一定的研究规模，并进入发展的快车道，开始逐步走向繁荣。

表 1：社区矫正论文的年代分布情况（1999 年 1 月~2007 年 4 月）

年份	1999	2002	2003	2004	2005	2006	2007（1-4 月）	合计
数量	1	2	17	61	81	168	20	350

表 2：社区矫正论文的年代分布情况（2008~2018 年）

年份	2008	2009	2010	2011	2012	2013	2014	2015	2016	2017	2018	合计
数量	180	191	229	331	355	302	350	362	302	241	247	3090

二、社区矫正知识生产继续保持原有的格局

（一）北京、上海依然是社区矫正研究最为重要的基地

虽然社区矫正作为一种普遍的实践，已经在全国范围内展开。但是，笔者对发文 10 篇以上的单位属地来源分析发现，社区矫正知识生产格局依然处于不均衡的状态。不容否认，与社区矫正研究起始阶段相比，边远省份在社区矫正研究方面逐渐实现"零的突破"，在个别省份甚至表现比较突出，比如，有 19 篇文章来自于青海。但社区矫正研究的重心依然集中在东部和中部经济发达、人口稠密、高校林立的地区。以北京为依托的环渤海区和以上海为中心的长江三角区论文产量引人瞩目。北京、上海依然是社区矫正最为重要的研究中心（见表 3、表 4）。

表3：社区矫正论文产地分布情况（1999年1月~2007年4月）

北京	上海	辽宁	浙江	江苏	广东	河南	湖北	湖南	河北	四川	其他	合计
77	70	24	20	19	16	16	15	14	12	11	56	350

表4：社区矫正论文产地分布情况（2008~2018年）

北京	上海	河北	湖北	江苏	山东	重庆	四川	浙江	陕西	合计
252	115	101	75	58	56	55	52	45	21	830

（二）高等院校为主、实务部门为辅的研究格局已成定势

在社区矫正研究的系统分布中，高等院校依然处于绝对统治地位。社区矫正研究虽非政法院校研究的专利，但社区矫正作为官方定位的"非监禁刑罚执行活动"，无疑更容易纳入刑事法学的领域中，并依托固有的法学资源展开研究。所以，与社区矫正研究起步阶段相比，社区矫正研究产出更加集中于传统的政法强校，如西南政法大学、华东政法大学、中国政法大学、中南财经政法大学、西北政法大学在社区矫正学术产出方面表现突出。而有着丰富刑事司法研究资源的院校如上海政法学院、中央司法警官学院则延续了其固有的优势。而北京师范大学依托刑事科学研究院，异军突起，在社区矫正研究中成果卓著。（见表5、表6）

表5：高等院校发文统计（1999年1月~2007年4月）

校名	发文数	校名	发文数
上海政法学院（含上海大学法学院）	34	华东理工大学	8
辽宁公安司法管理干部学院	11	首都师范大学	7
华东政法学院	9	西南科技大学	7
中国政法大学	9	中央司法警官学院	7
北京政法职业学院	8	武汉大学	6
河南司法警官职业学院	8	合计	114

表6：高等院校发文统计（2008~2018年）

校名	发文数	校名	发文数
中央司法警官学院	69	中南财经政法大学	38
北京师范大学	63	江苏省司法警官高等职业学校	23
上海政法学院	62	西南科技大学	22
西南政法大学	55	西北政法大学	21
华东政法大学	53	河北司法警官职业学院	21
中国政法大学	45	合计	472

与此同时，作为具有高度实践性的一个课题，社区矫正也引起实务界的重视，尤其是社区矫正职能部门，对于社区矫正实务的梳理、总结、反思与探索，成为社区矫正生产领域的一个非常独特的风景。其中，司法部作为社区矫正最高管理机构所在部门，依托其专业职能与强大资源，在社区矫正知识生产方面产生了引人瞩目的成果，发文数量达到69篇。而一些经济发达，社区矫正开展较早的省份，在社区矫正研究方面也展现其强劲实力与先发优势，如江苏省司法厅发文19篇，浙江省司法厅发文18篇，北京市司法局发文17篇，山东省司法厅发文13篇。由此可见社区矫正理论与实务是相辅相成、不可分割的整体。

三、社区矫正知识生产的最新动态

（一）社区矫正研究的影响力逐渐扩大

从社区矫正研究起步阶段的状况来看，社区矫正论文的来源期刊分布比较广泛，但主要以社科类期刊为主，其中又以法学类期刊为主。如《中国司法》《辽宁公安司法管理干部学院学报》《上海政法学院学报：法治论丛》《河南司法警官职业学院学报》，等等。这些期刊的特点是具有鲜明的行业特色。比如《中国司法》主管机关是司法部，《辽宁公安司法管理干部学院学报》主管机关是辽宁省公安厅，《上海政法学院学报：法治论丛》的主管机关是上海市司法局，《河南司法警官职业学院学报》的主管机关是河南省司法厅。这一分布状况尽管有利于立足行业资源、发挥行业优势，推动社区矫正研究向纵深发展，但与此同时，也一定程度上造成受众狭窄、影响力有限的问题。

从 2008~2018 年社区矫正论文期刊来源来看，已经形成了一个比较稳定的刊载群，其中司法行政机关主管的刊物依然是社区矫正论文发表的重要平台。如《人民调解》《中国司法》《河南司法警官职业学院学报》，等等。与此同时，经过十几年的发展，社区矫正知识生产正在更广阔的范围内得到认可，一个重要表现是更多的论文被学术关注度更高的期刊刊载。其中核心期刊 290 篇，中文社会科学引文索引（CSSCI）94 篇。虽然在 3090 篇论文中，这一比例并不显著，但至少预示了社区矫正研究的影响力在逐步扩大。（见表 7、表 8）

表 7：社区矫正论文刊载数量统计（1999 年 1 月~2007 年 4 月）

中国司法	39	北京政法职业学院学报	9
辽宁公安司法管理干部学院学报	26	犯罪研究	9
法治论丛	21	人民检察	8
青少年犯罪问题	15	法律适用	6
河南司法警官职业学院学报	14	法学杂志	5
合计	152		

表 8：社区矫正核心期刊发文统计（5 篇以上）（2008~2018 年）

人民检察	31
中国人民公安大学学报（社会科学版）	14
河北法学	14
法学杂志	13
人民论坛	10
中国刑事法杂志	8
甘肃社会科学	6
云南行政学院学报	5
合计	101

与此同时，最近十几年来，越来越多的社区矫正研究得到学术资助，而

且科研立项的层次不断提高。一个有力的证明是其中的 108 篇文章得到国家社会科学基金的支持。由此可见，随着社区矫正实践的推进，社区矫正理论研究的层次也在逐步提升，从而能够在一个更为广阔的平台上进行交流、社会影响力不断扩大。

（二）社区矫正研究开始向纵深发展

从 2008～2018 年发表的社区矫正论文来看，与前期相比较，在研究内容方面依然非常广泛。既有对社区矫正存在基础理论的分析、又有对社区矫正的范围、工作主体、工作流程等具体问题的探讨；既有对国外相关情况的介绍，也有对本土所面临的实际问题的考察；既有对社区矫正美好前景的展望，也有对其现实障碍存在的隐忧；既有对社区矫正立法的制度设计，也有对社区矫正实务问题的理论探索。从近几年的研究动向来看，随着社区矫正实践的推进，更多学者表现出了对具体问题的关注，如对社区矫正监督管理、教育矫正、社会适应性帮扶、社区矫正评估、社区矫正机构等问题的阐释。但基础理论依然是社区矫正研究的一个重要学术关注点，尤其是社区矫正的性质问题，仍然存在诸多争议，尚未达成共识。

基于官方对社区矫正"非监禁刑罚执行活动"定位的影响，法学视角为绝大多数学者采用。但由于社区矫正作为"非监禁刑罚执行活动"，其实际运行过程涉及多元主体之间的复杂互动，非法学知识能够全面涵盖。所以，颇有一些论文从法学之外的视角对社区矫正进行探讨。典型的如社会学、心理学、医学，等等。尤为突出的是，随着信息技术在社区矫正领域的应用，相关的论文开始出现。如探索大数据技术在社区矫正中的应用、社区矫正监督管理智能化的发展，等等，从而预示了社区矫正研究开始向纵深的方向发展。

四、社区矫正研究中存在的问题

（一）学术创新不足

学术创新是学术活力的源泉，但是目前人文社会科学研究中老调重弹、新瓶装旧酒现象十分突出。"真正原创性的著作少到近乎无，或复述传统之言，或转述西方之说，乃是中国当代人文学者的谋生之道。"[1]虽然看上去眼花缭乱，实则虚假的繁荣。对于这一积弊，社区矫正研究也很难超越。这一问题，在社区矫正研究的初始阶段已经有所端倪，经过十几年的发展历程，依然没有得到有效革除。首先从内容来看，一些文章内容空洞、数据陈旧、缺乏说服力。其次，重复性的研究太多，创新性的研究太少。在社区矫正的理论架构中，西方中心主义突出，多以国外的经验为大前提，然后以此为基准，对我国社区矫正的立法、司法提出修正方案，缺乏在对我国社区矫正实践深入理解基础之上所形成的本土化建议。学者们对社区矫正的性质、概念、社区矫正制度等存在着诸多不同的观点，但不同的观点缺乏正面交锋、直接争鸣。

（二）实证研究水平有待提升

科学的研究方法是社区矫正研究向纵深发展的重要工具。与社区矫正的复杂性相对应，其研究方法也必然具有多元性。社区矫正作为一个具有高度实践性、应用性的话题，实证研究在诸多的方法体系中具有不可忽视的地位。但笔者对社区矫正论文的研究发现，在前一阶段的 350 篇论文中，进行调查研究的文章只有 27 篇，占全部论文的 8%，而且在科学性和严密性方面也有待改进。虽然随着社区矫正实践的开展，学者们赖以研究的实践基础日益雄厚，而且在研究的过程中，在调研的基础上展开论证的也不乏其人。但实证研究终究比较薄弱。在后一阶段的 3090 篇论文中，只有 36 篇以"实证"研究作为标题。可见，这一研究方法在社区矫正知识生产中依然没有获得应有的地位。

第二节　社区矫正知识生产状况的原因分析

一、社区矫正研究走向繁荣的原因分析

（一）社区矫正实践所产生的广阔理论空间

无数事实表明，"社会需要确实导致了有方向性的研究或指定投入的技术

---

[1] 王晓华："学术失范与中国学术的深层危机"，载《学术界》2001 年第 5 期。

发展"。[1]在短短的十几年间，社区矫正研究能够获得蓬勃发展，离不开社区矫正在实践过程中所产生的广阔理论空间。2003 年 7 月，两院、两部联合下发《关于开展社区矫正试点工作的通知》，确定北京、天津、上海、江苏、浙江和山东等省（市）为社区矫正首批试点省（市）。2005 年 1 月，两院、两部发布《关于扩大社区矫正试点范围的通知》，将试点扩大到河北、内蒙古、黑龙江、安徽等十二个省（区、市）。2009 年 9 月，两院、两部再次联合发布《关于在全国试行社区矫正工作的意见》，将社区矫正试点范围扩大到全国。经过多年试点，2014 年 8 月，两院、两部联合发布《关于全面推进社区矫正工作的意见》，社区矫正进入全面推进阶段。在短短的十几年间，社区矫正从局部的试点发展成为一种普遍的刑罚制度。在这个过程中，各地在社区矫正法律文件的支持下，就社区矫正进行了多方面的探索，积累了很多的地方经验，同时也暴露出了一系列的问题，如实践诉求与制度供给不足的矛盾，社区矫正执行机关的"合法性"问题、社区矫正国家力量之间的合作问题、社区矫正的社会参与问题，等等。这些都为社区矫正研究开辟了广阔的理论空间、提供了丰富的学术资源，促进了社区矫正研究向纵深发展。

（二）国家权力对社区矫正研究的肯定与支持

英国著名哲学家罗素曾经试图证明："在社会科学上权力是基本的概念，犹如在物理学上能是基本的概念一样。"[2]对此结论人们有理由保持谨慎的态度，但就刑法学知识的生产过程来看，笔者认为权力的因素的确是至关重要的，因为"刑法学知识作为权力（国家与法律）的附着物，它是被决定的，刑法学知识很难脱离政治而自足地存在。"[3]作为刑法学重要组成部分的社区矫正知识也同样如此，社区矫正研究的持续繁荣尤其证明了这一点。

从近些年的情况来看，社会科学研究已被纳入到我国的整体发展战略中，与国家权力、公共政策的契合越来越紧密。2004 年，中共中央发布了《中共中央关于进一步繁荣发展哲学社会科学的意见》，强调指出，在全面建设小康社会、开创中国特色社会主义事业新局面、实现中华民族伟大复兴的历史进

---

〔1〕　肖峰："论技术的社会形成"，载《中国社会科学》2002 年第 6 期。

〔2〕　[英] 伯特兰·罗素著，吴友三译：《权力论新社会分析》，商务印书馆 1991 年版，第 4 页。

〔3〕　陈兴良："转型与变革——刑法学的一种知识论考察"，载《华东政法学院学报》2006 年第 3 期。

程中，哲学社会科学具有不可替代的作用。必须进一步提高对哲学社会科学重要性的认识，大力繁荣发展哲学社会科学。[1]从而为社会科学研究的整体支持战略奠定了基调。

就社区矫正而言，我国先后通过发布纲领性文件、规范性文件等方式，为社区矫正知识生产制度化格局的出现创造了条件。2003年7月，两院、两部在《关于开展社区矫正试点工作的通知》中明确指出"要认真研究解决试点工作中出现的新情况和遇到的新问题，不断改革和完善试点方案，为全面开展社区矫正工作打下良好的基础。"2004年底，我国将社区矫正列为司法体制和工作机制改革的重要内容之一。进一步提出了"总结社区矫正试点经验，建立和完善社区矫正的法律制度"的要求。2006年10月，党的十六届六中全会作出的《中共中央关于构建社会主义和谐社会若干重大问题的决定》中指出："实施宽严相济的刑事司法政策，改革未成年人司法制度，积极推行社区矫正。"从而以一种最高权威的方式，昭示了社区矫正在实现宽严相济刑事司法政策过程中的重要地位。2011年《刑法修正案（八）》正式确立了"社区矫正制度"，明确了社区矫正在国家法律体系中的地位。2013年11月15日正式公布的《中共中央关于全面深化改革若干重大问题的决定》中更是明确指出，"废止劳动教养制度，完善对违法犯罪行为的惩治和矫正法律，健全社区矫正制度。"在顶层设计层面，将社区矫正作为全面深化改革的重大议题之一，从而为社区矫正研究开辟了广阔的空间。2016年12月1日，国务院法制办公布了《征求意见稿》，则进一步将社区矫正研究引向深入。

如果说，中共中央〔2004〕3号文件是繁荣发展我国社会科学的理论纲领和行动纲领，刑事司法改革的进行和宽严相济刑事政策的提出则为社区矫正研究的进行开辟了道路，而社区矫正的立法推进，则为社区矫正研究发挥了直接导向的作用。可以断言，在2003年7月以后，社区矫正的研究就紧密地嵌合在国家权力的运行中，甚至可以说，社区矫正知识是在国家权力肯定、推动和参与下形成和发展起来的。正如福柯所言："在人文科学里，所有门类的知识的发展都与权力的实施密不可分"，"人文科学是伴随着权力的机制一

---

[1] 《中共中央发出关于进一步繁荣发展哲学社会科学的意见》，载中华人民共和国中央人民政府网，http://www.gov.cn/test/2005-07/06/content_12421.htm，最后访问时间：2019年7月9日。

道产生的"。〔1〕近几年社区矫正在学术研讨会的举办、科研立项的批准、研究机构的设立方面的发展就是对这一点的最好诠释。

近几年，社区矫正成为学术研讨的热点话题，而且在有关部门的支持参与下，召开了多次专门的学术研讨会。如 2004 年 10 月在北京召开的"国际矫正与监狱协会第 6 届年会暨研讨会"，将社区矫正工作作为会议的两大议题之一。〔2〕2004 年 12 月全国人大法工委刑法室、司法部基层工作指导司在上海主办了"对轻刑犯的非监禁矫治措施中英研讨会"，中英两国专家对社区矫正进行了介绍与交流。〔3〕2005 年 7 月由司法部和美国马里兰大学在大连举办了"社区矫正"国际研讨会，中外学者就社区矫正的深层次问题进行了交流。〔4〕2006 年 10 月 29 日至 31 日，首都师范大学与北京市司法局联合主办了"社区矫正研究——2006 年北京国际论坛"，国内外学者就社区矫正的理论与实践进行了热烈的讨论。〔5〕2016 年 12 月 16 日，由中国法学会、中国刑法学研究会、行政法研究会共同主办的"社区矫正法专家研讨会及暨立法专家咨询会"在北京举行。根据中华人民共和国司法部和芬兰共和国司法部合作与交流谅解备忘录 2017~2020 年执行计划，2018 年 1 月 31 日至 2 月 1 日，中芬社区矫正发展性研讨会在厦门举办。这些在官方支持下所进行的专门学术研讨，无疑对社区矫正知识的生产起到了推动作用。

伴随国家对社区矫正发展的政策引导，学术界对社区矫正的理论回应也逐渐升级，并由个别化的探索发展为组织化的生产，一些社区矫正专门研究机构建立起来，如北京师范大学、上海政法学院等高等院校都成立了社区矫正研究中心，为社区矫正研究向纵深发展奠定了基础。

---

〔1〕 ［法］福柯著，严锋译：《权力的眼睛——福柯思想访谈录》，上海人民出版社 1997 年版，第 31 页。

〔2〕 参见陈亮亮："相聚北京 共谋发展——国际矫正与监狱协会第六届年会暨研讨会在京召开"，载《人民调解》2004 年第 12 期。

〔3〕 参见费翔红："'对轻刑犯的非监禁矫治措施中英研讨会'在上海召开"，载《人民调解》2005 年第 2 期。

〔4〕 参见司法部基层工作指导司编：《社区矫正试点工作汇编（三）》，2005 年 12 月，第 1 页。

〔5〕 参见首都师范大学、北京市司法局编：《"社区矫正研究——2006 年北京国际论坛"论文·摘要·致辞汇编》，2006 年 10 月。

二、社区矫正研究格局定型的原因分析

在社区矫正研究的初始阶段，已经出现了知识生产格局向发达地区集中、向高等院校集中的态势，并初步形成了北京、上海两个研究中心，以及一批以高等院校为依托的重要研究基地。而且随着研究时间的推进，这一格局进一步达到了确认和强化。可见，社区矫正研究的发展并不平衡，地区之间、部门之间存在着显著的差异，对于其中的原因，本文从以下三个方面进行分析：

（一）受社会科学知识整体生产格局的影响

"虽然法学至今是一个独立的学科，但是法学确实已经不是一个自给自足的学科。"[1]事实上，就社区矫正的具体过程而言，它也不单纯是一个刑事法学问题，其良好矫正效果的实现，有赖于法学、社会学、心理学等诸多学科的知识。社区矫正研究的现状也已然揭示，这一话题引起了社会科学领域中具有不同学术背景学者的关注。所以，对社区矫正研究格局的原因分析，应当以社会科学知识整体生产格局为背景进行。

各种调查反复印证，我国社会科学生产力存在着地区之间、部门之间的不平衡。邹志仁教授曾经以社会科学学术论文为标本，对近年来中国社会科学生产力进行过系统调查，统计结果显示，我国社会科学知识的生产格局呈现集中分布的态势。1999 年发表的社会科学学术论文中北京占 23.99%，名列全国第一，占社科论文总量 4% 以上的其他 5 个地区依次是：湖北、江苏、上海、广东、山东。[2]2000 年发表的社会科学论文中北京占 28.39%，名列全国第一，占社科论文总量 4% 以上的其他 4 个地区依次是：上海、湖北、江苏、广东。[3]2003 年发表的社会科学学术论文总量中，北京占 26.41%，名列全国第一，占社会科学论文总量 4% 以上的其他 6 个地区，依次是上海、

---

[1] 参见苏力：《也许正在发生——转型中国的法学》，法律出版社 2004 年版。

[2] 参见邹志仁："中国社会科学生产力及其结构、分布再析"，载《情报科学》2002 年第 11 期。

[3] 参见邹志仁："试析中国社会科学生产力"，载《新世纪图书馆》2003 年第 6 期。

江苏、湖北、广东、浙江、四川。[1]2004 年发表的社会科学论文中北京占 24.87%，占社会科学论文总量 4%以上的其他 6 个地区，依次是上海、江苏、湖北、广东、浙江、四川。[2]而吴文钰基于 1998～2007 年 CSSCI 发文数的分析再次验证了这一结论。即 "我国哲学社会科学生产力空间分布差异巨大，空间上表现为强烈的极化效应，具有明显的东部偏好。从东中西三大地带看，东部地区发文量占全国一半以上。分省区市看，北京市是全国发文量最多的地区，发文量占全国的四分之一。上海、广东、江苏、浙江以及湖北是我国哲学社会科学生产力的重要产区。"[3]而笔者对十几年来社区矫正论文产地的研究结果显示，北京、上海是社区矫正研究最为重要的基地，湖北、江苏、浙江等省表现突出。可见，社区矫正研究格局与社会科学研究的整体格局高度相关。究其原因，主要在于这些省（市）区位优势突出，智识产业发达，学术资源丰富，所以，作为社会科学新的分支的社区矫正研究首先在这些省市兴起并得到发展也在情理之中。

　　同样，在社区矫正知识生产的系统分布中，高校居于绝对优势地位的原因，也可以从社会科学知识生产力的部门分布中得到解释。19 世纪重建社会科学的工作使大学得到了复兴，也就是说，大学成了知识创造和知识再生产的中心场所。[4]这一知识创造格局在我国也得到了体现。据邹志仁教授的统计，"1999 年 CSSCI 来源期刊发表的社会科学学术论文中有 67.53% 出自于高等学校，"[5]2000 年 CSSCI 来源期刊发表的社会科学论文中有 68.61%来自于高等院校，由此可估计出我国社会科学生产力的 2/3 存在于高等院校。[6]可见，"所谓大学，乃是人类根本的知识欲望得以集结而实现的制度。" 所以，自从大学制度产生以来，它在知识的生产过程中发挥着举足轻重的作用。"知识

　　[1]　参见邹志仁："2003 年中国社会科学生产力结构及其分布"，载《四川师范大学学报（社会科学版）》2006 年第 3 期。

　　[2]　参见邹志仁："再析中国社会科学生产力及其结构、分布（2004 年）"，载《广东社会科学》2006 年第 3 期。

　　[3]　吴文钰："我国哲学社会科学生产力发展和分布——基于 1998—2007 年 CSSCI 发文数的分析"，载《社会科学管理与评论》2010 年第 3 期。

　　[4]　参见［美］华勒斯勒等著，刘锋译：《开放社会科学》，生活·读书·新知三联书店1997 年版，第 79 页。

　　[5]　邹志仁："中国社会科学生产力及其结构、分布再析"，载《情报科学》2002 年第 11 期。

　　[6]　参见邹志仁："试析中国社会科学生产力"，载《新世纪图书馆》2003 年第 6 期。

是包含在高等教育系统的各种活动之中的共同要素：科研创造它；学术工作保存、提炼和完善它；教学和服务传播它。自高等教育产生以来，处理各门高深知识就是高等教育的主要任务，并一直是各国高等教育的共同领域。"[1]由此可见，高等院校在我国社区矫正研究中的主导地位实际上是其在知识生产中传统优势地位的一种延续。

（二）受北京、上海优越城市地位的影响

北京能够成为社区矫正研究的中心，与北京作为全国政治经济文化中心有关，因为法学作为一个永远不能自给自足的学科，很难摆脱这二者而独立存在。同时，作为京籍院校或者研究机构由于地缘关系也具有信息优势和操作便利。对外交流机会很多，获得各种经济资本、学术资本和符号资本的渠道和机会也更多。因此，能够吸引大批的研究人员聚集于此，其成果的丰富是一种很自然的现象。而上海作为国际知名的大都市，长三角城市群的首位城市，经济资源、文化资源丰富，"智识产业"发达，自然学者云集，有很强的学术生产力。可见，北京和上海能够成为社区矫正研究中心，与其优越的城市地位密切相关。与此同时，北京和上海不仅具有从事社区矫正研究的充足人力资源，而且具有便于学者进行学术观察的实践资源。北京和上海既是最早进行社区建设的城市之一，也是社区矫正试点开展最早的省市，拥有其他省份难以企及的天然优势，从而为这两地的学者近距离地对社区矫正进行观察提供了便利。

（三）受刑事司法研究历史格局的影响

社会科学整体研究格局虽然对社区矫正研究集中分布的态势具有很强的解释力，但我们仍然能够发现例外，比如河南司法警官职业学院、中央司法警官学院等院校所在的河南、河北两省并非社科力量的强省，但社区矫正研究成果却令人关注。笔者以为这与这些院校在刑事司法资源方面的局部优势相关联。这些院校素以特色教学著称，以培养、培训司法警官为主要教学目标，并且以刑事司法研究为重点，并且在多年的发展中形成了较具规模的刑事司法研究的学术共同体。所以，就社区矫正研究而言，这些院校的学者具

---

[1] ［美］伯顿·克拉克主编，王承绪等译：《高等教育新论——多学科的研究》，浙江教育出版社 2001 年版，第 107 页。

有先天的优势，学术目标转换也比较便宜，因而在社区矫正知识生产方面也取得令人瞩目的成果。

综上所述，社区矫正知识生产力集中于东部和中部的大中城市，集中于有着一定理论研究积累的高等院校，是我国经济、文化、社会科学生产力、社区矫正实践发展不平衡的一种表现。所以，西部地区社区矫正知识供给的不足，一方面是由于西部社区矫正试点开始相对较晚，理论诉求相对较弱，难以激发学者们的问题意识与实践感悟；同时也由于西部地区经济、文化相对落后，学术研究赖以进行的资源贫乏，难以吸引高素质的人才集结与向往，学术产出自然有限。

三、社区矫正知识生产困境的原因分析

（一）社区矫正研究缺乏深厚的理论积淀

虽然在20世纪90年代已经有学者对社区矫正进行相关研究，但其在学术界真正引起关注，也不过十几年的时间，在许多最基本的问题上，如社区矫正的性质、范围、执行机关、工作规范方面仍然是仁者见仁，智者见智，因而难以在达成共识的基础上向纵深的方向发展。与此同时，由于社区矫正属于刑事法律体系的终端环节，其所涉及的问题非常的繁杂，需要吸收法学、社会学、心理学、监狱学等诸多学科的理论与方法，需要在"关系"中生存与发展。但由于其在时序上的滞后及其涉及领域的边缘、交叉等特点，因此，在浩如烟海的专业化成果中少见有关于此的论著，因此很难借鉴已有的研究成果。自储槐植教授首倡刑事一体化的观念以来，刑法在运作中存在和发展，刑法的本性是动态的和实践的观念在理论界已逐渐成为一种共识，对刑事法律进行整合性的研究逐渐成为理论界的一种热潮。但是，在对刑法机制的探讨中，与对刑事立法和刑事司法研究的壮观场面和丰硕成果相比较，刑罚执行运行机制的研究相形见绌，因而难以为社区矫正的研究提供必要的理论营养。

（二）社区矫正知识生产者缺乏必要的学术积累

社区矫正在我国属于新兴的一个研究方向，其知识生产体系远未达到一种发达的状态。把社区矫正作为一门课程，纳入到高等学校的课程体系当中，

也不过几年的时间，并且在教材、师资方面都处于草创阶段，因而可以断言，目前的社区矫正研究人员，实际都是由其他的相关学科转型而来，其研究的动力，或来源于对这一问题的兴趣，或者一直从事相关问题的研究因而具有一定的学术优势，或者直接从事相关的实践工作而有一定的感悟，由于时日尚短，缺乏必要的学术积累，因此很多人对这个问题的认识仍然处于初级阶段。而且社区矫正作为涉及法学、社会学、教育学、心理学、管理学等诸多学科的综合性命题，需要深厚的理论积累和知识的整合，由于社区矫正研究的历史短暂，学者们学术功力的提高只能是一个循序渐进的过程，而不可能一蹴而就。

（三）实证研究的困境影响了学者的学术热情

社区矫正作为一个应用性很强的课题，应当建立在对社区矫正实践充分认识的基础上，在资料收集的过程中，基础理论固然重要，但深入实际进行调查不可或缺，所以实证研究方法的运用就显得尤为必要。实证研究作为一种自然科学取向的研究方法，从假设的提出，到概念的操作化、问卷的制定、样本的选取、资料的录入、统计分析到研究报告的撰写，都有着一套严格的操作规程，需要很高的学术素养。而这些素养，需要专业化的训练才能够获得。如前所述，社区矫正研究者虽然涉及领域广泛，但终究以具有法学背景的人居多。目前在我国法学界，运用社会科学方法研究法律问题的学术兴趣共同体正在逐渐形成。但也应看到，法律的社会科学研究在中国尚处于起步阶段，实证调查所积累的学术成果还显得相当薄弱。所以，实证研究取向虽然在我国法学研究中受到关注，但终究赞成者多，实践者少。即便研究者具有实证研究的意识，也往往因为研究能力的匮乏而不得不放弃。

与此同时，实证研究作为社会科学研究中的一种重要方法，其自身也存在着一些操作性难题，一定程度上影响了其研究结论的信度与效度。"在实证研究过程中，研究者对于所研究的问题有一定的理论前见、预先判断以及假设，这不仅不可避免，而且在很多情况下是必要的。这些理论预判和假设往往会根据调查数据所反映的情况被不断修正和调整。但是在实践中，研究者'结论先行'则会对研究的客观性和可信度产生负面的影响。"[1]在社会学等

---

〔1〕 王赢、侯猛："法律现象的实证调查：方法和规范——'法律的社会科学研究'研讨会综述"，载《中国社会科学》2007年第2期。

社会科学领域，虽然已经发展起抽样和处理数据的一整套精巧而复杂的方法，但在社区矫正研究中，一些抽样的准则很难得到严格贯彻。因为实证调查的顺利完成，不仅有赖于研究者的禀赋，而且受到诸多的因素的制约，而这些因素又往往不是研究者所能够左右的。

鉴于实证研究过程中存在的诸多问题，在社区矫正研究中，综合运用问卷调查、非反应测量、内容分析、现有统计资料的二次分析等多种调查方式，以反复印证理论预设，提高研究结论的科学性，就成为研究过程中的一个重要策略。在我国社区矫正实践中，对于基本情况的统计非常重视，并初步建立了一套档案管理制度，对社区矫正具体工作和社区服刑人员的基本信息都有详细的记载，并在此基础上建立了信息报告制度，对报告内容、格式、报送时间、报送方式都有明确的规定，成为决策层进行决策的重要依据，所以对现有的统计信息进行二次分析不失为社区矫正资料获取的一个重要途径。虽然社区矫正有关文件中鼓励学者积极参与矫正活动，对地方性经验进行总结，但在实际研究过程中，却没有为此畅通相应的渠道，相反还设置了一定的障碍。相关统计信息的披露只在一定范围内，研究者无法确切了解矫正活动的真实运作过程。

这些问题的存在无疑加大了学者进行社区矫正实证研究的风险，降低了从事实证研究的热情。对于实证研究的困境，无论是我国学者、还是国外学者都深有体会。"实证研究从研究的筹划、样本的抽取、数据的分析到研究结论的得出，各个步骤不但费时费力费钱，而且研究结论也带有很大的风险性，与坐拥书斋相比，实证研究的实际成本和机会成本都显得太过高昂。"[1]以至于"对于许多研究者而言，实证主义已经变成一个令人心生轻蔑、避之唯恐不及的标签。""实证主义不再是一个清晰的指示物。相反，很明显对许多人来说，做个实证主义者并不是件好事。"[2]所以，社区矫正实证研究固然重要，但要想发展下去，无疑需要突破很多困境。

---

〔1〕 赵国玲、王海涛主编：《知识产权犯罪中的被害人——控制被害的实证分析》，北京大学出版社 2008 年版，第 331 页。

〔2〕 〔美〕劳伦斯·纽曼著，郝大海译：《社会研究方法：定性和定量的取向》，中国人民大学出版社 2007 年版，第 90 页。

第三节　社区矫正知识生产的路径探析

一、确立社区矫正研究的正确立场

（一）深刻认识社区矫正研究兴起的背景

通过考察社区矫正研究的历史，我们会发现，社区矫正在中国学术界是一个新兴的话题。从中国期刊网上刊载的信息来看，在 1999 年以前，社区矫正是一个无人涉足的领域。社区矫正的研究，最初是作为行刑社会化、监狱行刑改革的相关话题进入到学术界视野的。并自 2003 年 7 月社区矫正试点以后得到迅猛发展。社区矫正研究的兴起，反映了时代背景下对犯罪治理理论的呼唤。因为"在什么时候出现某一个特定的问题并非偶然，既定的情况决定着问题，也决定着回答。"[1]

改革开放以来，我国的犯罪态势非常严峻、复杂。在回应时代要求，寻求犯罪治理的过程中，以社会化处遇为特征的社区矫正所以能够脱颖而出，笔者认为是现代化的价值取向在行刑领域自然展开的结果，是学者们在传统——现代分析框架之下对刑罚现代化所做出的路径选择。的确，现代化以及追求现代性的热望，或许是当代最普遍和最显著的特征。"[2]即使现代主义概念本身作为一种很有意义的理论范畴或许会遭到许多经典理论家的摒弃，正如它一直受到许多后来者的攻击一样。然而构筑一种现代性概念的问题依然存在。[3]20 世纪 80 年代以来，中国社会科学关注的大课题是探索具有中国特色的现代化道路及其所面临的种种问题。

社区矫正命题的确立，离不开一定的理论土壤，尤其是离不开一定的犯罪观和刑罚观的引领和启发。首先从犯罪观来看，针对当前的犯罪态势，很多学者以我国正处于全面的社会转型期为背景，对犯罪与现代化的关系进行

---

〔1〕　[德] H. 科殷著，林荣远译：《法哲学》，华夏出版社 2002 年版，第 5 页。

〔2〕　谢立中、孙立平主编：《二十世纪西方现代化理论文选》，上海三联书店 2002 年版，第 164 页。

〔3〕　参见 [美] 昂格尔著，吴玉章、周汉华译：《现代社会中的法律》，中国政法大学出版社 1994 年版，第 33 页。

分析，并形成了不少有独到见解的理论观点。如"同步论""反比论""阵痛论""正负效应论"等，在这些观点中，犯罪与现代化的相关性受到了大多数学者的肯定。而在应对犯罪的刑罚反应方式中，社区矫正能够作为一种方案被选择，与其自身与现代刑罚观的深度契合密不可分。社区矫正的研究是伴随着刑罚改革、行刑改革的话语兴起的，而对于这些改革的方向，又毫无例外地以实现"刑法现代化""行刑现代化"为指归。储槐植教授认为，"现代化是我国社会主义建设和各项改革事业的方向。刑法现代化应当是刑法修改的价值定向。"[1]而刑法现代化的核心是刑罚现代化。刑罚现代化的基本点是刑罚结构朝着文明方向发展。从宏观历史演变角度观察，刑罚结构变化有一条明显的轨迹，刑罚趋轻与合理化是刑罚变化的必然趋势。[2]而社区矫正无疑是对这一趋势的体现。可见，社区矫正研究的兴起离不开两个预设前提：一是我国正处于全面的社会转型期；二是实现包括刑罚现代化在内的全面转型是我们的应然追求。"现代化"的价值取向是社区矫正研究得以兴起的深层思想基础。

（二）慎重处理社区矫正"西方话语"与"中国现实"的关系

从知识社会学的角度观察和分析，与现代性实际进展相伴随的是它的反思层面。在现代性和后现代性的争论中，1990年到1992年，吉登斯、拉什和贝克在自己的著作中分别提出了reflexive modernization这个概念，试图为人们理解和分析西方社会当前所处的历史情境提供一个更为贴切的概念框架。在拉什看来，在当前及未来的社会变迁情境中，只有"反思性现代化"理论才能充分发挥一种批判理论的作用，它创造性地跳脱了现代主义者和后现代主义者之间似乎永无休止的争论，为现代化的转折提供了另一种可能性。为相对于我们的自然、社会和心智环境的自主的主体性开启了积极的可能性。而事实上，不管这一理论在细节上目前是多么不完善，它确实是为我们理解当前的西方社会变迁乃至整个人类世界的变迁都提供了一个富有启示性的新的思考方向。[3]所以，在诸多的"法制现代化"范式中，笔者赞同"反思性法

---

〔1〕　**储槐植**：《刑事一体化》，法律出版社2004年版，第349页。
〔2〕　**储槐植**：《刑事一体化》，法律出版社2004年版，第349页。
〔3〕　参见谢立中："吉登斯、贝克和拉什：'自反性'或'反思性'现代化"，载谢立中、阮新邦主编：《现代性、后现代性社会理论：诠释与评论》，北京大学出版社2004年版，第619~653页。

制现代化"（reflective modernization of law）道路，并试图对以"法制现代化"为深层理念支撑的社区矫正知识生产进行方法论的思考。笔者认为，在社区矫正知识生产的过程中，首先要确立社区矫正研究的正确立场，其中的核心问题在于慎重处理社区矫正的"西方话语"与"中国现实"的关系，避免一些不良倾向，具体阐述如下：

1. 避免以价值判断取代事实判断

在社区矫正的研究中，往往通过比较的方式架起东西方知识沟通的桥梁。笔者曾选取中国期刊网 350 篇论文进行研究，发现有 114 篇文章运用了比较的研究方法，占全部论文的 33%，其中的 110 篇文章都是中外比较。比较法是我国法律研究的一种重要方法，在法律现代化过程中发挥着重要的作用。但是，在当前比比皆是的比较研究中，有一种令人忧虑的倾向——"优位比较法"，即以比较的"本体"为中心，通过比较"客体"的参照和衬托，证明比较"本体"的优越性。这些想法均事先假定了一个处于优位或中心的对象，所谓比较无非是为了证明那些"好的"东西应该代替那些"不好"的东西，或者处于支流的东西应该向中心靠拢。[1]在社区矫正的研究中，我们看到了俯首可拾的比较研究，看到了洋洋洒洒的对于西方经验的介绍。学者们在论证、构建我国社区矫正制度的过程中往往以"西方法律"为参照物，法律移植的品格比较突出。

的确，无论作为一种法律制度还是一种知识形态，社区矫正都源自西方，我们也无多少本土资源可以利用。所以在社区矫正知识的构建中，借鉴吸收国外的法律制度无可厚非，关键是要保持清醒的反思意识，慎重处理社区矫正的"西方话语"与"中国现实"的关系，在东西方社区矫正知识的比较中，我们应该避免以价值判断取代事实判断，以至于造成"事实"与"价值"的混淆。实际上，"无论是近代以来中西文化的相互撞击，还是传统向现代的转型，都是我们必须面对的历史'事实'，但是，从历史发展的客观事实中并不能理所当然地产生相应的价值。"[2]在社区矫正知识生产过程中，西方只不过是一个最具比较意义，不得不进行比较的文化系统。所以针对社区矫

---

〔1〕　参见尹伊君：《社会变迁的法律解释》，商务印书馆 2003 年版，第 21~22 页。

〔2〕　强世功："迈向立法者的法理学——法律移植背景下对当代法理学的反思"，载《中国社会科学》2005 年第 1 期。

正的西方话语，我们应保持学术上的自信，必要的反思，避免西方中心主义对我们思想的束缚。

2. 避免以西方理论裁剪中国现实

法律是社会的产物，西方理论首先是西方经验的产物，它体现的是西方文明成果，表征了西方人认识世界、诠释世界的视角和方法。所以在引进西方社区矫正知识的过程中，应立足于中国实际，客观全面地进行比较，避免生硬地照搬西方的经验，以至于削足适履，造成水土不服的现象发生。即研究中国问题，持有世界眼光。[1]

埃尔曼指出，在决定司法改革的迫切性或小心翼翼的诸因素中，政治和法律文化的多样性是比较研究的一个重要题目。[2]法律移植如果仅仅是纯技术的，很难得到社会的广泛认同并取得良好效果。在社区矫正研究中，不少学者引用美国、英国、加拿大等国的实例来说明社区矫正的成功，并论证了在我国全面开展社区矫正的必要性、可行性与现实意义。虽然社区矫正所具有的正面效应不容置疑，它代表着刑罚执行的发展趋势，我国也必须顺应历史潮流，但也要充分考量本土现实。西方发达国家普遍采用社区矫正，与其拥有相对成熟的社区体系密不可分。而我国二元结构社会远未发育成熟，在国家权力从某些社会领域退出后，相应的社会自治机制没有及时跟进，民间组织的发育也需要一定的时间，而社会公众重刑主义观念的转变更是一个艰难的过程。由此可见，社区矫正在我国的发展任重而道远。所以在社区矫正的知识生产过程中，对西方经验的关注不应仅仅局限于制度层面，还要对制度赖以存在的社会背景和文化背景进行全面的分析与介绍，以便有选择地吸收、借鉴。

二、整合社区矫正研究资源

（一）促进社区矫正研究中多学科知识的融合

美国学者华勒斯坦等在所著《开放社会科学》一书中，积极倡导对社会

---

〔1〕 参见陈瑞华：《问题与主义之间——刑事诉讼基本问题研究》，中国人民大学出版社 2003 年版，第 517 页。

〔2〕 参见［美］H. W. 埃尔曼著，贺卫方、高鸿钧译：《比较法律文化》，清华大学出版社 2002 年版，第 187 页。

科学进行开放式研究，即通过对社会科学的学术活动组织、研究者来源、研究主题的范围、研究方法等方面的全方位开放，达到重建社会科学的目标。而社区矫正作为刑罚执行的组成部分，具有极强的应用性，其良好矫正效果的实现，有赖于法学、社会学、管理学等诸多社会科学知识。事实上，就社区矫正的具体过程而言，绝对不单纯是社会科学的融合问题，而且需要吸收生命科学领域、计算科学领域的最新成果。尤其是大数据与社区矫正的结合，将会起到如虎添翼的作用。所以，为了提升社区矫正研究内在品质，取得突破性进展，社区矫正的研究也应呈现一种开放之势。

在吸收、借鉴其他学科理论、创新社区矫正理论的过程中，一个切实可行的方案是促使不同经历、不同学科背景的学者的横向联合。社区矫正基础理论探索尽管具有重要的意义，但绝大部分研究具有应用性、对策性的特点，所面临的问题具有相当程度的综合性、复杂性，单一的学科知识很难解决，需要相关学科的联合攻关，以便不同学科背景学者能够优势互补，形成一股合力。以达到对某一问题全面的、系统的研究，取得具有科学性、可操作性的研究成果。

社区矫正研究中，虽然不乏联合攻关，但合作还未达到普及的程度。而且，就已有的合作而言，也远未达到广泛深入的程度。所谓学术资源的整合是指不同学科间的相互融合、不同研究方法的相互补充以及合作者之间的相互交流。在整合性的研究中，不仅要打破部门界限，还要明确问题的指向，只有提出明白、确切的问题，才有创新的可能，否则只是理论的堆砌，并没有表现真正的知识互动与吸收交流，对研究产生实际的影响。所以在社区矫正的研究中，要在一定目标的指引下，从法学、社会学、心理学、管理学等诸多的学科中分离出真正对社区矫正研究有意义的理论和方法，以推动社区矫正研究的繁荣，而不是制造虚假的学术泡沫，学术上的豆腐渣工程。

(二) 促进社区矫正理论部门与实务部门的结合

社区矫正作为具有一个高度实践性的话题，对其进行基本概念的澄清、基础理论的探讨虽然非常必要，但其研究的重心应在实务操作方面，因此理论部门与实务部门相互合作、互通有无就显得尤为必要。但就社区矫正研究的现状来看，社区矫正研究部门化趋势明显，学术交流不畅，目前社区矫正的合作局限于高等院校内部或不同院校之间，还有就是实务部门本身的联合，不同的研究主体缺乏沟通，各自为战，没有在发挥各自优势的基础上，形成一股合力，以推动社区矫正研究向纵深的方向发展。以至于高校研究人员在社区矫正研究方面由于缺乏对实际情况的了解而易犯盲人摸象的错误，而实务部门由于缺乏专门的学术素养和训练而难以对实践经验进行提升，提出高屋建瓴的理论。因此，推倒围墙，走向联合，尤其是促进研究机构与实务部门的联合，是社区矫正研究需要解决的一个问题。因为组织内部没有调查、研究能力，就不可能实现合理的目标。而各个研究单位的产生、发展，使组织更为复杂，引起了新的协调问题的产生。对研究方法的研究表明，解决这些问题的方法与解决其他单位组织之间矛盾的方法并没有什么区别。如果研究人员和职业管理人员之间组成一个工作队共同解决问题，那么对研究所起的作用是非常重要的。其原因在于管理人员对于研究单位的信任支持态度。[1]可见，研究部门与实务部门的合作是一个双赢的选择。在这个过程中，应加大政府对"智力"的采购力度，以促进政府管理方式的社会化。当然，在合作的过程中，由于双方追求的不同，在研究过程中可能也会出现一些分歧，这就需要二者在合作过程中不断磨合，逐渐实现良好的互动。

三、加强社区矫正实证研究

社区矫正作为一个应用性很强的课题，应当建立在对其实践充分认识的基础上，在资料收集的过程中，基础理论固然重要，但深入实际进行调查不可或缺，所以实证研究方法的运用就显得尤为必要。实证研究作为一种自然科学取向的研究方法，有着一套严格的操作规程，需要很高的学术素养。而这些素养，需要专业化的训练才能够获得。而矫正学领域的研究者由于普遍缺乏系统的社会科学研究方法训练，实证调查研究的技法还比较粗糙，亟待进一步提高。与此同时，为了获取科学的数据，还需要在相应的制度环境改善的情况下，走出书斋，与社区矫正实践紧密结合。

（一）完善刑事司法统计制度

官方统计，是社区矫正数据资料的重要来源，而官方统计的缺陷，是我

---

〔1〕　参见［美］大卫·E·杜菲著，吴宗宪等译：《美国矫正政策与实践》，中国人民公安大学出版社1992年版，第605页。

国社区矫正实证研究难以开展的一个重要原因。目前在我国，名义上由国家统计局社会统计司来统筹国家犯罪统计工作，但实际上公、检、法、司等部门各有一套犯罪统计制度，在统计指标上既不规范，也不统一。有鉴于此，根据犯罪统计工作的特点，联系我国的实际情况，笔者赞同在司法部内设犯罪统计局，专门负责领导和协调全国的犯罪统计工作。在此基础上，规范犯罪统计的范围与标准。[1]我国可在对犯罪统计科学分类的基础上，设定统计项目及指标体系。就社区矫正而言，其统计项目至少应当包括：（1）社区服刑人员的绝对数量与相对数量；（2）社区服刑人员的结构特征，包括年龄、性别、文化程度、犯罪类型、矫正类别、矫正时间等；（3）社区服刑人员的动态特征，如在一年以上的时间内，社区服刑人员的数量、结构的发展变化；（4）社区服刑人员重新犯罪情况，等等。在数据收集过程中，除了通过汇总报表的方式收集汇总数据以外，应该重视收集单元数据记录，以便在数量、频率、百分比等描述性统计分析以外，能够开展置信区间、相关、方差分析、回归、趋势分析等推理性统计分析。

犯罪统计最终是为犯罪预防的理论与实践服务，并满足公众知情权的需要，为此应建立起积极、开放、有效的犯罪统计资料发布、出版制度。从国外的情况来看，当今世界各国都十分重视犯罪信息公开工作，许多国家都定期向社会公布有关犯罪的统计资料。"据统计，负责组织和协调美国刑事司法统计工作的司法部司法统计局每年大约有 50 种以上主题和内容十分广泛的出版物，其中最著名的是《刑事司法统计资料》(The Source-book of Criminal Justice Statistics)。"[2]目前，我国刑事司法统计资料的发布出版问题已引起了有关部门的重视，当然，在意识觉醒以后，还需要建立具体的制度以进行操作。

（二）充分发挥地缘优势

在社区矫正实证研究中，进行全国范围内的调查，或者跨省范围内抽样，固然是每个研究者所追求的，但囿于人力、财力及其他诸多因素的限制，很难做到这一点，出于实务操作的便利，笔者建议，在社区矫正实证研究的过

---

〔1〕 参见冯卫国、刘莉花："论我国犯罪信息公开制度的构建"，载《河南公安高等专科学校学报》2007 年第 2 期。

〔2〕 周勇："美国刑事司法统计制度及其借鉴"，载《河南司法警官职业学院学报》2006 年第 2 期。

程中，研究者可利用本地资源、充分发挥地缘优势。这种选择至少具有以下两个方面的便利：

首先，能够比较容易获得社会支持。在社区矫正实证研究中，为了获取具有统计学意义的数据资料，需要采取多种方式进行调查，而各种调查能否获得成功，很大程度上取决于能否得到有关方面的支持。比如问卷的内容需要在试测的基础上进行调整；样本的确定需要有关人员的协助；问卷的发放需要调查人员的配合。这些调查活动作为一种民间行为，其有效性的获得，在于能够引起官方机构的重视，能够获得民间力量的支持。经过十余年的发展，社区矫正已经积累了相当丰富的地方性经验。所以，研究者利用地缘优势，选取本地社区矫正实践活动进行调查，无疑能够激发有关部门的合作兴趣，为研究的进行提供帮助。而且，地缘的便利，为研究者与有关人员近距离接触创造了条件，有利于在合作过程中进行情感的沟通、彼此信任的达成，为调查的深入进行奠定基础。

其次是有助于理论与实践之间的良好互动。社区矫正实证研究依托于本地资源，有助于研究者对社区矫正实践活动的深入观察与亲自参与，从而实现理论与实践之间的融和局面。从我国的社区矫正实践观察，我们会发现传统的知识生产者的形象已经变得模糊了，很多人走出书斋，参与到当地社区矫正实践中去，比如，作为社区矫正社会志愿者为社区服刑人员提供服务、作为专家对社区矫正活动进行指导，而这种活动本身，既可以激发社区矫正知识生产者的研究灵感，又有助于理论研究在实际应用中的及时反馈，促进社区矫正理论与实践的良性发展。的确，社区矫正，是一个漫长的过程，社区矫正实证研究，也不是一次性能够完成的，研究者对于当地社区矫正实践的依托，就可以避免浮光掠影、蜻蜓点水式调查研究造成的肤浅，提高研究质量。

综上所述，作为刑事法学领域的一个新兴研究方向，社区矫正源起于严峻的犯罪现实带来的理论诉求，是在传统与现代分析框架下对刑罚人道、民主、效益等价值积极探索的结果。在研究的过程中，与刑事学科的其他分支一样，既分享着法学乃至社会科学、自然科学研究成果的滋养，也面临着学科发展中的共同困境。从而要求包括社区矫正研究在内的刑事法学界，在审慎对待学术研究过程中"西方话语"与"中国现实"关系的基础上，加强实证研究，并以开放的心态，联合攻关，广泛吸纳国内外一切优秀的研究成果，生产出对犯罪治理真正有益的产品。

附　录

附录 1　《社区矫正实施办法》

（发布时间：2012 年 1 月 10 日）

第一条　为依法规范实施社区矫正，将社区矫正人员改造成为守法公民，根据《中华人民共和国刑法》、《中华人民共和国刑事诉讼法》等有关法律规定，结合社区矫正工作实际，制定本办法。

第二条　司法行政机关负责指导管理、组织实施社区矫正工作。

人民法院对符合社区矫正适用条件的被告人、罪犯依法作出判决、裁定或者决定。

人民检察院对社区矫正各执法环节依法实行法律监督。

公安机关对违反治安管理规定和重新犯罪的社区矫正人员及时依法处理。

第三条　县级司法行政机关社区矫正机构对社区矫正人员进行监督管理和教育帮助。司法所承担社区矫正日常工作。

社会工作者和志愿者在社区矫正机构的组织指导下参与社区矫正工作。

有关部门、村（居）民委员会、社区矫正人员所在单位、就读学校、家庭成员或者监护人、保证人等协助社区矫正机构进行社区矫正。

第四条　人民法院、人民检察院、公安机关、监狱对拟适用社区矫正的被告人、罪犯，需要调查其对所居住社区影响的，可以委托县级司法行政机关进行调查评估。

受委托的司法行政机关应当根据委托机关的要求，对被告人或者罪犯的居所情况、家庭和社会关系、一贯表现、犯罪行为的后果和影响、居住地村（居）民委员会和被害人意见、拟禁止的事项等进行调查了解，形成评估意见，及时提交委托机关。

第五条　对于适用社区矫正的罪犯，人民法院、公安机关、监狱应当核实其居住地，在向其宣判时或者在其离开监所之前，书面告知其到居住地县级司法行政机关报到的时间期限以及逾期报到的后果，并通知居住地县级司法行政机关；在判决、裁定生效起三个工作日内，送达判决书、裁定书、决定书、执行通知书、假释证明书副本等法律文书，同时抄送其居住地县级人民检察院和公安机关。县级司法行政机关收到法律文书后，应当在三个工作日内送达回执。

第六条　社区矫正人员应当自人民法院判决、裁定生效之日或者离开监所之日起十日内到居住地县级司法行政机关报到。县级司法行政机关应当及时为其办理登记接收手续，并告知其三日内到指定的司法所接受社区矫正。发现社区矫正人员未按规定时间报到的，县级司法行政机关应当及时组织查找，并通报决定机关。

暂予监外执行的社区矫正人员，由交付执行的监狱、看守所将其押送至居住地，与县级司法行政机关办理交接手续。罪犯服刑地与居住地不在同一省、自治区、直辖市，需要回居住地暂予监外执行的，服刑地的省级监狱管理机关、公安机关监所管理部门应当书面通知罪犯居住地的同级监狱管理机关、公安机关监所管理部门，指定一所监狱、看守所接收罪犯档案，负责办理罪犯收监、释放等手续。人民法院决定暂予监外执行的，应当通知其居住地县级司法行政机关派员到庭办理交接手续。

第七条　司法所接收社区矫正人员后，应当及时向社区矫正人员宣告判决书、裁定书、决定书、执行通知书等有关法律文书的主要内容；社区矫正期限；社区矫正人员应当遵守的规定、被禁止的事项以及违反规定的法律后果；社区矫正人员依法享有的权利和被限制行使的权利；矫正小组人员组成及职责等有关事项。

宣告由司法所工作人员主持，矫正小组成员及其他相关人员到场，按照规定程序进行。

第八条　司法所应当为社区矫正人员确定专门的矫正小组。矫正小组由司法所工作人员担任组长，由本办法第三条第二、第三款所列相关人员组成。社区矫正人员为女性的，矫正小组应当有女性成员。

司法所应当与矫正小组签订矫正责任书，根据小组成员所在单位和身份，明确各自的责任和义务，确保各项矫正措施落实。

第九条　司法所应当为社区矫正人员制定矫正方案，在对社区矫正人员被判处的刑罚种类、犯罪情况、悔罪表现、个性特征和生活环境等情况进行综合评估的基础上，制定有针对性的监管、教育和帮助措施。根据矫正方案的实施效果，适时予以调整。

第十条 县级司法行政机关应当为社区矫正人员建立社区矫正执行档案，包括适用社区矫正的法律文书，以及接收、监管审批、处罚、收监执行、解除矫正等有关社区矫正执行活动的法律文书。

司法所应当建立社区矫正工作档案，包括司法所和矫正小组进行社区矫正的工作记录，社区矫正人员接受社区矫正的相关材料等。同时留存社区矫正执行档案副本。

第十一条 社区矫正人员应当定期向司法所报告遵纪守法、接受监督管理、参加教育学习、社区服务和社会活动的情况。发生居所变化、工作变动、家庭重大变故以及接触对其矫正产生不利影响人员的，社区矫正人员应当及时报告。

保外就医的社区矫正人员还应当每个月向司法所报告本人身体情况，每三个月向司法所提交病情复查情况。

第十二条 对于人民法院禁止令确定需经批准才能进入的特定区域或者场所，社区矫正人员确需进入的，应当经县级司法行政机关批准，并告知人民检察院。

第十三条 社区矫正人员未经批准不得离开所居住的市、县（旗）。

社区矫正人员因就医、家庭重大变故等原因，确需离开所居住的市、县（旗），在七日以内的，应当报经司法所批准；超过七日的，应当由司法所签署意见后报经县级司法行政机关批准。返回居住地时，应当立即向司法所报告。社区矫正人员离开所居住市、县（旗）不得超过一个月。

第十四条 社区矫正人员未经批准不得变更居住的县（市、区、旗）。

社区矫正人员因居所变化确需变更居住地的，应当提前一个月提出书面申请，由司法所签署意见后报经县级司法行政机关审批。县级司法行政机关在征求社区矫正人员新居住地县级司法行政机关的意见后作出决定。

经批准变更居住地的，县级司法行政机关应当自作出决定之日起三个工作日内，将有关法律文书和矫正档案移交新居住地县级司法行政机关。有关法律文书应当抄送现居住地及新居住地县级人民检察院和公安机关。社区矫正人员应当自收到决定之日起七日内到新居住地县级司法行政机关报到。

第十五条 社区矫正人员应当参加公共道德、法律常识、时事政策等教育学习活动，增强法制观念、道德素质和悔罪自新意识。社区矫正人员每月参加教育学习时间不少于八小时。

第十六条 有劳动能力的社区矫正人员应当参加社区服务，修复社会关系，培养社会责任感、集体观念和纪律意识。社区矫正人员每月参加社区服务时间不少于八小时。

第十七条 根据社区矫正人员的心理状态、行为特点等具体情况，应当采取有针对性的措施进行个别教育和心理辅导，矫正其违法犯罪心理，提高其适应社会能力。

第十八条 司法行政机关应当根据社区矫正人员的需要，协调有关部门和单位开展职业培训和就业指导，帮助落实社会保障措施。

第十九条 司法所应当根据社区矫正人员个人生活、工作及所处社区的实际情况，有针对性地采取实地检查、通讯联络、信息化核查等措施及时掌握社区矫正人员的活动情况。重点时段、重大活动期间或者遇有特殊情况，司法所应当及时了解掌握社区矫正人员的有关情况，可以根据需要要求社区矫正人员到办公场所报告、说明情况。

社区矫正人员脱离监管的，司法所应当及时报告县级司法行政机关组织追查。

第二十条 司法所应当定期到社区矫正人员的家庭、所在单位、就读学校和居住的社区了解、核实社区矫正人员的思想动态和现实表现等情况。

对保外就医的社区矫正人员，司法所应当定期与其治疗医院沟通联系，及时掌握其身体状况及疾病治疗、复查结果等情况，并根据需要向批准、决定机关或者有关监狱、看守所反馈情况。

第二十一条 司法所应当及时记录社区矫正人员接受监督管理、参加教育学习和社区服务等情况，定期对其接受矫正的表现进行考核，并根据考核结果，对社区矫正人员实施分类管理。

第二十二条 发现社区矫正人员有违反监督管理规定或者人民法院禁止令情形的，司法行政机关应当及时派员调查核实情况，收集有关证明材料，提出处理意见。

第二十三条 社区矫正人员有下列情形之一的，县级司法行政机关应当给予警告，并出具书面决定：

（一）未按规定时间报到的；

（二）违反关于报告、会客、外出、居住地变更规定的；

（三）不按规定参加教育学习、社区服务等活动，经教育仍不改正的；

（四）保外就医的社区矫正人员无正当理由不按时提交病情复查情况，或者未经批准进行就医以外的社会活动且经教育仍不改正的；

（五）违反人民法院禁止令，情节轻微的；

（六）其他违反监督管理规定的。

第二十四条　社区矫正人员违反监督管理规定或者人民法院禁止令，依法应予治安管理处罚的，县级司法行政机关应当及时提请同级公安机关依法给予处罚。公安机关应当将处理结果通知县级司法行政机关。

第二十五条　缓刑、假释的社区矫正人员有下列情形之一的，由居住地同级司法行政机关向原裁判人民法院提出撤销缓刑、假释建议书并附相关证明材料，人民法院应当自收到之日起一个月内依法作出裁定：

（一）违反人民法院禁止令，情节严重的；

（二）未按规定时间报到或者接受社区矫正期间脱离监管，超过一个月的；

（三）因违反监督管理规定受到治安管理处罚，仍不改正的；

（四）受到司法行政机关三次警告仍不改正的；

（五）其他违反有关法律、行政法规和监督管理规定，情节严重的。

司法行政机关撤销缓刑、假释的建议书和人民法院的裁定书同时抄送社区矫正人员居住地同级人民检察院和公安机关。

第二十六条　暂予监外执行的社区矫正人员有下列情形之一的，由居住地县级司法行政机关向批准、决定机关提出收监执行的建议书并附相关证明材料，批准、决定机关应当自收到之日起十五日内依法作出决定：

（一）发现不符合暂予监外执行条件的；

（二）未经司法行政机关批准擅自离开居住的市、县（旗），经警告拒不改正，或者拒不报告行踪，脱离监管的；

（三）因违反监督管理规定受到治安管理处罚，仍不改正的；

（四）受到司法行政机关两次警告，仍不改正的；

（五）保外就医期间不按规定提交病情复查情况，经警告拒不改正的；

（六）暂予监外执行的情形消失后，刑期未满的；

（七）保证人丧失保证条件或者因不履行义务被取消保证人资格，又不能在规定期限内提出新的保证人的；

（八）其他违反有关法律、行政法规和监督管理规定，情节严重的。

司法行政机关的收监执行建议书和决定机关的决定书，应当同时抄送社区矫正人员居住地同级人民检察院和公安机关。

第二十七条　人民法院裁定撤销缓刑、假释或者对暂予监外执行罪犯决定收监执行的，居住地县级司法行政机关应当及时将罪犯送交监狱或者看守所，公安机关予以协助。

监狱管理机关对暂予监外执行罪犯决定收监执行的，监狱应当立即赴羁押地将罪犯收监执行。

公安机关对暂予监外执行罪犯决定收监执行的，由罪犯居住地看守所将罪犯收监执行。

第二十八条　社区矫正人员符合法定减刑条件的，由居住地县级司法行政机关提出减刑建议书并附相关证明材料，经地（市）级司法行政机关审核同意后提请社区矫正人员居住地的中级人民法院裁定。人民法院应当自收到之日起一个月内依法裁定；暂予监外执行罪犯的减刑，案情复杂或者情况特殊的，可以延长一个月。司法行政机关减刑建议书和人民法院减刑裁定书副本，应当同时抄送社区矫正人员居住地同级人民检察院和公安机关。

第二十九条　社区矫正期满前，社区矫正人员应当作出个人总结，司法所应当根据其在接受社区矫正期间的表现、考核结果、社区意见等情况作出书面鉴定，并对其安置帮教提出建议。

第三十条　社区矫正人员矫正期满，司法所应当组织解除社区矫正宣告。宣告由司法所工作人员主持，按照规定程序公开进行。

司法所应当针对社区矫正人员不同情况，通知有关部门、村（居）民委员会、群众代表、社区矫正人员所在单位、社区矫正人员的家庭成员或者监护人、保证人参加宣告。

宣告事项应当包括：宣读对社区矫正人员的鉴定意见；宣布社区矫正期限届满，依法解除社区矫正；对判处管制的，宣布执行期满，解除管制；对宣告缓刑的，宣布缓刑考验期满，原判刑罚不再执行；对裁定假释的，宣布考验期满，原判刑罚执行完毕。

县级司法行政机关应当向社区矫正人员发放解除社区矫正证明书，并书面通知决定机关，同时抄送县级人民检察院和公安机关。

暂予监外执行的社区矫正人员刑期届满的，由监狱、看守所依法为其办理刑满释放手续。

第三十一条 社区矫正人员死亡、被决定收监执行或者被判处监禁刑罚的，社区矫正终止。

社区矫正人员在社区矫正期间死亡的，县级司法行政机关应当及时书面通知批准、决定机关，并通报县级人民检察院。

第三十二条 对于被判处剥夺政治权利在社会上服刑的罪犯，司法行政机关配合公安机关，监督其遵守刑法第五十四条的规定，并及时掌握有关信息。被剥夺政治权利的罪犯可以自愿参加司法行政机关组织的心理辅导、职业培训和就业指导活动。

第三十三条 对未成年人实施社区矫正，应当遵循教育、感化、挽救的方针，按照下列规定执行：

（一）对未成年人的社区矫正应当与成年人分开进行；

（二）对未成年社区矫正人员给予身份保护，其矫正宣告不公开进行，其矫正档案应当保密；

（三）未成年社区矫正人员的矫正小组应当有熟悉青少年成长特点的人员参加；

（四）针对未成年人的年龄、心理特点和身心发育需要等特殊情况，采取有益于其身心健康发展的监督管理措施；

（五）采用易为未成年人接受的方式，开展思想、法制、道德教育和心理辅导；

（六）协调有关部门为未成年社区矫正人员就学、就业等提供帮助；

（七）督促未成年社区矫正人员的监护人履行监护职责，承担抚养、管教等义务；

（八）采取其他有利于未成年社区矫正人员改过自新、融入正常社会生活的必要措施。

犯罪的时候不满十八周岁被判处五年有期徒刑以下刑罚的社区矫正人员，适用前款规定。

第三十四条 社区矫正人员社区矫正期满的，司法所应当告知其安置帮教有关规定，与安置帮教工作部门妥善做好交接，并转交有关材料。

第三十五条 司法行政机关应当建立例会、通报、业务培训、信息报送、统计、档案管理以及执法考评、执法公开、监督检查等制度，保障社区矫正工作规范运行。

司法行政机关应当建立突发事件处置机制，发现社区矫正人员非正常死亡、实施犯罪、参与群体性事件的，应当立即与公安机关等有关部门协调联动、妥善处置，并将有关情况及时报告上级司法行政机关和有关部门。

司法行政机关和公安机关、人民检察院、人民法院建立社区矫正人员的信息交换平台，实现社区矫正工作动态数据共享。

第三十六条　社区矫正人员的人身安全、合法财产和辩护、申诉、控告、检举以及其他未被依法剥夺或者限制的权利不受侵犯。社区矫正人员在就学、就业和享受社会保障等方面，不受歧视。

司法工作人员应当认真听取和妥善处理社区矫正人员反映的问题，依法维护其合法权益。

第三十七条　人民检察院发现社区矫正执法活动违反法律和本办法规定的，可以区别情况提出口头纠正意见、制发纠正违法通知书或者检察建议书。交付执行机关和执行机关应当及时纠正、整改，并将有关情况告知人民检察院。

第三十八条　在实施社区矫正过程中，司法工作人员有玩忽职守、徇私舞弊、滥用职权等违法违纪行为的，依法给予相应处分；构成犯罪的，依法追究刑事责任。

第三十九条　各级人民法院、人民检察院、公安机关、司法行政机关应当切实加强对社区矫正工作的组织领导，健全工作机制，明确工作机构，配备工作人员，落实工作经费，保障社区矫正工作的顺利开展。

第四十条　本办法自 2012 年 3 月 1 日起施行。最高人民法院、最高人民检察院、公安部、司法部之前发布的有关社区矫正的规定与本办法不一致的，以本办法为准。

附录2 《中华人民共和国社区矫正法（征求意见稿）》

（发布时间：2016年12月1日）

第一章　总　则

第一条　为了规范社区矫正工作，正确执行刑罚，帮助社区矫正人员顺利回归社会，预防和减少犯罪，制定本法。

第二条　对被判处管制、宣告缓刑、假释或者暂予监外执行的罪犯（以下统称社区矫正人员）实行监督管理、教育帮扶的社区矫正活动，适用本法。

第三条　社区矫正工作坚持监督管理与教育帮扶相结合，专门机关与社会力量相结合，保障公众安全与维护社区矫正人员合法权益相结合的原则。

第四条　国务院司法行政部门主管全国的社区矫正工作。县级以上地方人民政府司法行政部门负责本行政区域的社区矫正工作。

人民法院、人民检察院、公安机关和其他有关部门依照各自职责，分工负责、协调配合，共同做好社区矫正工作。

第五条　居民委员会、村民委员会应当依法协助社区矫正机构做好社区矫正工作。

社区矫正人员的家庭成员、监护人、保证人，所在单位或者就读学校有义务协助社区矫正机构做好社区矫正工作。

第六条　国家鼓励企事业单位、社会组织和社会工作者、志愿者等社会力量参与社区矫正工作。

第七条　社区矫正机构工作人员依法开展社区矫正活动，受法律保护。

社区矫正机构工作人员应当严格遵守宪法和法律，忠于职守，秉公执法，严守纪律，清正廉洁。

第八条　社区矫正人员应当遵守法律、行政法规和社区矫正机构的有关规定，服从管理，接受教育。

社区矫正人员依法享有的人身权利、财产权利和其他未被依法剥夺或者限制的权利，不受侵犯。社区矫正人员合法权益受到侵害的，有权提出申诉、控告和检举。

第九条　各级人民政府应当将社区矫正经费列入本级政府预算。

居民委员会、村民委员会协助社区矫正机构开展工作所需经费从社区矫正经费中列支。

第二章　实施社区矫正的程序

第十条　依法判处罪犯管制、宣告缓刑、裁定假释、决定暂予监外执行的人民法院和依法批准罪犯暂予监外执行的监狱管理机关、公安机关（以下统称社区矫正决定机关），决定对罪犯实行社区矫正。

社区矫正在社区矫正人员的居住地执行。社区矫正决定机关根据需要可以委托社区矫正机构或者居民委员会、村民委员会等组织对罪犯的社会危险性和对社区的影响，进行调查评估。

第十一条　社区矫正决定机关应当自判决、裁定或者决定生效之日起 3日内通知执行地社区矫正机构，并在 10 日内送达有关法律文书，同时抄送人民检察院。

被人民法院判处管制、宣告缓刑、裁定准予假释的社区矫正人员，应当自判决、裁定生效之日起 10 日内到执行地社区矫正机构报到。

被人民法院决定暂予监外执行的社区矫正人员，由看守所或者执行取保候审、监视居住的公安机关自收到决定之日起 10 日内将社区矫正人员移送社区矫正机构。

被监狱管理机关、公安机关批准暂予监外执行的社区矫正人员，由监狱或者看守所自收到批准决定之日起 10 日内将社区矫正人员移送社区矫正机构。

第十二条　社区矫正机构接收社区矫正人员，应当核对法律文书、核实身份、办理接收登记、建立档案，并在社区矫正人员所在社区宣告社区矫正人员的犯罪事实、执行社区矫正的期限以及应当遵守的规定。

第十三条　社区矫正机构根据社区矫正人员的表现，对其实施考核奖惩。社区矫正人员认罪悔罪、遵守法律法规、服从监督管理、接受教育，表现突出的，社区矫正机构应当给予表扬。社区矫正人员违反法律法规或者监督管理规定的，社区矫正机构应当依照有关规定给予警告。

第十四条　社区矫正人员符合刑法规定的减刑条件的，社区矫正机构应当向人民法院提出减刑建议，并将建议书抄送人民检察院。

人民法院裁定减刑的，应当将减刑裁定书副本送达社区矫正机构，同时抄送人民检察院和公安机关。

第十五条　社区矫正人员符合刑法规定的撤销缓刑、假释条件的，社区矫正机构应当向人民法院提出撤销缓刑、假释建议，并将建议书抄送人民检察院。

人民法院裁定撤销缓刑、假释的，应当将撤销缓刑、假释裁定书副本送达社区矫正机构，同时抄送人民检察院和公安机关。

第十六条　暂予监外执行的社区矫正人员具有刑事诉讼法规定的应予收监情形的，社区矫正机构应当向人民法院或者监狱管理机关、公安机关提出收监执行建议，并将建议书抄送人民检察院。

社区矫正决定机关决定收监执行的，应当将收监决定送达社区矫正机构，同时抄送人民检察院和公安机关。

第十七条　对宣告缓刑、假释、暂予监外执行的社区矫正人员决定收监执行的，公安机关应当立即将其羁押，并移送监狱或者看守所。

被决定收监执行的社区矫正人员在逃的，由公安机关追捕，社区矫正机构协助。

第十八条　社区矫正人员矫正期满的，社区矫正机构应当公开宣告解除社区矫正，向社区矫正人员发放解除社区矫正证明书，并书面通知有关人民法院、人民检察院、监狱、看守所和社区矫正执行地公安机关。

第十九条　社区矫正人员在社区矫正期间死亡的，社区矫正机构应当及时书面通知社区矫正决定机关、人民检察院、公安机关。

第三章　监督管理

第二十条　社区矫正机构应当为社区矫正人员确定矫正小组，协助社区矫正机构开展监督管理工作。

矫正小组由社区矫正机构工作人员、居民委员会或者村民委员会工作人员、社区矫正人员的家庭成员或者监护人、保证人，所在单位或者就读学校人员以及社会工作者、志愿者等组成。社区矫正人员为女性的，矫正小组成员中应有女性成员。

第二十一条 社区矫正人员在社区矫正期间应当遵守法律、行政法规和国务院司法行政部门关于报告、会客、外出、迁居、保外就医等监督管理规定以及人民法院禁止令。

第二十二条 社区矫正人员离开所居住的市、县或者迁居，应当报经社区矫正机构批准；需要变更社区矫正执行地的，社区矫正机构应当在征询新执行地社区矫正机构意见后作出决定。

社区矫正机构决定变更执行地的，应当将变更执行地决定抄送人民法院、人民检察院、公安机关和新执行地的社区矫正机构；新执行地社区矫正机构应当将有关法律文书抄送当地人民法院、人民检察院和公安机关。

第二十三条 社区矫正机构可以通过实地走访、通讯联络、询问社区群众等方式，了解核实社区矫正人员的活动情况，有关单位和个人应当予以配合。根据国务院司法行政部门的规定，经过严格的批准手续，可以对符合条件的社区矫正人员进行电子定位。

第二十四条 社区矫正人员脱离监管的，社区矫正机构应当立即组织查找，有关单位和人员应当予以配合协助。

社区矫正机构发现社区矫正人员正在实施违反监督管理规定或者违反禁止令行为的，应当立即制止；制止无效的，应当立即通知公安机关处理。

第二十五条 对未成年社区矫正人员实行监督管理，执行下列规定：

（一）矫正宣告不公开进行，其矫正档案不对外公开；

（二）矫正小组应当有熟悉青少年成长特点的人员参加；

（三）监督管理应当与成年社区矫正人员分开进行；

（四）针对未成年社区矫正人员的年龄、心理特点和发育需要等特殊情况，采取有益于其发展的矫正措施。

第四章　教育帮扶

第二十六条 县级以上地方人民政府应当为教育帮扶社区矫正人员提供必要的条件，组织动员社会力量广泛参与教育帮扶工作。

第二十七条 社区矫正机构应当对社区矫正人员进行法制、道德、形势政策等内容的思想教育，增强其法制观念、道德素质和悔罪意识。

社区矫正机构对社区矫正人员的教育形式应当充分考虑社区矫正人员的犯罪类型、个体特征、日常表现等实际情况。

第二十八条　社区矫正机构可以协调有关部门和单位，对就业困难的社区矫正人员开展技能培训、就业指导。

第二十九条　矫正小组应当做好对社区矫正人员的亲情感化、道德引导等工作，为社区矫正人员正常的工作、学习、生活提供必要的帮扶。

第三十条　居民委员会、村民委员会可以引导志愿者和社区群众，采取多种形式对社区矫正人员进行教育，并利用社区资源对有特殊困难的社区矫正人员进行必要的帮扶。

第三十一条　社区矫正人员的家庭成员或者监护人、保证人，所在单位或者就读学校，以及有关社会组织应当协助社区矫正机构做好对社区矫正人员的思想教育。

第三十二条　社区矫正机构可以公开择优购买社区矫正社会工作服务，为社区矫正人员在思想教育、心理矫治、职业技能等方面提供必要的帮扶。

第三十三条　国家鼓励企事业单位为社区矫正人员提供就业岗位和技能培训。录用符合条件社区矫正人员的企业，按照规定享受国家优惠政策。

第三十四条　社区矫正机构可以组织社区矫正人员参加社区公益活动，服务社区群众，修复社会关系，培养其社会责任感。

第三十五条　社区矫正人员可以按照国家有关规定向有关部门申请社会救助、社会保险、法律援助，社区矫正机构应当给予必要的协助。

第五章　附　则

第三十六条　本法自×年×月×日起施行。

附录3　《中华人民共和国社区矫正法（草案）》

（发布时间：2019年7月5日）

第一章　总　则

第一条　为了保障和规范社区矫正工作，正确执行刑罚，提高教育改造质量，促进社区矫正对象顺利融入社会，预防和减少犯罪，制定本法。

第二条　对社区矫正对象实行的监督管理、教育帮扶等活动，适用本法。

本法所称社区矫正对象，是指被判处管制、宣告缓刑、假释或者暂予监外执行的罪犯。

第三条　社区矫正工作坚持监督管理与教育帮扶相结合，专门机关与社会力量相结合，保障社会公共安全与维护社区矫正对象合法权益并重的原则。

第四条　国务院司法行政部门主管全国的社区矫正工作。县级以上地方人民政府司法行政部门主管本行政区域内的社区矫正工作。

人民法院、人民检察院、公安机关和其他有关部门依照各自职责，分工负责、互相配合、互相制约，依法开展社区矫正工作。人民检察院依法对社区矫正工作实行法律监督。

乡镇以上地方人民政府可以设立社区矫正委员会，负责组织、协调、指导本行政区域内的社区矫正工作。

第五条　社区矫正机构是刑事诉讼法规定的社区矫正的执行机关，由县级以上地方人民政府根据需要设置。社区矫正机构的设置和撤销，由县级以上地方人民政府司法行政部门提出意见，按照规定的权限和程序审批。

司法所根据社区矫正机构的委托，承担社区矫正相关工作。

第六条　社区矫正机构应当配备具有法律等专业知识的专门国家工作人员（以下称社区矫正机构工作人员），履行监督管理等执法职责。

社区矫正机构工作人员依法开展社区矫正活动，受法律保护。

社区矫正机构工作人员应当严格遵守宪法和法律，忠于职守，秉公执法，严守纪律，清正廉洁。

第七条　居民委员会、村民委员会应当依法协助社区矫正机构做好社区矫正工作。

社区矫正对象的监护人、保证人、家庭成员，所在单位或者就读学校应当协助社区矫正机构做好社区矫正工作。

第八条　社会工作者、志愿者在社区矫正机构组织下，协助开展社区矫正工作。

第九条　国家鼓励企事业单位、社会组织等社会力量参与社区矫正工作。

第十条　社区矫正对象应当遵守法律、法规和国务院司法行政部门有关监督管理的规定，服从社区矫正机构的管理、教育。

社区矫正对象依法享有的人身权利、财产权利和其他未被依法剥夺或者限制的权利，不受侵犯。社区矫正对象认为其合法权益受到侵害的，有权提出申诉、控告和检举。

第十一条　社区矫正机构应当根据社区矫正对象的性别、年龄、犯罪类型、犯罪情节、悔罪表现等情况，实行分类管理、分别教育，有针对性地开展矫正工作。

第十二条　国家支持社区矫正信息化建设，利用信息技术加强对社区矫正对象的监督管理和教育帮扶，实现有关部门之间社区矫正信息互通、共享，提高社区矫正工作水平。

第十三条　对在社区矫正工作中作出突出贡献的组织、个人，按照国家有关规定给予表彰、奖励。

第十四条　社区矫正机构工作人员和其他国家工作人员，在社区矫正工作中有玩忽职守、徇私舞弊、滥用职权等违法违纪行为的，依法给予相应处分；构成犯罪的，依法追究刑事责任。

第十五条　各级人民政府应当将社区矫正经费列入本级政府预算。

居民委员会、村民委员会依法协助社区矫正机构开展工作所需的经费从社区矫正经费中列支。

第二章　实施程序

第十六条　社区矫正执行地为社区矫正对象的居住地。

社区矫正决定机关应当核实社区矫正对象的居住地。社区矫正对象的居住地无法确定或者居住地不适宜执行社区矫正的，社区矫正决定机关应当根据有利于社区矫正对象接受矫正、更好地融入社会的原则，确定社区矫正执行地。

本法所称社区矫正决定机关，是指依法判处罪犯管制、宣告缓刑、裁定假释、决定暂予监外执行的人民法院和依法批准罪犯暂予监外执行的监狱管理机关、公安机关。

第十七条　社区矫正决定机关根据需要可以委托社区矫正机构对被告人或者罪犯的社会危险性和对所居住社区的影响，进行调查评估。居民委员会、村民委员会等组织应当提供必要的协助。

第十八条　社区矫正决定机关应当自判决、裁定或者决定生效之日起 3 日内通知执行地社区矫正机构，并在 10 日内送达有关法律文书，同时抄送人民检察院和社区矫正执行地公安机关。社区矫正决定地与执行地不在同一地方的，应当同时抄送社区矫正决定地和执行地的人民检察院。

第十九条　被人民法院判处管制、宣告缓刑、裁定假释的社区矫正对象，应当自判决、裁定生效之日起 10 日内到执行地社区矫正机构报到。

被人民法院决定暂予监外执行的社区矫正对象，由看守所或者执行取保候审、监视居住的公安机关自收到决定之日起 10 日内将社区矫正对象移送社区矫正机构。

被监狱管理机关、公安机关批准暂予监外执行的社区矫正对象，由监狱或者看守所自收到批准决定之日起 10 日内将社区矫正对象移送社区矫正机构。

第二十条　社区矫正机构接收社区矫正对象，应当核对法律文书、核实身份、办理接收登记、建立档案，并在一定范围内宣告社区矫正对象的犯罪事实、执行社区矫正的期限以及应当遵守的规定。

第二十一条　社区矫正机构应当为社区矫正对象确定矫正小组，负责落实相应的社区矫正措施。

根据需要，矫正小组可以由司法所、居民委员会或者村民委员会的人员，社区矫正对象的监护人、保证人、家庭成员，所在单位或者就读学校的人员以及社会工作者、志愿者等组成。社区矫正对象为女性的，矫正小组中应有女性成员。

第二十二条　社区矫正机构根据社区矫正对象的表现，依照有关规定对其实施考核奖惩。社区矫正对象认罪悔罪、遵守法律法规、服从监督管理、接受教育表现突出的，应当给予表扬。社区矫正对象违反法律法规或者监督管理规定的，应当视情节依法给予训诫、警告或者提请有关机关予以治安管理处罚、撤销缓刑、撤销假释、对暂予监外执行的收监执行。

对社区矫正对象的考核结果，可以作为认定其是否确有悔改表现或者是否严重违反监督管理规定的重要依据。

第二十三条 社区矫正对象符合刑法规定的减刑条件的，社区矫正机构应当向社区矫正执行地的中级人民法院提出减刑建议，并将减刑建议书抄送同级人民检察院。

人民法院应当在收到社区矫正机构的减刑建议书后 30 日内作出裁定，并将裁定书送达社区矫正机构，同时抄送人民检察院和公安机关。

第二十四条 社区矫正对象具有刑法规定的撤销缓刑、假释情形的，社区矫正机构应当向原作出缓刑、假释判决、裁定的人民法院提出撤销缓刑、假释建议，并将建议书抄送同级人民检察院。

第二十五条 被提请撤销缓刑、假释的社区矫正对象有下列情形之一的，社区矫正机构可以在提出撤销缓刑、假释建议的同时，提请人民法院决定对其先行拘留：

（一）可能实施新的犯罪的；

（二）具有危害国家安全、公共安全或者社会秩序的现实危险的；

（三）可能对被害人、举报人、控告人或者社区矫正机构工作人员实施打击报复的；

（四）企图自杀或者逃跑的。

人民法院应当在 48 小时内作出拘留决定，并通知公安机关执行。拘留的期限不得超过 30 日。

第二十六条 人民法院应当在收到社区矫正机构撤销缓刑、假释建议书后 30 日内作出裁定，并将裁定书送达社区矫正机构和公安机关，同时抄送人民检察院。

人民法院裁定撤销缓刑、假释的，公安机关应当及时将社区矫正对象送交监狱或者看守所。社区矫正对象被先行拘留的，拘留一日折抵刑期一日。

人民法院裁定不予撤销缓刑、假释，社区矫正对象被先行拘留的，公安机关应当立即将其释放。

第二十七条　暂予监外执行的社区矫正对象具有刑事诉讼法规定的应予收监情形的，社区矫正机构应当向社区矫正决定机关提出收监执行建议，并将建议书抄送人民检察院。

社区矫正决定机关应当在收到社区矫正机构的建议书后 15 日内作出决定，将决定书送达社区矫正机构和公安机关，并抄送人民检察院。

人民法院对暂予监外执行的社区矫正对象决定收监执行和公安机关对暂予监外执行的社区矫正对象决定收监执行的，由公安机关立即将社区矫正对象送交监狱或者看守所收监执行。

监狱管理机关对暂予监外执行的社区矫正对象决定收监执行的，监狱应当立即将社区矫正对象收监执行。

第二十八条　被裁定撤销缓刑、假释和被决定收监执行的社区矫正对象在逃的，由公安机关追捕，社区矫正机构、有关单位和个人予以协助。

第二十九条　社区矫正对象矫正期满的，社区矫正机构应当依法公开宣告解除社区矫正，向社区矫正对象发放解除社区矫正证明书，并书面通知社区矫正决定机关、人民检察院、公安机关。

第三十条　社区矫正对象被收监执行的，因犯新罪或者被发现在判决宣告以前还有其他罪没有判决而被判处刑罚的，或者社区矫正对象死亡的，社区矫正终止。

第三十一条　社区矫正对象在社区矫正期间死亡的，其监护人、保证人、家庭成员应当及时向社区矫正机构报告。社区矫正机构应当及时书面通知社区矫正决定机关、人民检察院、公安机关。

第三十二条　人民检察院发现社区矫正工作违反法律规定的，应当依法提出纠正意见。有关单位应当将采纳纠正意见的情况以书面方式回复人民检察院，没有采纳的应当说明理由。

第三章　监督管理

第三十三条　社区矫正对象在社区矫正期间应当遵守国务院司法行政部门关于报告、会客、外出、迁居、保外就医等监督管理规定以及人民法院禁止令。

第三十四条　社区矫正机构应当为社区矫正对象制定矫正方案，并根据社区矫正对象的表现实施动态管理。

第三十五条 社区矫正对象离开所居住的市、县或者迁居，应当报经社区矫正机构批准；需要变更社区矫正执行地的，社区矫正机构应当商新执行地社区矫正机构意见后作出决定。

社区矫正机构决定变更执行地的，应当将变更执行地决定等法律文书抄送社区矫正决定机关、人民检察院、公安机关和新执行地社区矫正机构；新执行地社区矫正机构应当将有关法律文书抄送当地人民法院、人民检察院和公安机关。

第三十六条 社区矫正机构可以通过实地查访、通讯联络、信息化核查等方式，了解核实社区矫正对象的活动情况和行为表现，收集相关材料，有关单位和个人应当予以配合。

第三十七条 社区矫正机构根据需要可以依法采用电子定位等信息技术手段，掌握、限制社区矫正对象活动范围，加强监督管理。具体办法由国务院司法行政部门规定。

第三十八条 社区矫正对象脱离监管的，社区矫正机构应当立即组织查找，公安机关等有关单位和人员应当予以配合协助。

经查找，社区矫正对象下落不明，或者虽能查找到其下落但拒绝接受监督管理的，社区矫正机构应当视情节依法提请有关机关予以治安管理处罚、撤销缓刑、撤销假释或者对暂予监外执行的收监执行。

第三十九条 社区矫正机构发现社区矫正对象正在实施违反监督管理规定或者违反人民法院禁止令行为的，应当立即制止；制止无效的，应当立即通知公安机关到场处置。

第四十条 社区矫正对象被依法决定行政拘留、司法拘留、强制隔离戒毒等或者因涉嫌犯新罪、发现判决宣告以前还有其他罪没有判决而被采取强制措施的，有关机关应当及时通知社区矫正机构。

第四章　教育帮扶

第四十一条 县级以上地方人民政府及其有关部门应当为教育帮扶社区矫正对象提供必要的场所和条件，组织动员社会力量参与教育帮扶工作。

第四十二条 社区矫正机构应当对社区矫正对象进行法治、道德、形势政策等内容的思想教育，增强其法治观念、道德素质和悔罪意识。

社区矫正机构对社区矫正对象的教育形式应当充分考虑社区矫正对象的犯罪类型、个体特征、日常表现等实际情况，实施针对性教育，提高教育矫正质量。

第四十三条 社区矫正机构可以协调有关部门和单位，对就业困难的社区矫正对象开展技能培训、就业指导。

第四十四条 居民委员会、村民委员会可以引导志愿者和社区群众，采取多种形式对社区矫正对象进行教育，并利用社区资源对有特殊困难的社区矫正对象进行必要的帮扶。

第四十五条 社区矫正对象的监护人、保证人、家庭成员，所在单位或者就读学校，以及有关社会组织应当协助社区矫正机构做好对社区矫正对象的思想教育。

第四十六条 社区矫正机构可以公开择优购买社区矫正社会工作服务，为社区矫正对象在思想教育、心理矫治、职业技能等方面提供必要的帮扶。

第四十七条 国家鼓励企事业单位为社区矫正对象提供就业岗位和技能培训。招用符合条件的社区矫正对象的企业，按照规定享受国家优惠政策。

第四十八条 社区矫正机构可以根据社区矫正对象的身体状况和个人特长，组织其参加社区服务等公益活动，修复社会关系，培养社会责任感。

第四十九条 社区矫正对象可以按照国家有关规定申请社会救助、参加社会保险、获得法律援助，社区矫正机构应当给予必要的协助。

第五章 未成年人社区矫正特别规定

第五十条 社区矫正机构应当根据未成年社区矫正对象的年龄、心理特点和发育需要等特殊情况，采取针对性的矫正措施。

社区矫正机构为未成年社区矫正对象确定矫正小组，应当吸收熟悉未成年人成长特点的人员参加。

第五十一条 社区矫正机构应当督促未成年社区矫正对象的监护人履行监护责任，承担抚养、管教等义务。

第五十二条 社区矫正机构应当保护未成年社区矫正对象的身份信息，本法第二十条、第二十九条规定的宣告行为，不公开进行。

除因司法机关办案需要或者有关单位根据国家规定查询外，未成年社区矫正对象的档案不得提供给任何单位或者个人。依法进行查询的单位，应当对未成年人社区矫正情况予以保密。

第五十三条　对未完成义务教育的未成年社区矫正对象，社区矫正机构应当协调教育部门为其完成义务教育提供条件，并督促其法定监护人履行送其接受并完成义务教育的法定义务。

第六章　附　则

第五十四条　国家安全机关依法开展社区矫正相关工作，适用本法有关公安机关的规定。

第五十五条　本法自　年　月　日起施行。

主要参考文献

（一）著作类

1. 周国强：《社区矫正制度研究》，中国检察出版社 2006 年版。

2. 孙长永等译：《英国 2003 年〈刑事审判法〉及其释义》，法律出版社 2005 年版。

3. 刘强主编：《社区矫正制度研究》，法律出版社 2007 年版。

4. 王珏、王平、［加］杨诚主编：《中加社区矫正概览》，法律出版社 2008 年版。

5. 司法部基层工作指导司编：《社区矫正试点工作资料汇编》（一）、（二）、（三）、（四）、（五）、（六）。

6. 赵秉志：《外国刑法原理（大陆法系）》，中国人民大学出版社 2000 年版。

7. 郭建安、郑霞泽主编：《社区矫正通论》，法律出版社 2004 年版。

8. ［意］杜里奥·帕多瓦尼著，陈忠林译：《意大利刑法学原理》，法律出版社 1998 年版。

9. 张明楷：《刑法学（上）》，法律出版社 2016 年版。

10. 王耀忠：《非监禁刑研究》，法律出版社 2016 年版。

11. 但未丽：《社区矫正：立论基础与制度构建》，中国人民公安大学出版社 2008 年版。

12. ［美］克莱门斯·巴特勒斯著，孙晓雳等译：《矫正导论》，中国人民公安大学出版社 1991 年版。

13. ［美］罗斯科·庞德著，沈宗灵、董世忠译：《通过法律的社会控制——法律的任务》，商务印书馆 1984 年版。

14. ［美］亨德里克·威廉·房龙著，徐舟译：《宽容》，东方出版社 2005 年版。

15. 陈兴良：《刑法的价值构造》，中国人民大学出版社 1998 年版。

16. ［美］罗纳德·J. 博格等著，刘仁文等译：《犯罪学导论——犯罪、司法与社会》，清华大学出版社 2009 年版。

17. 周晓虹：《现代社会心理学——多维视野中的社会行为研究》，上海人民出版社 1997 年版。

18. 冯卫国：《行刑社会化研究——开放社会中的刑罚趋向》，北京大学出版社 2003 年版。

19. ［英］罗杰·科特威尔著，潘大松等译：《法律社会学导论》，华夏出版社 1989 年版。

20. ［英］彼德·斯坦、［英］约翰·香德著，王献平译：《西方社会的法律价值》，中国法制出版社 2004 年版。

21. ［美］E·博登海默著，邓正来译：《法理学——法律哲学与法律方法》，中国政法大学出版社 1999 年版。

22. 邱兴隆：《刑罚的哲理与法理》，法律出版社 2003 年版。

23. 储槐植、宗建文等：《刑法机制》，法律出版社 2004 年版。

24. 黄建武：《法的实现——法的一种社会学分析》，中国人民大学出版社 1997 年版。

25. 高宣扬：《当代社会理论（下）》，中国人民大学出版社 2005 年版。

26. ［美］劳伦斯·M·弗里德曼著，李琼英、林欣译：《法律制度——从社会科学角度观察》，中国政法大学出版社 2004 年版。

27. ［美］丹尼尔·贝尔著，高铦等译：《后工业社会的来临——对社会预测的一项探索》，商务印书馆 1984 年版。

28. 刘珺珺、赵万里：《知识与社会行动的结构——知识社会的理论与实践研究》，天津人民出版社 2005 年版。

29. ［美］诺内特．塞尔兹尼克著，张志铭译：《转变中的法律与社会：迈向回应型法》，中国政法大学出版社 1994 年版。

30. 葛洪义：《法律与理性——法的现代性问题解读》，法律出版社 2001 年版。

31. 北京市社区矫正工作领导小组办公室、北京市司法局编：《北京市社区矫正工作手册》（2003.7——2006.4），2006 年 4 月。

32. 詹成付主编：《社区建设工作进展报告》，中国社会出版社 2005 年版。

33. 胡鞍钢主编：《中国战略构想》，浙江人民出版社 2002 年版。

34. 孙立平：《博弈——断裂社会的利益冲突与和谐》，社会科学文献出版社 2006 年版。

35. 吴宗宪：《西方犯罪学史》，警官教育出版社 1997 年版。

36. ［美］詹姆斯·S. 科尔曼著，邓方译：《社会理论的基础》，社会科学文献出版社 1990 版。

37. 单菁菁：《社区情感与社区建设》，社会科学文献出版社 2005 年版。

38. 瞿振元、李小云、王秀清主编：《中国社会主义新农村建设研究》，社会科学文献出版社 2006 年版。

39. 李剑阁主编：《中国新农村建设调查》，上海远东出版社 2007 年版。

40. 钱再见：《失业弱势群体及其社会支持研究》，南京师范大学出版社 2006 年版。

41. 朱久伟、王安主编：《社会治理视野下的社区矫正》，法律出版社 2012 年版。

42. 刘强：《美国社区矫正的理论与实务》，中国人民公安大学出版社 2003 年版。

43. ［美］大卫·E·杜菲著，吴宗宪等译：《美国矫正政策与实践》，中国人民公安大学出版社 1992 年版。

44. 陈俊生、郭华主编：《国（境）外社区矫正立法》，法律出版社 2013 年版。

45. 徐久生、庄敬华译：《德国刑法典（2002 年修订）》，中国方正出版社 2004 年版。

46. 罗结珍译：《法国刑法典》，中国人民公安大学出版社 1995 年版。

47. 吴宗宪等：《非监禁刑研究》，中国人民公安大学出版社 2003 年版。

48. 中华人民共和国司法部编：《外国监狱法规汇编（二）》，社会科学文献出版社 1988 年版。

49. 黄道秀译：《俄罗斯联邦刑法典》，北京大学出版社 2008 年版。

50. 吴宗宪：《社区矫正比较研究（上）、（下）》，中国人民大学出版社 2011 年版。

51. 赵新东主编：《社区矫正管理实务》，法律出版社 2006 年版。

52. 周建国：《紧缩圈层结构论：一项中国人际关系的结构与功能分析》，上海三联书店 2005 年版。

53. 卜长莉：《社会资本与社会和谐》，社会科学文献出版社 2005 年版。

54. 柳忠卫：《假释制度比较研究》，山东大学出版社 2005 年版。

55. 吴宗宪：《罪犯改造论——罪犯改造的犯因性差异理论初探》，中国人民公安大学出版社 2007 年版。

56. 刘强编著：《美国犯罪未成年人的矫正制度概要》，中国人民公安大学出版社 2005 年版。

57. 王运生、严军兴：《英国刑事司法与替刑制度》，中国法制出版社 1999 年版。

58. 姚建龙：《少年刑法与刑法变革》，中国人民公安大学出版社 2005 年版。

59. 章恩友主编：《中国监狱心理矫治规范化运作研究》，中国市场出版社 2004 年版。

60. 张昱、费梅苹：《社区矫正实务过程分析》，华东理工大学出版社 2005 年版。

61. 刘梦主编：《小组工作》，高等教育出版社 2003 年版。

62. 张小虎：《刑罚论的比较与建构（下卷）》，群众出版社 2010 年版。

63. ［英］伯特兰·罗素著，吴友三译：《权力论新社会分析》，商务印书馆 1991 年版。

64. ［法］福柯著，严峰译：《权力的眼睛——福柯访谈录》，上海人民出版社 1997 年版。

65. 首都师范大学社区矫正与社区发展研究中心、北京市司法局编：《"社区矫正研究——2006 年北京国际论坛"论文·摘要·致辞汇编》，2006 年 10 月。

66. 苏力：《也许正在发生——转型中国的法学》，法律出版社 2004 年版。

67. ［美］华勒斯勒等著，刘锋译：《开放社会科学——重建社会科学报告书》，生活·读书·新知三联书店 1997 年版。

68. ［美］伯顿·克拉克主编，王承绪等译：《高等教育新论——多学科的研究》，浙江教育出版社 2001 年版。

69. 赵国玲、王海涛主编：《知识产权犯罪中的被害人——控制被害的实证分析》，北京大学出版社 2008 年版。

70. ［美］劳伦斯·纽曼著，郝大海译：《社会研究方法：定性和定量的取向》，中国人民大学出版社 2007 版。

71. ［德］H. 科殷著，林荣远译：《法哲学》，华夏出版社 2002 年版。

72. 谢立中、孙立平主编：《二十世纪西方现代化理论文选》，上海三联书店 2002 年版。

73. ［美］R. M. 昂格尔著，吴玉章、周汉华译：《现代社会中的法律》，中国政法大学出版社 1994 年版。

74. 储槐植：《刑事一体化》，法律出版社 2004 年版。

75. 尹伊君：《社会变迁的法律解释》，商务印书馆 2003 年版。

76. 陈瑞华：《问题与主义之间——刑事诉讼基本问题研究 》，中国人民大学出版社 2003 年版。

77. ［美］H. W. 埃尔曼著，贺卫方、高鸿钧译：《比较法律文化》，清华大学出版社 2002 年版。

78. 崔会如：《社区矫正实现研究》，中国长安出版社 2010 年版。

（二）论文类

1. 范燕宁："社区矫正的基本理念和适用意义"，载《中国青年研究》2004 年第 11 期。

2. 王利荣："推进社区矫正制度化的若干重要问题"，载《甘肃政法学院学报》2006 年第 4 期。

3. 程应需："社区矫正的概念及其性质新论"，载《郑州大学学报（哲学社会科学版）》2006 年第 4 期。

4. 张绍彦："社区矫正在中国——基础分析、前景与困境"，载《环球法律评论》2006 年第 3 期。

5. 季卫东："论法律试行的反思机制"，载李楯主编：《法律社会学》，中国政法大学出版社 1999 年版。

6. 陈兴良："宽严相济刑事政策研究"，载《法学杂志》2006 年第 1 期。

7. 司法部预防犯罪研究所课题组："监狱服刑人员未成年子女基本情况调查报告"，载《犯罪与改造研究》2006 年第 8 期。

8. 刘红霞："在押服刑人员未成年子女救助体系的构建与完善"，载《法学杂志》2016 年第 4 期。

9. 张峰："论社区矫正机制的模式选择"，载《河南司法警官职业学院学报》2006 年第 1 期。

10. ［法］阿里·卡赞西吉尔，黄纪苏编译："治理和科学：治理社会与生产知识的市场式模式"，载俞可平主编：《治理与善治》，社会科学文献出版社 2000 年版。

11. 陈兴良："刑事法治的理念建构"，载《北京大学法学文存（第三卷）》，法律出版社 2002 年版。

12. 袁方成、王泽："中国城市社区治理现代化之路———项历时性的多维度考察"，载《探索》2019 年第 1 期。

13. 英达："我国第一个居民社区服务志愿者协会诞生"，载《社会》1991 年第 3 期。

14. 贺红霞："大学生志愿者社区服务的实践与反思"，载《社会工作》2007 年第 5 期。

15. 李友梅："社区治理：公民社会的微观基础"，载《社会》2007 年第 2 期

16. 王明美："社区建设的中外比较研究"，载《江西社会科学》2007 年第 8 期。

17. 孙玉琴："农村社区建设试点工作全面启动——全国农村社区建设工作座谈会在青岛胶南市召开"，载《中国民政》2007 年第 4 期。

18. "民政部确定 296 个全国农村社区建设实验县（市、区）"，载《乡镇论坛》2008 年第 14 期。

19. 陈晨："城中村：城市社区治理的安全阀"，载《新视野》2019 年第 2 期。

20. 何艳玲、汪广龙、高红红："从破碎城市到重整城市：隔离社区、社会分化与城市治理转型"，载《公共行政评论》2011 年第 1 期。

21. 李培林："全球化与中国'新三农问题'"，载《福建行政学院福建经济管理干部学院学报》2006 年第 2 期。

22. 贺雪峰："论中国农村的区域差异——村庄社会结构的视角"，载《开放时代》2012 年第 10 期。

23. 王思斌："社区建设中的中介组织培育"，载《中国民政》2001 年第 1 期。

24. 折晓叶、陈婴婴："资本怎样运作———对'改制'中资本能动性的社会学分析"，载《中国社会科学》2004 年第 4 期。

25. ［美］弗朗西斯·福山著，余弘强译："公民社会与发展"，载曹荣湘选编《走出囚徒困境——社会资本与制度分析》，上海三联书店 2003 年版。

26. 郑也夫："信任与社会秩序"，载《学术界》2001 年第 4 期。

27. 刘忠定："一种官民二重的结构模式——社会转型时期的'第三部门'分析"，载《南京师范大学学报（社会科学版）》2003 年第 3 期。

28. 徐翔："论社会资本对城市社区建设的意义"，载费孝通主编：《社会变迁与现代化国际学术研讨会论文集》，上海大学出版社 2002 年版。

29. 张济洲、苏春景："公众认同、社会支持与教育矫正质量——基于山东省社区服刑青少年调查"，载《青少年犯罪问题》2015 年第 4 期。

30. 杨家庆、肖君拥："中国推行社区矫正制度改革面临的若干困惑——从北京、上海的实践比较观察"，载《中国监狱学刊》2006 年第 3 期。

31. 曹宇坤："破解社区矫正工作难题"，载《人民调解》2008 年第 2 期。

32. 魏姝："治理视角下的社区矫正政策——以 N 市社区矫正政策为例"，载《江苏行政学院学报》2008 年第 1 期。

33. 李伟梁："城市利益关系的社区调整及其发展趋势——以武汉市社区建设'883'行动计划为背景的社会学分析"，华中师范大学 2007 年博士学位论文。

34. 史春玉、邹伟："从社区效应到社会混居政策：西方国家城市集中性贫困治理经验回顾"，载《广东行政学院学报》2016 年第 6 期。

35. 闫文秀、李善峰："新型农村社区共同体何以可能？——中国农村社区建设十年反思与展望（2006—2016）"，载《山东社会科学》2017 年第 12 期。

36. 苏昕："风险社会与城市新移民公民权的建构"，载《当代世界与社会主义》2013 年第 4 期。

37. 童星、马西恒：" '敦睦他者' 与 '化整为零'——城市新移民的社区融合"，载《社会科学研究》2008 年第 1 期。

38. 王名："改革中国民间组织监管体制的建议"，载《中国改革》2005 年第 11 期。

39. 张昱："科层与网络的融合——社区组织的特性"，载《华东理工大学学报（社会科学版）》2002 年第 2 期。

40. 罗兴奇、宋言奇："社会工作职业制度体系的本土构建——基于社会治理的视角"，载《内蒙古社会科学（汉文版）》2015 年第 5 期。

41. 王顺安："社区矫正理论研究"，中国政法大学 2007 年博士学位论文。

42. 刘振宇："新时代新要求新作为奋力开创司法行政基层工作新局面（上）——2018 年 10 月 22 日在全国司法行政基层工作培训班上的讲课"，载《人民调解》2019 年第 1 期。

43. 汪奇志、王征："社区矫正衔接机制的实践困境和对策思考"，载司法部社区矫正管理局编：《社区矫正研究论文集（2013）》，法律出版社 2013 年版。

44. 司法部基层法治建设第十一调研组："司法所建设调研报告——以四川省茂县凤仪镇、渠县静边镇、三台县刘营镇为例"，载《中国司法》2018 年第 9 期。

45. 司法部基层工作指导司司法所工作指导处："2014 年度全国司法所工作统计分析报告"，载《人民调解》2015 年第 5 期。

46. 马伊里："合作困境的组织社会学分析——一项关于政府机构间孤岛现象生成机理的研究"，上海大学 2006 年博士学位论文。

47. 彭勃："国家控制和社区治理——以上海社区调解为例"，载刘建军主编：《制度建设与国家成长：复旦政治学评论第 2 辑》，上海辞书出版社 2003 年版。

48. 肖晗："司法体制改革中司法行政机关的地位和作用应受重视——以长沙市司法行政机关为例"，载《行政与法》2015 年第 1 期。

49. 陈和华："论我国社区矫正的组织制度"，载《法学论坛》2006 年第 4 期。

50. 吴宗宪："论社区矫正官"，载《中国司法》2011 年第 11 期。

51. 许振奇："《社区矫正实施办法》实施中要正确处理的十大关系"，载司法部社区矫正管理局编《社区矫正研究论文集（2013）》，法律出版社 2013 年版。

52. 罗豪才："关于法治的混合治理模式"，载《北京日报》2015 年 1 月 19 日，第 17 版。

53. 沈岿："软法概念之正当性新辨——以法律沟通论为诠释依据"，载《法商研究》2014年第1期。

54. "我国社区矫正工作的现状与展望——访谈司法部社区矫正管理局局长姜爱东"，载刘强、姜爱东主编：《社区矫正评论（第三卷）》，中国人民公安大学出版社2013年版。

55. 毕景姣："社区矫正信息化监管工作中'人机分离'问题的对策分析"，载《中国司法》2016年第5期。

56. James Austin, "The proper and Improper Use of Risk Assessment in Correction", *Federal Sentencing Reporter*, 3（2004）.

57. 储槐植、陈敏："改善社区司法——以缓刑考察为例"，载《中国监狱学刊》2002年第6期。

58. 谭庆芳、陈雪松："大数据环境下社区矫正监管模式创新研究"，载《河南司法警官职业学院学报》2019年第1期。

59. 邹积超："论'恢复性司法'应该缓行"，载《华东政法学院学报》2004年第6期。

60. 王平："卷首语：第三只眼看刑事司法"，载王平主编：《恢复性司法论坛（2005年卷）》，群众出版社2005年版。

61. 谭景信、王亚军："数据分析技术在社区矫正信息系统中的应用"，载《计算机工程与应用》2017年第20期。

62. 曾守锤："服务对象眼中的社区矫正社工及其服务——以上海为案例的调查研究"，载《华东理工大学学报（社会科学版）》2007年第1期。

63. 金碧华："对社区矫正假释犯对象在社会保障方面的社会排斥问题研究"，载《社会科学》2009年第5期。

64. 国务院发展研究中心"中国民生调查"课题组："中国民生调查2016综合研究报告——经济下行背景下的民生关切"，载《管理世界》2016年第10期。

65. 李美荣、雷小欣："社区矫正对象再就业支持体系的构建"，载《辽宁公安司法管理干部学院学报》2016年第1期。

66. 冯建仓："社区服刑人员劳动权问题研究"，载《犯罪与改造研究》2018年第10期。

67. 张昱："论复合型社区矫正制度"，载《学习与探索》2005年第5期。

68. 王顺安："社区矫正的法律问题"，载《政法论坛》2004年第3期。

69. 史柏年："刑罚执行与社会福利：社区矫正性质定位思辨"，载《华东理工大学学报（社会科学版）》2009年第1期。

70. 李德友："社区矫正性质研究"，载《湖北警官学院学报》2012年第2期。

71. 刘颖、宋国立："打造社会资源参与社区矫正工作新模式的思考"，载《中国司法》2016年第6期。

72. 北京市司法局："全面推进阳光中途之家建设 创新社区服刑和刑释解教人员社会管

理"，载《人民调解》2011 年第 7 期。

73. 莫荣、陈云："高质量发展阶段就业形势、挑战与展望"，载《中国劳动》2019 年第 1 期。

74. 冯小茹："非正规就业：弱势群体就业的有效途径"，载《河南科技大学学报（社会科学版）》2005 年第 2 期。

75. 王丽平："我国非正规就业发展探析"，载《宏观经济管理》2013 年第 9 期。

76. 王庆芳、郭金兴："非正规就业者的境况得到改善了么？——来自 1997—2011 年 CHNS 数据的证据"，载《人口与经济》2017 年第 2 期。

77. 黄黎若莲："'福利国'、'福利多元主义'和'福利市场化'对中国内地与香港社会福利发展的意义和思考"，载曾家达等主编：《21 世纪中国社会工作发展国际研讨会论文集》，中国社会科学出版社 2001 年版。

78. 张庆方："恢复性司法研究"，载王平主编《恢复性司法论坛（2005 年卷）》，群众出版社 2005 年版。

79. 淮阴区司法局："强化社区心理矫正工作，促进社区管理 ——以淮阴区司法局未成年服刑人员社区矫正工作为例 "，载江苏省社会科学界联合会编：《江苏省第八届学术大会学会专场论文哲学社会类论文汇编》2014 年版。

80. 石先广："建立未成年犯区别矫正制度的思考"，载《中国司法》2006 年第 6 期。

81. 姚建龙："中国少年司法的历史、现状与未来"，载《法律适用》2017 年第 19 期。

82. 夏艳："未成年人犯罪非监禁刑适用的实证分析与展望——以 S 市 A 区人民法院 2011-2015 年审判实践为样本"，载《青少年犯罪问题》2016 年第 4 期。

83. 林仲书："关于完善假释适用的思考"，载《中国司法》2017 年第 9 期。

84. 孙谦："关于建立中国少年司法制度的思考"，载《国家检察官学院学报》2017 年第 4 期。

85. 孟红："未成年犯社区矫正中的法律主体研究"，载《华东政法学院学报》2006 年第 5 期。

86. 万菁、王利荣："社区矫正制度化的若干建议"，载《河南司法警官职业学院学报》2005 年第 3 期。

87. 连春亮："社区矫正概念的多维思考与选择"，载《河南司法警官职业学院学报》2007 年第 2 期。

88. 田国秀："社会工作理念在社区矫正青少年罪犯中的运用"，载《中国青年研究》2004 年第 11 期。

89. 刘勇、王亚军、李越锴："社区矫正人员初始心理状态调查"，载《犯罪与改造研究》2013 年第 10 期。

90. 王佳："涉罪未成年人心理矫正中奥尔夫团体音乐治疗的应用效果"，载《黄河之声》

2015 年第 11 期。

91. 金艾裙、黄海燕："青少年犯罪社区矫正的社会工作方法探讨"，载《社会工作（学术版）》2006 年第 7 期。

92. 秦智贤："论职业禁止与禁止令之关系"，载《福建法学》2017 年第 1 期。

93. 胡云腾等："《关于对判处管制、宣告缓刑的犯罪分子适用禁止令有关问题的规定（试行）》解读"，载《人民检察》2011 年第 13 期。

94. 余作泽："刑事禁止令探析"，载《湖北警官学院学报》2012 年第 6 期。

95. 孙建保："刑法'禁止令'：求解与质疑"，载《云南大学学报（法学版）》2012 年第 1 期。

96. 朱玉华："刑事禁止令的基本问题"，载《湖北警官学院学报》2012 年第 8 期。

97. 皇甫长城："刑事禁止令的法律性质及执行机关"，载《检察日报》2011 年 5 月 23 日，第 3 版。

98. 于志刚："从业禁止制度的定位与资格限制、剥夺制度的体系化——以《刑法修正案（九）》从业禁止制度的规范解读为切入点"，载《法学评论》2016 年第 1 期。

99. 康均心、秦继红："关于'禁止从事特定职业'若干问题的思考——以《刑法修正案（九）》为视角"，载《社会科学家》2016 年第 4 期。

100. 赵德传、杨杨："《刑法修正案（九）》视野下的从业禁止条款适用规则"，载《改革与开放》2016 年第 1 期。

101. 林维："刑法中从业禁止研究"，载《江西警察学院学报》2016 年第 1 期。

102. 张勇："禁止令：保安处分刑法化的试金石"，载《湖南师范大学社会科学学报》2011 年第 6 期。

103. 童策："刑法中从业禁止的性质及其适用"，载《华东政法大学学报》2016 年第 4 期。

104. 魏东："刑法总则的修改与检讨——以《刑法修正案（九）》为重点"，载《华东政法大学学报》2016 年第 2 期。

105. 梁根林："刑法修正：维度、策略、评价与反思"，载《法学研究》2017 年第 1 期。

106. 胡云腾等："《关于〈中华人民共和国刑法修正案（八）〉时间效力问题的解释》的理解与适用"，载《人民司法》2011 年第 13 期。

107. 袁彬："从业禁止制度的结构性矛盾及其改革"，载《北京师范大学学报（社会科学版）》2017 年第 3 期。

108. 唐稷尧："中国当前刑法司法解释公信力刍议"，载《政法论丛》2016 年第 4 期。

109. 曹士兵："最高人民法院裁判、司法解释的法律地位"，载《中国法学》2006 年第 3 期。

110. 柳忠卫、秦瑞东："论保安处分中国化——以立法模式为分析视角"，载《安徽警官职业学院学报》2008 年第 2 期。

111. 屈学武："保安处分与中国刑法改革"，载《法学研究》1996年第5期。

112. 时延安："保安处分的刑事法律化——论刑法典规定保安性措施的必要性及类型"，载《中国人民大学学报》2013年第2期。

113. 黄星："刑法抽象司法解释的时代定位与纠偏"，载《法学评论》2017第1期。

114. 武晓雯："论《刑法修正案（九）》关于职业禁止的规定"，载《政治与法律》2016年第2期。

115. 王晓华："学术失范与中国学术的深层危机"，载《学术界》2001年第5期。

116. 肖峰："论技术的社会形成"，载《中国社会科学》2002年第6期。

117. 陈兴良："转型与变革——刑法学的一种知识论考察"，载《华东政法学院学报》2006年第3期。

118. 陈亮亮："相聚北京共谋发展——国际矫正与监狱协会第六届年会暨研讨会在京召开"，载《人民调解》2004年第12期。

119. 费翔红："'对轻刑犯的非监禁矫治措施中英研讨会'在上海召开"，载《人民调解》2005年第2期。

120. 邹志仁："中国社会科学生产力及其结构、分布再析"，载《情报科学》2002年第11期。

121. 邹志仁："2003年中国社会科学生产力结构及其分布"，载《四川师范大学学报（社会科学版）》2006年第3期。

122. 邹志仁："试析中国社会科学生产力"，载《新世纪图书馆》2003年第6期。

123. 邹志仁："再析中国社会科学生产力及其结构、分布（2004年）"，载《广东社会科学》2006年第3期。

124. 吴文钰："我国哲学社会科学生产力发展和分布——基于1998—2007年CSSCI发文数的分析"，载《社会科学管理与评论》2010年第3期。

125. 王赢、侯猛："法律现象的实证调查：方法和规范——'法律的社会科学研究'研讨会综述"，载《中国社会科学》2007年第2期。

126. 谢立中："吉登斯、贝克和拉什：'自反性'或'反思性'现代化"，载谢立中、阮新邦主编：《现代性、后现代性社会理论：诠释与评论》，北京大学出版社2004年版。

127. 强世功："迈向立法者的法理学——法律移植背景下对当代法理学的反思"，载《中国社会科学》2005年第1期。

128. 冯卫国、刘莉花："论我国犯罪信息公开制度的构建"，载《河南公安高等专科学校学报》2007年第2期。

129. 周勇："美国刑事司法统计制度及其借鉴"，载《河南司法警官职业学院学报》2006年第2期。

130. 崔会如："社区矫正研究的实证分析"，载《刑事法评论》，北京大学出版社2008年第 2 期。

131. 崔会如："社区矫正视角下城市社区建设的路径分析"，载《安徽警官职业学院学报》2011 年第 1 期。

132. 崔会如："社区矫正对象物质困难存在的原因及解决途径"，载《中国监狱学刊》2011 年第 1 期。

133. 崔会如："社区矫正的安全价值及其实现"，载《河北法学》2011 年第 10 期。

134. 崔会如："社区矫正社会参与的不足及其完善"，载《前沿》2011 年第 3 期。

135. 崔会如："我国社区矫正组织体系的反思与重构"，载《法律适用》2011 年第 8 期。

136. 崔会如："论我国未成年人社区矫正制度的完善"，载《社区矫正评论》，中国法制出版社 2012 年版。

137. 崔会如："我国社区矫正立法述评"，载《河南司法警官职业学院学报》2013 年第 1 期。

138. 崔会如、张文俊："刑事法律修改背景下社区矫正工作的变化与调适"，载《中国监狱学刊》2017 年第 1 期。

139. 崔会如："犯罪防控中国家力量整合机制研究——以社区矫正为视角"，载《净月学刊》2017 年第 3 期。

140. 崔会如："未成年人社区矫正运行机制优化研究"，载《青少年犯罪问题》2019 年第 1 期。

（三）社区矫正法律文件

1. 最高人民法院、最高人民检察院、公安部、司法部《关于开展社区矫正试点工作的通知》，发布时间：2003 年 7 月 10 日。

2. 最高人民法院、最高人民检察院、公安部、司法部《关于扩大社区矫正试点范围的通知》，发布时间：2005 年 1 月 20 日。

3. 最高人民法院、最高人民检察院、公安部、司法部《关于在全国试行社区矫正工作的意见》，发布时间：2009 年 9 月 2 日。

4. 最高人民法院、最高人民检察院、公安部、司法部《关于对判处管制、宣告缓刑的犯罪分子适用禁止令有关问题的规定（试行）》，发布时间：2011 年 4 月 28 日。

5. 最高人民法院、最高人民检察院、公安部、司法部《社区矫正实施办法》，发布时间：2012 年 1 月 10 日。

6. 最高人民法院、最高人民检察院、公安部、司法部《关于全面推进社区矫正工作的意见》，发布时间：2014 年 8 月 27 日。

7. 最高人民法院、最高人民检察院、公安部、司法部《关于进一步加强社区矫正工作衔接配合管理的意见》，发布时间：2016 年 8 月 30 日。

8. 《中华人民共和国社区矫正法（征求意见稿）》，发布时间：2016 年 12 月 1 日。

9. 《中华人民共和国社区矫正法（草案）》，发布时间：2019 年 7 月 5 日。

10. 《司法行政机关社区矫正工作暂行办法》，发布时间：2004 年 5 月 9 日。

后 记

自 2005 年，笔者以博士论文写作为契机，进入社区矫正知识生产领域，迄今已近 14 年。期间，在我国社会全面转型的时代背景下，在国家治理体系和治理能力现代化的实现过程中，社区矫正无论作为一种理论形态、制度形态，还是实践形态，都开始生根发芽，并逐渐走向繁荣。作为对我国非监禁刑罚执行方式的一种实践探索，社区矫正始于 2003 年 7 月，并在 2005 年扩大试点，2009 年全国试行的基础上，于 2014 年进入全面展开阶段。随着社区矫正由局部试点发展为一种普遍的实践，社区矫正立法供给不足的"瓶颈"日渐凸显，从而推动了社区矫正的法制化进程。从 2011 年《刑法修正案（八）》对社区矫正制度的确认，到 2016 年 12 月《中华人民共和国社区矫正法（征求意见稿）》的出台，直至 2019 年 7 月《中华人民共和国社区矫正法（草案）》的公布，"社区矫正法"已经到了"最后一公里"的临界状况。

作为刑事法学领域的一个新兴话题，社区矫正研究伴随国家和社会双本位犯罪预防模式实践的推进而热度攀升，并形成了一定的研究规模。但不容否认，在刑事法学领域，与对刑事立法和刑事司法研究所形成的壮观场面相比较，刑事执行的研究更少为人关注。十几年来，笔者以博士论文研究为起点，以社区矫正法律文件为依托，目光往返于社区矫正理论与实践之间，对我国社区矫正运行的社会基础、学术基础、运行过程等诸多问题进行了专门探讨，并形成了一系列的研究成果。但由于学术积累不足、学术功力有限，留下诸多遗憾。而社区矫正发展带来的理论空间，为我总结以往的研究思路，更新固有的研究成果，提供了灵感与动力。本书的主体内容，系笔者在以往研究成果的基础上，结合社区矫正的最新动态，以专题的方式，对社区矫正的诸多热点问题所进行的全面梳理与总结深化。实践常新、制度常新，理论亦常新。期望通过此次学术历程，开启新的知识增长点，为我国社区矫正理论土壤的丰厚略尽绵薄之力！

感谢天津工业大学为本书出版提供的资金支持，感谢中国政法大学出版社为本书出版提供的诸多帮助。谨以此书献给所有关心和爱护我的人！

2019 年 7 月 22 日

图书在版编目（ＣＩＰ）数据

社区矫正前沿问题研究/崔会如著. —北京：中国政法大学出版社，2019.11
（2021.1 重印）
ISBN 978-7-5620-9320-6

Ⅰ.①社… Ⅱ.①崔… Ⅲ.①社区-监督改造-研究-中国 Ⅳ.①D926.74

中国版本图书馆 CIP 数据核字(2019)第 247627 号

出　版　者　　中国政法大学出版社

地　　　址　　北京市海淀区西土城路 25 号

邮寄地址　　北京 100088 信箱 8034 分箱　　邮编 100088

网　　　址　　http://www.cuplpress.com（网络实名：中国政法大学出版社)

电　　　话　　010-58908285(总编室) 58908433（编辑部）58908334(邮购部)

承　　印　　北京九州迅驰传媒文化有限公司

开　　本　　787mm×1092mm　1/16

印　　张　　14.25

字　　数　　233 千字

版　　次　　2019 年 11 月第 1 版

印　　次　　2021 年 1 月第 2 次印刷

定　　价　　55.00 元